KB105794

문화와 폭발

Culture and Explosion

by Yuri Mikhailovich Lotman

한국연구재단총서 학술명저번역 562

문화와 폭발

Культура и взрыв

유리 로트만 지음 | **김수환** 옮김

아카넷

차례

옮긴이 일러두기

1. 원서에서 강조한 부분은 고딕체로 표기했다.
2. 옮긴이가 문맥의 이해를 돕고자 설명을 덧붙인 것은 대괄호([ ])에 넣어 표시했다(단, 이중 괄호를 피하고자 쓴 대괄호는 한글맞춤법에 따른 것이다).
3. 원주는 번호로, 옮긴이 주는 *로 표시하여 서로 구별했다.
4. 각주에서 러시아 원전은 우리말로 풀어 표기하고 권말의 서지 목록에서 원어를 밝혔다.
5. 인용에서 참고한 번역문은 서지 사항을 밝혀주었으나, 옮긴이가 손질한 내용까지 설명을 달지는 않았다.
6. 본문에 나오는 외국 인명과 지명 등은 현행 외래어 표기법을 따르는 것을 원칙으로 했으나, 표기 원칙이 정해지지 않은 것들은 일반적으로 통용되거나 굳어진 표현을 사용했다.
7. 외국 인명의 경우 본문에 원어를 병기하지 않았으나, 권말의 찾아보기에서 전체 성명(full name)을 확인할 수 있다.
8. 본문에 실린 그림은 원서에는 없는 것으로 옮긴이가 독자들의 이해를 돕고자 삽입하였다.

제1장
문제 설정

    모든 기호적 체계를 기술하는 데 따르는 근본 문제는 두 가지이다. 첫 번째는 체계가 그것 외부, 즉 체계 외적인 세계와 맺는 관계이며, 두 번째는 정태성이 역동성과 맺는 관계이다. 후자의 문제를 다음과 같이 정식화할 수 있다. 체계는 어떻게 그 자신으로 남아 있는 동시에 변화·발전할 수 있는가? 이 두 가지 물음은 더 근원적이고 복잡한 문제에 포함된다.

    체계가 그 외부에 놓인 현실과 맺는 관계, 그리고 체계와 현실 간의 상호 침투불가능성의 문제는 칸트 이래로 꾸준히 탐구의 대상이 되어왔다. 기호학적 관점에서 볼 때, 이 문제는 언어와 언어 외적 세계 간의 대립 양상을 띤다. 언어 외부에 놓인 공간은 언어의 영역 속으로 포섭되는데, 이때 전자는 내용—표현 이항 대립의 한 구성소로서만 '내용'이 될 수 있다. 표현되지 않은 내용에 관해 말한다는 것은 난센스이기 때문이다.[1] 요컨대 문제

..

---

[1] 물론 이는 표현이 부재를 통해 드러날 수 있다는 것, 다시 말해 의미심장한 영점의 방식으로 현전할 수 있다는 점을 배제하지는 않는다. 주콥스키의 시구가 이를 잘 보여준다. "그리고 오직 침묵만이 납득할 수 있도록 말한다." 바실리 주콥스키, 『전집』(전 4권) 1(М.; Л., 1959), 336쪽.

가 되는 것은 내용과 표현 간의 관계가 아니라 자신의 내용과 표현을 지니는 언어의 영역이 그것 외부에 놓인 세계와 맺는 대립적 관계인 것이다. 사실상 이 문제는 앞서 제기한 두 번째 문제와 겹치는데, 언어적 역동성의 본질에 관한 물음이 그것이다.

소쉬르가 도입한 개념에 입각해볼 때, 내용의 차원이란 곧 관례적 현실과 다름없다. 언어는 스스로의 세계를 창조한다.[*] 이로부터 언어에 의해 창조된 세계와 그것의 경계 밖에 놓인, 그러니까 언어와의 관련성 외부에 존재하는 [현실] 세계와의 정합성의 정도가 문제시된다. 이는 이미 오래전에 칸트에 의해 제기된 바 있는 본질계의 문제와 다르지 않다. 칸트적 용법에 따른 내용이란

"(⋯⋯) 여타의 다른 모든 표상들에 수반할 수밖에 없는 **나는 사고한다**는 표상을 낳으면서, 모든 의식에서 동일자(同一者)로 있는, 다른 어떤 표상으로부터도 이끌어낼 수 없는 자기의식이기 때문이다. 따라서 나는 그것을 **근원적 통각**이라 부르기로 한다. 나는 이 통각의 통일을 자기의식의 **초월적 통일**이라고 부르기도 하는데, 그것은 이로부터 선험적 인식의 가능성이 나옴을 표시하기 위함이다. 어떤 한 직관에 주어지는 잡다한 표상들은, 만약 그것들 모두가 하나의 자기의식에 속하지 않는다면, 모두가 나의 표상이지는 못할 터이다. 다시 말해, 나의 표상들로서 그것들은(내가 그것들을 그대로 의식하든 말든) 그 아래에서만 그것들이 하나의 보편적인 자기의식 안에 함께 있을 수 있는 그 조건을 반드시 따라야만 한다. 왜냐하면 그렇지 않으면

---

[*] 모든 언어는 각기 나름의 고유한 방식으로 현실을 분절하고 개념화한다. 언어는 경험적 현실을 단순히 '반영'하는 게 아니라 그것을 '구성'해낸다. 이와 같은 소쉬르적 인식론은 로트만의 문화 개념에도 영향을 미친 바 있다.

그것들은 나에게 일관되게 소속하지 않을 터이니 말이다."[2]

이런 식으로 우선 객관성의 두 차원을 가정할 수 있다. 언어에 속한 세계(즉 해당 언어의 관점에서 본 객관적 세계)와 언어의 경계 밖에 놓인 세계[3]가 그것이다.

핵심적 문제의 하나는 체계의 내용적 세계(체계의 내적 현실)를 언어 외부의 현실 세계로 번역하는 것이다. 여기에는 두 가지 부수적인 물음이 뒤따른다.

1. 외부적 현실을 반영하기 위해 하나 이상(최소 두 가지)의 언어가 필수적이다.
2. 현실 세계의 공간은 결코 하나의 개별 언어를 통해 온전히 포괄될 수 없으며, 반드시 언어들의 총체가 요구된다.

최적의 메커니즘으로 기능하는 단일한 이상적 언어를 통해 현실을 표현할 수 있다는 관념은 환상일 뿐이라는 사실이 판명되었다. 기능하는 최소한의 구조는 각기 개별적으로는 결코 외적 세계를 담아낼 능력이 없는, 두 개의 서로 다른 언어의 공존이다. 하지만 이 무능력 자체는 결점이 아닌 존재의 조건이다. 왜냐하면 바로 그것이 타자(다른 인격, 다른 언어, 다른 분화)의 필연성을 강제하기 때문이다. 이렇게 해서, 완벽한 언어를 지닌 최상

··

2) 이마누엘 긴트, 『전집』(전 6권) 3(M., 1964), 191~192쪽. [번역본] 임마누엘 칸트, 백종현 옮김, 『순수이성비판』 1(아카넷, 2006), 346~347쪽.
3) 우리는 칸트의 '나'를 언어 주체와 동일시함으로써 의도적으로 그의 사유에 일정한 변형을 가하고 있다.

의 모델이라는 관념은 최소 둘 이상, 사실상 복수 언어의 무한정한 목록을 지니는 일정한 구조의 형상으로 바뀐다(이들 언어가 각기 고립된 채 세계를 온전히 표현할 수 없다는 사실 자체가 그것들을 상호 간에 필수적인 것으로 만든다). 이들 언어는 동일한 대상을 서로 다른 방식으로 재현하면서 서로 겹치는가 하면, 또 '하나의 평면'에 배열되면서 내적 경계들을 형성하기도 한다. 언어 외적 세계와 그것의 언어적 반영 사이의 정합성을 보장하는 원천은 상이한 언어들 간의 이런 번역불가능성(혹은 제한된 번역가능성)이다. 언어의 복수성의 상황이 보다 근원적이고 1차적이며, 단지 차후에 그것을 기반으로 단일하고 보편적인 언어(단일하고 최종적인 진리)에 대한 지향이 생겨난다. 그리고 바로 이 후자가 문화에 의해 생성되는 2차적 현실이 되는 것이다.[*]

복수성과 단일성의 관계는 문화의 근원적이고 본질적인 자질에 속한다. 여기서 논리적 현실과 역사적 현실이 갈린다. 논리적 현실은 이상적인 보편성을 창출할 것을 목표로 특수한 경우를 도입하여 일정하게 추상화된 조건적 모델을 구축한다.

예컨대 인류의 본질을 이해하기 위해 계몽주의 철학자들은 대문자 인간

---

[*] 그 어떤 문화도 단 하나의 언어에 만족할 수는 없고, 최소한의 체계를 구성하는 것은 나란히 존재하는 두 개의 언어라는 생각, 즉 문화의 원칙적인 복수언어주의(polyglotism)에 관한 사유는 1970년대 초반부터 로트만 기호학에 일관되게 나타나는 중심 사상이다. 애초에 도상적 언어와 조건적 언어의 대립 등 문화의 다양한 양상을 통해 확인되던 이 사유는, 그와 같은 내적 '비단종성'이 '사유하는 조직체', 곧 지능적 구조의 불변체적 특징으로 간주되기 시작하면서 더욱 포괄적이고 보편적인 성격을 띠게 된다. 그것은 세계에 대한 인간적 모델링의 "입체경적인 성격"을 보장하면서 동시에 "타자적 관점"의 불가피성을 확증해주는 가장 확실한 근거가 된다[문화의 '입체경적 성격'에 관해서는, 유리 로트만, 김수환 옮김, 『기호계』(문학과지성사, 2008), 252~273쪽 참조]. 어떤 점에서, 『문화와 폭발』 전체는 "최소 둘 이상, 사실상 무한정한"이라는 간명한 공식으로 표현될 수 있는 이 원칙적 입장에 대한 해설로 볼 수 있다.

의 형상을 모델링했다. 그러나 실제 발전의 경로는 이와 달랐다. 군집(群集) 행위 혹은 종적(縱的)으로 계승된 어떤 특정한 행위(이 행위는 아직 개인과 집단의 대립을 모르기에 개인적이거나 집단적이라고 불릴 수 없다)가 관례적인 시발점으로서 채택될 수 있다. 그리고 이런 일반적 행위 유형에 포함되지 않는 것들은 기호적으로 존재하지 않는 것으로 여겨지는 것이다. 그 자체로 특징을 갖지 않는 '정상적' 행위들에 대립하는 것은 병자와 부상자들, 그러니까 '존재하지 않는 것'으로 간주되는 자들의 행위뿐이다. 가령 톨스토이는 소설『전쟁과 평화』에서 바로 이런 군집 심리의 심원한 고대적 본질을 심오하게 표현했는데, 패배한 프랑스 군대와 함께 러시아 포로들이 퇴각하는 동안 플라톤 카라타예프가 죽어가는 장면 묘사가 그것이다. 피에르 베주호프는 이 힘겨운 행보를 함께하는 과정에서 그만 자신의 동료인 플라톤 카라타예프를 인지하기를 중단해버린다. 심지어 프랑스군이 카라타예프를 죽이는 순간에도, 피에르는 보고 있지만 동시에 보지 않고 있다. 심리적 시각과 생리적 시각의 분리가 발생하는 것이다.[4)]

이후 단계에서, 유형화될 수 없었던 이 행위들이 허용될 수 있는 규범의 일탈 양상으로, 그러니까 기형, 범죄, 영웅주의 등의 이름으로 인식 속에 편입된다. 개인적(일탈적) 행위와 집단적(정상적) 행위의 분리가 발생하

⁝

4) 레프 톨스토이, 『전집』(전 22권) 7(M., 1980), 168~169쪽을 보라.*

---

* 여기서 말하는 "대문자 인간 형상"은 체계가 그 스스로를 기술하는 과정에서 채택하는 일종의 메타언어를 가리킨다. 문제는 메타언어를 통한 기술이 결코 체계의 모든 성분을 포괄할 수 없으며, 체계를 구성하는 질료의 일정 부분을 반드시 제외시키게 된다는 점이다. 즉 그것은 체계 외적인 위치로 옮겨지면서 자기기술의 해당 프리즘을 통해 볼 때 마치 '존재하지 않는 것'처럼 여겨질 수 있는 것이다. 이런 '비존재화'의 메커니즘에 관한 자세한 논의는 유리 로트만, 『기호계』, 178~204쪽과 김수환, 『사유하는 구조: 유리 로트만의 기호학 연구』(문학과지성사, 2011), 283~290쪽 참조.

는 것이 바로 이 단계이다. 이런 단계를 거친 이후에야, 비로소 개인적 행위는 일반적인 것의 사례이자 규범으로, 보편은 개인적 행위를 위한 가치론적 입각점으로 나타날 수 있게 된다. 즉 이 두 가지 가능성이 단일한 총체의 분리 불가능한 양 측면으로서 실현되는 어떤 단일한 체계가 출현하게 되는 것이다.

이렇듯 개인적 행위와 집단적 행위는 서로 필수적인 대립항으로서 동시에 출현하게 된다. 이에 선행하는 것은 인식되지 않음의 상황, 그러니까 양자 모두의 사회적 '비존재'의 상황이다. 인식되지 않는 상황으로부터 벗어나는 첫 단계는 질병, 부상, 기형 혹은 주기적인 생리적 자극 등이다. 이 과정 중에 차후에 다시 몰개인성으로 용해될 개인성이 분리되어 나오는 것이다. 행위의 미리 주어진 항시적 차이들(성적·연령적 차이들)은 오직 개성의 분리, 곧 선택할 수 있는 자유의 출현과 더불어 생리적 영역에서 심리적 영역으로 이동하게 된다.

바로 이런 식으로 심리학과 문화가 무의식적인 생리학의 영역을 차츰 점령해 들어가는 것이다.

제2장
단일 언어 체계

모든 종류의 커뮤니케이션 모델의 중심에 놓여 있는 것은 일찍이 로만 야콥슨이 완성한 바 있는 전통적인 커뮤니케이션 유형이다:

발신자　　　　　　텍스트　　　　　　수신자

언어

이 도식의 입장에 따르면, 커뮤니케이션의 목적은 [공통성 혹은 소통(communitas)이라는 말이 뜻하는 바대로] 소통의 정합성이다. 여기서 잡음들은 불가피한 기술적 결함에 기인한 장애물로 여겨진다. 이상적인 모델의 상황, 즉 이론의 영역에서라면 아마 그것들은 무시될 것이다.

이런 판단의 근저에 놓여 있는 것은 발신자와 수신자의 완벽한 일치를 가정해 그것을 언어적 현실로 옮겨놓는 어떤 추상화이다. 그런데 커뮤니케이션의 추상적 모델이 전제하고 있는 것은 단일한 코드의 사용뿐 아니라 발신자와 수신자의 동일한 기억의 용량이다. 사실 '언어'라는 용어를 '코드'라는 용어로 대치하는 일반적인 용례는 알려진 것처럼 그렇게 믿을 만한 것이 못 된다. '코드'라는 용어는 이제 막 창조된, 순간적 합의에 의해 도입된 인공적 구조에 관한 관념을 담고 있다. 코드는 역사를 전제하지 않는다. 즉 그것은 심리적으로 우리를 언어 일반의 이상적 모델로서의 인공 언어로 향하게 한다. 이와 달리 '언어'는 무의식중에 역사적으로 지속되는 존재에 관한 관념을 불러일으킨다. 언어란 코드 더하기 그것의 역사이다. 커뮤니케이션에 관한 이런 이해는 그 속에 본질적인 결론들을 감추고 있다.*

　'기억을 지니지 않는 구조들' 속에서의 정보 전달은 실제로 높은 정도의 정합성을 보장할 수 있을 것이다. 만일 완벽하게 일치하는 코드를 사용할 뿐 아니라 그 어떤 기억도 지니지 않는 발신자와 수신자를 가정할 수 있다면, 이때 그들 상호 간의 이해는 당연히 이상적인 것일 수 있다. 그러나 이 경우 전달되는 정보의 가치는 최소화될 것이며, 사실상 정보 자체는 현저

---

*　언어의 개념을 '코드+역사'로 보는 로트만의 이런 입장에서 자연스럽게 떠오르는 것은 '코드' 개념에 대한 바흐친의 저명한 비판이다. "기호학은 이미 완비된 코드를 사용하여 이미 완비된 전언을 전달하는 것에 전적으로 집중한다. 그러나 살아 있는 담화에 있어 전언이란, 엄밀히 말해 전달의 과정에서 '최초로' 생성되는바, 본질상 코드란 없다." [미하일 바흐친, 「1970~1971의 메모 중에서」, 『언어 창작의 미학』(M., 1986), 371쪽. [번역본] 미하일 바흐친, 김희숙·박종소 옮김, 「1970~71의 노트에서」, 『말의 미학』(길, 2006), 498쪽]. 바흐친에 따르면 코드는 아무런 창조적 잠재성도 갖지 못하는 '죽어버린 콘텍스트'에 불과하다. 반면 로트만에게 '문화적 코드'는 (바흐친의 지적처럼) "죽어버린 콘텍스트"가 아니라 우연하고 예측 불가능한 삶의 전환을 위한 창조적 수단이 되기도 한다. 그것은 행위를 조절하고 의미를 부여하는 '조정자'일 뿐만 아니라 미래의 행위를 위한 (열린) '프로그램'으로도 기능하는 것이다. 코드나 체계, 법칙을 따르는 행위에는 언제나 개인적이고 의식적인 계기가 들어 있는바, 행위의 코드나 관례들은 개인적 메시지의 전달이라는 목적을 위해 '이용될 수' 있다. 이때 문화적 코드는 개별적 사용을 통한 일탈과 변용에 열려진 개별적 내용의 전달자로서 판명되는 것이다. 이에 관한 상세한 논의는 데이비드 베테아, 「1980년대의 유리 로트만: 코드와 문학전기의 관계」, 《신문학리뷰》 제19권(M., 1996), 14~29쪽과 김수환, 「유리 로트만의 수행적 주체: '일상행위의 시학' 다시 읽기」, 《러시아어문학연구논집》 제44권(한국러시아문학회, 2013), 33~60쪽 참조.

하게 제한적일 수밖에 없다. 그런 체계는 역사적으로 언어에 부여되는 다양한 기능을 수행해낼 수 없다. 이상적으로 합치되는 발신자와 수신자는 당연히 서로를 아주 잘 이해하겠지만, 그럼에도 그들에겐 이야기할 만한 것이 없다. 실제로 이런 정보의 가장 이상적인 형태란 곧 명령의 전달에 불과하다. 이상적 이해의 모델은 심지어 인간 내부에서 벌어지는 그 자신과의 내적 커뮤니케이션의 경우에도 부합하지 않는다. 왜냐하면 그 경우에도 역시 하나의 인격 내부에서 벌어지는 긴장된 대화의 수행이 가정되기 때문이다.* 괴테의 파우스트는 다음과 같이 말했다.

> 내 가슴속에는, 아아, 두 개의 영혼이 살고 있다네
> 그리고 하나는 다른 하나로부터 분리되고 싶어 하지.[1]

정상적인 인간의 소통, 언어의 정상적 기능 속에는 화자와 청자의 근원적 불일치에 관한 전제가 깔려 있다.

정상적 조건하에서의 정상적 상황이란 화자와 청자의 언어 공간이 일정하게 겹치는 것이다:

::

1) J. W. Goethe, *Faust*(Leipzig, 1982), 51~52쪽.

---

* 여기서 말하는 "인간 내부에서 벌어지는 그 자신과의 내적 커뮤니케이션"은 로트만의 특별한 고찰 대상이다. 로트만이 "자기커뮤니케이션(autocommunication)" 혹은 "나–나 커뮤니케이션(I–I communication)이라 부르는 그것은, 내가 이미 알고 있는 정보를 자기 자신에게 다시 보내는 경우를 가리킨다. 로트만은 일견 무의미한 '반복'처럼 보이는 이 과정이 문화 체계 내에서 행하는 중대한 기능과 역할을 다각도로 분석하고, 반복을 넘어서는 그것의 창조적 차원을 강조한다고 보았다. 이에 관한 상세한 논의는, 김수환, 『사유하는 구조』, 246~252쪽과 김수환, 「소쉬르의 차이와 반복: 로트만의 '자기커뮤니케이션'을 중심으로」, 《기호학연구》 제37집, 한국기호학회, 59~83쪽 참조.

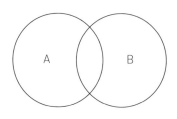

전혀 공유되는 부분이 없는 상황에서는 소통이 불가능하며, 반대로 완전히 겹치는(A와 B의 완전한 동일시) 상황에서는 소통 자체가 무의미해진다. 이렇게 해서, 이 공간들의 일정한 섭침과 더불어 상호 대립하는 두 경향의 교차가 허용된다. 겹침의 영역을 계속해서 확대함으로써 이해의 용이함을 획득하려는 경향이 하나라면, A와 B의 차이를 최대한 증대시킴으로써 전언의 가치를 높이려는 경향이 두 번째이다. 결국 정상적인 언어 교류에는 긴장의 개념, 그러니까 A와 B가 공히 처해지는 어떤 역학적 저항력의 도입이 필수적이다.

A와 B가 겹치는 공간은 소통을 위한 자연스러운 기반이 된다. 이에 비해 이들 공간의 겹치지 않는 부분은 마치 대화에서 제외되는 것처럼 여겨질 수 있다. 그러나 여기서 마주치게 되는 것은 또 하나의 모순이다. 의미 공간의 교차 영역 내에서 벌어지는 정보 교환은 여전히 진부함의 해악으로 고통받고 있다. 즉 대화의 가치는 교차되는 부분이 아니라 오히려 교차되지 않는 부분의 정보 전달과 관련되어 있다는 것이 판명된다. 우리는 해결되지 않는 모순에 직면한다. 즉 관심을 기울여야 할 것이 소통에 있어 그것을 어렵게 만드는, 극단적인 경우 불가능하게 만드는 바로 그 영역이 되는 것이다. 나아가 교차되지 않는 어떤 부분을 다른 공간의 언어로 번역하는 행위가 어렵고 비정합적인 것이 될수록 사회적 관계 속에서 이런 역설적 소통 자체가 지니는 가치는 더욱 커진다. 결국 번역 불가능한 것들 사

이의 번역은 높은 가치를 지니는 정보 매개체가 된다고 말할 수밖에 없게 된다.[*]

상대적으로 유사한 언어들 사이의 번역과 원칙적인 차이를 전제하는 언어들 사이의 번역을 예로 들어보자. 첫 번째 경우, 번역은 상대적으로 용이할 것이다. 반면 두 번째 경우, 번역은 반드시 일정한 난관을 동반하며, 의미론적 비결정성을 발생시키게 될 것이다. 첫 번째 경우, 가령 비예술 텍스트를 하나의 언어로부터 또 다른 언어로 번역하는 경우에는, 번역의 과정을 역으로 되돌리면 상당한 정도로 본래 의미를 되돌려 받을 수 있을 것이다. 반면 시 언어를 음악 언어로 번역하는 경우를 가정해보자. 의미의 일의적 정확성은 결코 달성될 수 없을 것이다. 이는 역번역의 경우 나타날 수 있는 수많은 변이가능성에서 잘 드러난다(두 번째 변이형의 매우 복잡한 실현에 해당하는 것이 예술 산문의 언어를 영화 언어로 번역하는 경우이다. 예술 산문과 영화 언어 사이의 공통성이란 허구이기 때문이다. 이 경우 난관은 감소하는 게 아니라 오히려 증대한다. 이른바 실패한 영화화의 수많은 경우가 바로 이 사실을 무시한 데서 기인한다).

우리가 그려볼 수 있는 언어적 소통의 모습은 합치되거나 혹은 합치되지 않는 언어활동 간의 긴장된 교차이다. 서로 완벽하게 일치하지 않는 언

---

[*] 로트만에 따르면, "비이해 혹은 부정확한 이해는 커뮤니케이션 체계 내의 기술적인 결함을 증명하는 게 아니라 그 체계가 지니는 복잡성, 그러니까 보다 복잡하고 중요한 문화적 기능을 수행할 수 있는 능력을 말해주는 징표가 된다." 유리 로트만, 『기호계』, 217쪽. 외견상 모순적인 것처럼 보이는 이런 복잡화의 과정, 다시 말해 잡음과 몰이해의 필요 불가결성을 확증하는 작업은 로트만 문화기호학의 본령에 해당한다. 그에 따르면, "가장 높은 문화적 가치를 지니는 텍스트, 즉 전송이 확실하게 보장되어야만 하는 텍스트일수록 최소한의 전달 능력을 갖고 있는 것으로 판명된다." 유리 로트만, 『기호계』, 218쪽. "가장 중요한 것을 가장 어렵게"라는 말로 요약할 수 있는 이 역설에 관한 상세한 내용은 김수환, 『사유하는 구조』, 315~319쪽 참조.

어들을 통한 대화, 즉 비이해는 이해만큼이나 가치 있는 의미론적 메커니즘이다. 이 두 극점 중 어느 하나의 일방적 승리는 정보 자체의 파괴를 의미하게 된다. 왜냐하면 정보란 다름 아닌 그들 사이의 상호적 긴장 관계의 장 속에서 생성되기 때문이다. 접촉의 다양한 형식—한쪽 극점에서는 일반적 언어를 통한 소통이, 다른 편 극점에서는 예술적 언어를 통한 소통이 이루어지는—은 중립적인 중앙 지점으로부터 이해의 용이함을 향한 방향으로 진행되거나, 혹은 그 반대편으로 진행될 수 있다. 하지만 이 두 극점 중 어느 하나의 절대적 승리는 이론적으로 불가능할 뿐 아니라 실제적으로는 파멸적 결과를 낳는다. 최소한의 의미 창출 단위가 단일 언어가 아니라 두 개의 서로 다른 언어가 되는 상황은 일련의 결과를 수반한다. 무엇보다 지성적 행위의 본질 자체가 번역이라는 용어를 통해 기술될 수 있다. 의미의 정의는 한 언어에서 다른 언어로의 번역인바, 이때 언어 외적인 현실 자체도 특정한 언어로서 간주될 수 있다. 즉 언어 외적 현실에 구조적 조직성이 부여되는 한편, 그것이 다양한 표현의 집합을 위한 내용으로 등장할 수 있는 잠재적 가능성이 부여되는 것이다.

제3장
점진적 발전

앞을 향해 나아가는 운동은 두 가지 방식으로 실현된다. 인식의 차원에서 우리의 감각기관은 일정한 연속적 운동으로 감지되는 적당량의 자극에 반응한다. 이 점에서, 연속성은 인식된 예측가능성으로 나타난다. 이에 대립하는 안티테제는 예측불가능성, 즉 폭발의 형태로 실현되는 변화이다. 이런 폭발적 변화를 배경으로 할 때 예측 가능한 발전은 훨씬 더 부차적인 운동 형식으로 나타날 수 있다.

폭발적 과정들의 예측불가능성이 새로움을 향한 길의 유일한 모습인 것은 결코 아니다. 심지어 문화 영역 전체가 점진적 변화의 형태로만 자신의 운동을 실현할 수도 있다. 안티테제를 이루는 점진적 과정과 폭발적 과정은 오직 상호 관계 속에서만 존재한다. 한쪽의 말살은 다른 쪽의 소멸을 불러올 수 있다.

모든 폭발적 역동성의 과정은 안정화 메커니즘과의 복잡한 대화 속에서만 실현된다. 실제 역사의 전개 과정에서 각각이 상대의 완전한 말살을 지향하는 적으로 나타나는 것처럼 보인다고 해서 그에 현혹되어서는 안 된다. 그와 같은 말살은 곧 문화의 파멸을 의미할 테지만, 다행스럽게도 이는 실현될 수 없다. 사람들이 진정 완벽한 이론을 구현하고 있다고 확신할 때조차, 실제의 영역은 그에 대립되는 경향들을 포함한다. 비록 그 경향들이 기형적인 형태를 취할지언정 그것들을 없애버릴 수는 없는 것이다.

점진적 전개 과정은 발전의 강력한 힘을 지닌다. 이 점에서 흥미로운 것은 학문적 발견과 그것의 기술적 실현 과정 사이의 관계이다. 위대한 학문적 사유들은 어떤 점에서 예술과 비슷하다. 그것들은 폭발과도 같이 출현한다. 그와 달리 새로운 사유의 기술적 실현 과정은 점진적 역동성의 법칙을 따라 전개된다. 학문적 사유가 종종 자신의 시대에 걸맞지 않은 이유가 여기에 있다.

물론 기술에 있어서도 그 가능성이 온전히 인식되지 못하는 경우가 있을 수 있다(예컨대 고대 중국에서 화약은 화포 제조에만 국한되어 사용되었다). 하지만 기술 전반에서 실용적 필요성이 발전을 위한 강력한 자극제가 된다는 점은 본질적이다. 그렇기 때문에 기술에서는 새로운 것이 기대되는 것의 실현인 반면 학문과 예술에서는 기대되지 않은 것의 실현이 된다. 이렇게 보자면 '학문과 기술'이라는 일반적인 어법에서 인정되는 두 영역의 연합은 결코 이상적인 어울림으로 볼 수 없다. 이 연합은 심오한 대립의 속성 또한 지니고 있는 것이다.

이런 점에서 볼 때 매우 흥미로운 것이 de la longue durée 학파[1] 역사

1) 프랑스어로 '장기 지속'이라는 뜻이다. La nouvelle histoire(신역사학)로 불리기도 한다.*

*   이 학파를 흔히 '아날' 학파라고 부른다. '아날'이란 1929년 뤼시앵 페브르(Lucien Febvre)와 마르크 블로크(Marc Bloch)에 의해 창간된 역사학 잡지 《사회 경제사 연보(*Annales*

가들의 입장이다. 그들은 점진적이고 느린 역사의 전개를 정당한 역사의 구성소로 역사 연구 안으로 끌어들이려 노력했다. 기술, 일상생활, 상업의 발전 등이 정치적 투쟁 및 예술 현상들을 역사의 배면으로 밀어냈다. 흥미롭고 혁신적인 장 델루모의 책 『르네상스 문명(*La civilisation de la Renaissance*)』[2]이 탐구의 대상으로 삼고 있는 것이 바로 이런 점진적 전개 과정에 의해 조직되는 역사적 사실의 영역이다. 저자는 지정학적 발견, 기술의 발전과 상업의 역할, 생산 양식의 변화, 재정의 발전을 고찰한다. 기술 혁신, 심지어 역사적인 발견조차도 델루모의 손으로 그려진 이 기념비적인 보편 운동의 그림 속으로 흡수될 뿐이다. 이 운동은 거대하고 강력한 강물의 유유한 물살처럼 우리 앞에 놓여 있다. 혁신과 발견의 주체인 개별 인간은 단지 이 물살에 몸을 맡기는 정도로만 스스로를 실현할 뿐이다.

역사의 역동적(폭발적) 전개와 점진적 전개를 바라보는 역사가의 의식에 떠오르는 두 가지 이미지는 예측 불가능한 장소에 폭약이 매설된 평원과 봄철의 도도한 강물의 흐름이다. 이 두 구조적 경향의 필수불가결성은 그들 간의 본연적인 상호조건성을 제거하는 것이 아니라 오히려 증대시킨다. 둘 모두는 상대편 없이 존재할 수 없다. 주관적 관점에서 하나가 다른 하나에게 극복해야만 할 장애, 곧 소멸시켜야 할 적으로 나타난다

∴

2) 저자가 자신의 저서에서 공공연하게 문화가 아닌 문명에 집중하고 있다는 사실은 주목할 만하다. 우리는 이 대립을 폭발적 전개와 점진적 전개의 안티테제로 볼 수도 있을 것이다.

---

d'Histoire economique et sociale)》에서 나온 말로, 아날 학파는 이 잡지를 중심으로 활동한 일군의 역사가 그룹을 가리킨다. 아날 학파는 새로운 역사를 주창하며 영역과 방법에서의 참신함과 독특함을 보여주었다. 주로 경제와 사회를 주요 영역으로 한 구조적인 인식방법론을 사용했는데(물질문명사와 사회문화사) 정치사를 중심으로 쓰인 역사를 반대하고 '전체'를 바라보고자 했으며 문화인류학에서도 많은 영감을 얻었다.

고 해도 말이다.

예를 들어보자. '폭발적' 입장의 관점에서 보면, 반대편은 일련의 부정적 자질의 총체적 구현이 된다. 이에 대한 극단적인 사례로 허무주의자나 자유주의 혁명가들의 눈에 비친 점진주의자들(투르게네프의 용어)의 경우를 들 수 있다. 이 대립 구도는 '천재 대 군중'이라는 낭만적 대립의 언어로도 번역될 수 있다. 불워 리턴*은 진짜 댄디와 저속한 모방자들, 즉 유행의 천재와 그것의 가련한 모방자들 사이의 대화를 보여준다.

"맞아요." (진정한 댄디와 재봉사의 관계에 관한 대화에 끼어들며—로트만) 랄스톤은 동의했다(……) "맞아요. 스툴츠는 연미복이 아니라 신사를 만들고자 했지요. 그의 옷깃 하나하나가 귀족주의를 표방했는데, 여기엔 정말이지 끔찍한 저속함이 있습니다. 스툴츠가 작업한 연미복을 당신은 어디서든 알아볼 수 있을 겁니다. 그걸 거부해야 할 이유는 이미 그걸로 충분합니다. 만일 어떤 남성을 의복의 천편일률적인, 그것도 전혀 독창적이지 않은 재봉술로 알아봐야만 한다면, 사실상 그 남자에 관해서는 더 이상 말할 게 없는 겁니다. 재봉사가 인간을 만드는 게 아니라 인간 그 자신이 재봉사가 되어야만 하는 겁니다."
"바로 그거요, 젠장!" (E 경의 형편없는 음식마냥 끔찍하게 차려입은) 윌로우비가 외쳤다. "정말 맞는 말이오! 나는 언제나 내 재봉사들에게 유행에 따르지 말고, 오히려 그 반대로 내 옷을 재단하라고 말하곤 하지요. 내 연미복과 바지를 다른 사람들의 그것처럼, 가령 이등변 삼각형 따위로 만들지 말고,

---

* 에드워드 불워 리턴(Edward George Bulwer-Lytton, 1803~1873)은 영국의 소설가이자 정치가, 언론인으로 "펜은 칼보다 강하다"라는 말을 남긴 것으로도 유명하다.

내 체형에 맞도록 재단하라고 말입니다." 윌로우비 타운젠트 경은 자신의
옷을 충분히 감상할 수 있도록 몸을 곧게 펴고 멈춰 보였다.

"연미복이라!" 순진한 놀라움의 표정을 지으며 랄스톤이 외쳤다. 그는 두
손가락으로 옷깃의 끝자락을 까다롭게 집으며 말했다. "윌로우비 경, 연미
복이라고 하셨소? 당신이 보기에는, 이 물건이 연미복 같습니까?"[3]

윌로우비 경을 바라보는 두 가지 관점이 가능하다. 진정한 댄디즘의 관
점에서 보면 그는 모방자요 가짜에 불과하지만, 그를 둘러싼 청중의 관점
에서는 기존 규범을 타파하고 새로운 것을 창조하는 댄디가 된다.

이로부터 생겨나는 문제가 바로 진정한 폭발과, 폭발의 안티테제적 구
조 형식에 불과한 모방 폭발 사이의 관계이다. 페초린과 그루시니츠키[레
르몬토프의 소설 『우리 시대의 영웅』의 등장인물], 레르몬토프와 마르티노프의
관계가 바로 그러하다. 마를린스키에 대한 벨린스키의 비판 역시 마찬가
지 맥락이다. 폭발의 인간들은 점진주의적 인간들의 저속함을 비난하며,
반대로 점진주의적 인간들은 폭발의 인간들의 괴짜인 척하는 행동을 비방
한다. 억압적인 검열제도와 푸시킨의 죽음, 그리고 바라틴스키의 자발적
고립의 상황하에서 데카브리스트 혁명의 실패 이후 러시아 사회에 형성된
침체는 거짓 혁신의 물결을 불러일으켰다. 중류 독자들의 저속한 취향과
가장 가깝게 연결되었던 작가들이 맹렬한 혁신의 탈을 쓰고 등장했던 것
이다. 저속함은 독창성의 이름으로 자신을 스타일화했다. 이런 자기위장
의 흔적은 예이젠시테인의 후기 영화들에도 나타난다. 하지만 복잡한 2차
모델들에서, 비난자들은 햄릿과 레어티즈가 그랬던 것처럼, 서로의 검을

∙∙

3) 에드워드 불워 리턴, 안나 쿨리세르 외 옮김, 『펠럼 혹은 신사의 모험』(M., 1958), 194~195쪽.

교환한다. 바로 그런 상황에서 다음과 같은 섬세함이 도출되는 것이다.

유명해진다는 것은 불쾌하다.(파스테르나크)[4]

여기서 파스테르나크는 일상의 시적 성격과 높은 의미에서의 불변성에 관한 푸시킨의 관념을 계승하고 있다. 평가적인 언급을 피해 말한다면, 여기서 우리가 대면하고 있는 것은 단일한 과정의 두 측면, 즉 여동적 발전의 단일성 안에서 끊임없이 자리를 바꾸고 있는 필수적인 두 측면이다. 역사적 전개 과정의 모순적인 복잡성은 둘 중 하나의 형식을 순차적으로 활성화한다. 오늘날 (미국과 러시아를 포함한) 유럽 문명은 폭발의 사유 자체가 지니는 위상이 총체적으로 하락하는 시기를 겪고 있다. 반면 지난 18~20세기는 폭발이라는 메타포의 실현으로 묘사될 수 있을 것이다. 즉 그 시기의 사회적·문화적 과정들은 폭발과 관련된 이미지의 영향 아래 전개되었는데, 다만 그 이미지는 철학적 개념으로서의 폭발이 아니라 단지 포탄, 다이너마이트 혹은 원자탄과의 저속한 관련성을 통해 나타났을 뿐이다. 물리적 현상으로서의 폭발, 단지 메타포적으로만 다른 과정들에 적용될 수 있는 그런 폭발은, 현대인에 의해 파괴의 개념과 동일시되면서 파괴적인 것의 상징이 되었다. 하지만 오늘날 폭발과 관련된 개념의 근저에 위대한 발명의 세기들, 르네상스, 혹은 다만 예술적 연상들이라도 자리했다면, 아마도 이 개념은 새로운 생명체의 탄생이나 삶의 구조의 창조적 혁신과 같은 어떤 것을 떠올리게 했을 것이다.

벨린스키 문학비평의 유산은 다소 의외의 사유를 담고 있다. 모르도브

:·

4) 보리스 파스테르나크, 『전집』(전 5권) 1(M.,1989), 424쪽.

첸코가 최초로 관심을 표명하며 역사적 분석의 대상으로 지목한 바 있는[5] 그것은 천재성과 재능의 대립, 그리고 그에 상응하는 문학과 저널리즘의 대립이다. 예술을 창조하는 천재는 자신의 창작 속에서 예측 불가능하기에, 비평의 지배적 영향을 받지 않는다. 그런가 하면, 천재와 독자 사이에는 언제나 모종의 (푸시킨의 표현대로) '극복될 수 없는 경계'가 존재한다. 천재적인 작품의 경우, 독자의 몰이해는 예외가 아닌 법칙이다. 이로부터 벨린스키는 다음과 같은 대담한 결론을 도출한다. 후대의 인간, 곧 영원성을 위해 작업하는 천재는 동시대인들에게는 이해받지 못하는 정도가 아니라 아예 쓸모없기까지 하다. 그의 용도는 역사적 전망 속에 감춰져 있다. 반면 동시대인들이 필요로 하는 예술은 그렇게 심오하고 지속적이지 않은, 지금 당장 받아들여질 수 있는 종류의 것이다.

벨린스키의 사유는 '폭발적' 전개와 '점진적' 전개의 안티테제로서 해명될 수 있다. 하지만 그로부터 또 한 가지 특징이 도출된다. 전개 과정은 동시대인들에게 전유되기 위해 필히 점진적 성격을 띠어야 하지만, 동시대인은 그가 접근할 수 없는 폭발의 순간들에도 역시 이끌린다(최소한 예술의 경우엔 그러하다). 독자는 이해될 수 있는 작품을 원하는 동시에 작가가 천재이기를 바라는 것이다. 천재의 빈자리를 차지했지만 이내 모방자에 불과했음이 밝혀지고 마는 작가들, 예컨대 쿠콜닉이나 베네딕토프가 바로 그렇게 생겨났던 것이다.

이런 식의 '이해할 수 있는 천재'는 작품의 용이한 이해가능성으로 독자를 즐겁게 하고, 그 예측가능성으로 평론가를 만족시킨다. 또 이런 유형의 작가가 밟을 행보를 정확하게 예측하는 평론가는 이를 스스로의 통찰력

••

5) 니콜라이 모르도브첸코, 『벨린스키와 그의 시대의 러시아 문학』(M.; Л., 1950), 213~293쪽.

덕분으로 생각하는 것이다.

이런 점에서 마를린스키 산문 연구의 한 가지 가능성으로, 그것을 메리 메나 레르몬토프의 안티테제로서, 즉 독자의 차원을 향한 특정한 지향을 지니는 작품으로서 바라볼 수 있다. 이 점을 더욱 흥미롭게 하는 것은 마를린스키의 낭만적 포즈가 그를 '저속함의 윗자리'에 위치시키며, 그의 낭만주의를 독자를 향한 스턴식 조소와 결합시킬 것을 요구하고 있다는 점이다.

이 문제는 하나의 예술 사조와 또 다른 사조의 대립으로 환원될 수 없다. 왜냐하면 진정한 폭발의 그와 같은 두 단계성은 다양한 차원에서 드러나며, 예술에만 고유한 것도 아니기 때문이다. 자연주의 학파의 기초를 닦았던 벨린스키조차도, 실제 연구에서는 독자에게 필요하고 그들이 이해할 수 있는 작품을 창작하는 소품 작가들을 다루었다. 결국 문학과 소품 사이에는 중간지대가 존재한다. 그것은 말하자면 폭발의 국면과 그를 기반으로 창조되는 점진적 발전의 새 단계 사이에 가로놓인 중간지대와 유사하다. 본질상, 인식의 영역에서도 비슷한 전개 과정들이 발생한다. 관례적으로 이 과정들은 이론과학과 기술 사이의 대립으로 정의할 수 있을 것이다.

제4장
불연속적인 것과 연속적인 것

지금까지 우리는 순차적으로 교체되는 두 단계, 즉 폭발 국면과 점진적 발전 국면의 상호 관련성에 주의를 기울여왔다. 그러나 이들의 관계는 공시적 공간에서도 마찬가지로 나타날 수 있다. 문화 발전의 역동적 전개 과정에서 그것들은 순차적으로뿐 아니라 동시적 공존의 차원, 그러니까 동시에 함께 작동하는 단일 메커니즘 안에서 상호 관련될 수도 있다. 복잡한 총체로서의 문화는 서로 다른 발전 속도를 갖는 여러 층위로 구성되기 때문에 모든 종류의 공시적 절단면은 해당 문화의 상이한 단계들이 동시적으로 공존하는 양상을 드러낸다. 한 평면에서의 폭발이 다른 평면에서의 점진적 발전과 관련될 수도 있는 것이다. 하지만 물론 이 점이 그 평면들 간의 상호작용을 부정하는 것은 아니다.

예를 들어 언어와 정치, 도덕과 유행의 영역에서 전개 과정의 역동성은 각기 다른 속도를 드러낸다. 비록 더 빠른 과정이 더 늦은 과정을 가속화하거나, 혹은 반대로 더 늦은 과정이 더 빠른 과정의 자기규정을 전유하여 빨라질 수는 있지만 그것들의 역동성은 동시적이지 않다.

문화의 다양한 영역에서 폭발적 과정과 점진적 과정이 동시에 결합하는 상황은 훨씬 더 중요하다. 문제를 더욱 복잡하게 만드는 것은 이 과정들이 스스로에게 합당하지 않은, 부적당한 자기기술*을 전유한다는 사실이다. 연구자들을 자주 혼돈에 빠트리는 것이 바로 이 점이다. 연구자들은 공시성을 구조적 단일성으로 환원하는 경향이 있다. 즉 모든 자기기술의 적극적인 공세를 구조적인 단일성의 확립으로 해석해버리는 것이다. 첫 번째 파도로 자기기술이 오고, 뒤를 이어 두 번째 파도, 즉 연구자의 용법이 온다. 둘 모두는 모순적인 구조들을 매끄럽게 만들어버리면서, 실제 과정의 이미지를 인위적으로 통일하는 것이다. 사실 역동적 메커니즘의 본질은 다름 아닌 이 모순성들의 내부에 자리하고 있는데도 말이다.

공시적으로 작동하는 구조 속에서, 점진적 과정과 폭발적 과정은 모두 중대한 기능을 수행하고 있다. 한쪽 축이 혁신을 제공한다면, 다른 한 축은 계승을 제공한다. 동시대인들의 자의식 속에서 이들 경향은 상호 적대적인 것으로 경험되며, 그들의 투쟁은 상대방의 괴멸을 지향하는 전투의 차원에서 해석된다. 그렇지만 그들은 상호 연관된 단일 메커니즘, 말하자면 그 메커니즘의 공시적 구조가 지니는 두 측면인바, 둘 중 하나의 공격성은 상대방을 집어삼키는 대신 발전을 자극한다.

---

* '자기기술(самоописание)'은 로트만이 자주 사용하는 이론적 개념이다. 로트만에 따르면, (문화를 포함한) 어떤 기호적 체계는 자신의 내적 공간을 조직화하는 과정에서 반드시 '자기 스스로를 기술(self-description)하는' 국면을 거치게 된다. 체계가 그 자신을 기술하기 시작하는 단계는 해당 체계의 문법이 씌어지는 단계이며 관습과 법률이 코드화되는 시기이다. 실제 문화사에서 확인되는 것처럼, 이는 결국 체계의 구조적 장 내부를 순환하는 다수의 하부 그룹 중 어느 하나가 돌출되어 해당 체계 자체의 기술을 위한 '메타언어'가 되는 경우에 해당한다. 그것은 자연스럽게 기호적 공간 내부의 특권적 위치(대개 중심)를 차지하게 되고, 메타언어로서 체계 전체의 이상적인 모델, 가령 해당 문화의 '신화적 이미지'나 '이데올로기적 자화상'을 구축하게 된다. 이에 관한 상세한 내용은 김수환, 『사유하는 구조』, 283~285쪽 참조.

예를 들어보자. 19세기 초반 카람진—주콥스키 노선의 공격성은 시시코프—카테닌—그리보예도프 노선의 공격성과 발전을 자극했다. 또 발자크—플로베르식 '반(反)낭만주의'의 의기양양한 도래는 공시적으로는 위고식 낭만주의와 결합했다.

서로 다른 구조적 조직 간의 교차는 역동성의 원천이 된다. 예술 텍스트는 청중을 향한 능동성을 갖게 된 이래로, 언제나 역동적 체계이다.

전통적 구조주의는 러시아 형식주의자들이 이미 확립해놓은 기본 원칙에서 출발한다. 거기서 텍스트는 공시적으로 구축된 닫힌 자족적 체계로서 간주된다. 이 체계는 시간축상으로 과거 및 미래로부터 단절되어 있을 뿐만 아니라, 공간적으로도 청중을 비롯한 모든 외부적인 것으로부터 단절되어 있다.

구조적·기호학적 분석의 현 단계는 이 원칙을 복잡화했다. 우선 시간상으로 텍스트는 일종의 정지 화면, 그러니까 인공적으로 '캡처한' 과거와 미래 사이의 한 국면으로 받아들여진다. 과거와 미래 간의 관계는 대칭적이지 않다. 과거는 두 가지 방식으로 윤곽이 그려진다. 우선 내적으로는 텍스트의 직접적 기억으로 나타난다. 그것은 텍스트의 구조 속에, 그리고 그 구조의 불가피한 모순과 그 모순이 내적 공시성과 벌이는 내적 투쟁 속에 구현되어 있다. 한편, 외부적으로 과거는 텍스트 외적 기억과의 관련성을 통해 주어진다.

심리적으로 자신을 '현재의 순간', 즉 그 속에서 텍스트가 현실화되는 바로 그 국면(가령 내가 바라보고 있는 바로 그 순간의 주어진 프레임)에 위치시키는 관객은 현재로 수렴되는 원뿔과도 같은 과거를 향해 자신의 시선을 던진다. 한편 미래를 향할 때 관객은 여전히 다 소진되지 않은 어떤 잠재적 가능성의 묶음 속으로 들어간다. 아직 알려지지 않은 미래는 모든 것에 의미를 부여하도록 만든다. 유명한 체호프의 소총은 결코 매번 발사되는 게 아니다(작가의 지시에 따르자면, 드라마의 서두 부분에 등장한 소총은 결말 부분에서 반드시 발사되어야만 한다). 체호프의 법칙은 드라마라는 특정한 장르의 이미 고착된 형식들 속에서만 의미를 갖는다. 실제로는 소총과 관련된 비결정성, 그러니까 그것이 발사될 것인지 아닌지, 발사가 치명적 상처를 유발할 것인지 아니면 단지 그걸 흉내 내는 깡통 떨어지는 소리에 불과할지가 여전히 알려져 있지 않다는 사실 자체가 그 순간에 플롯상의 중요성을 부여해준다.

하지만 미래의 비결정성은 비록 뚜렷하지는 않더라도 나름의 경계를 지닌다. 주어진 체계의 경계 내에서 억지로 내부로 진입할 수 없는 것들은 그로부터 제외된다. 미래는 가능 상태의 공간으로 등장한다. 현재와 미래의 관계를 다음과 같이 그려볼 수 있다. 현재, 그것은 아직 전개되지 않은 의미 공간의 갑작스러운 점화(點火)이다. 그것은 잠재적으로 미래의 모든 발전가능성을 자신 속에 담고 있다. 강조할 것은 이 가능성 중 어느 하나의 선택이 결코 인과 관계나 핍진성의 법칙을 따르지 않는다는 점이다. 그런 메커니즘들은 폭발의 순간 완전히 작동을 멈춘다. 미래의 선택은 우연적으로 실현된다. 그렇기 때문에 그 선택은 지극히 높은 정보성을 지니게 된다. 동시에 폭발의 순간은 단지 잠재적 가능성으로만 남게 된 다른 노선들을 잘라내버리는 것, 즉 인과 관계의 법칙이 다시금 자신의 작용력을 회복하게 되는 순간이기도 하다.

폭발의 순간은 체계의 모든 정보성이 급격하게 증대되는 장소이기도 하다. 완만한 발전은 여기서 완전히 새롭고 예측 불가능한 복잡한 노선으로 도약한다. 체계 내의 모든 요소가, 심지어 폭발로 인해 미래의 운동가능성의 망 속으로 우연하게 도입된 다른 체계의 요소들조차, 폭발의 결과로 생겨나 미래의 움직임을 결정하는 지배적 요소로 등장할 수 있다. 하지만 다음 단계에서 이미 그것은 사건들의 예측 가능한 연쇄를 만들어내게 된다.

탄환 파편에 의한 병사의 우연한 사망은 이후 사건들의 잠재적 가능성의 연쇄 전체를 갑작스럽게 중단시킨다. 투르게네프 형제 중 맏형은 창작 초창기에 우연한 질병으로 사망했다. 퀴헬베케르에 따르면, 그는 재능 면에서 푸시킨에 비견될 만하며, 러시아 문학에 커다란 족적을 남겼을지 모를 천재적 젊은이였다. 여기서 떠올릴 수 있는 것은 렌스키*에 대한 푸시킨의 말이다.

지금은 잠잠해진 그의 리라는
끊이지 않는 영롱한 소리를
수 세기 동안 울릴 수도 있었으련만.(VI, 133)[1]

역사의 전개 과정에서 예측불가능성의 국면을 제거하게 되면, 그것은 완전히 잉여적인 것이 된다. 역사의 전개 과정에 대해 외적 관점을 견지하는 대문자 '이성'의 입장(예컨대, 신의 관점이나 '유일한 과학적 방법론'을 소유한 헤겔류의 철학적 관점)에서 보자면, 이런 움직임은 정보성을 갖지 못한다. 그러나 극도로 폭발적인 역사의 국면에서 이루어진 모든 미래 예측의 경험들이 증명해주는 것은, 역사의 급격한 전환을 정확하게 예언하는 것이 불가능하다는 사실이다. 역사의 전개 과정은 실험에 비유될 수 있다. 다만

∴

1) 이후로 푸시킨의 텍스트에서의 인용은 알렉산드르 푸시킨, 『전집』(전 16권)(M.; Л., 1937~1949)을 의미한다. 로마 숫자는 권을, 아라비아 숫자는 쪽을 말한다.

* 푸시키의 운문소설 「예브게니 오네긴」의 등장인물로, 주인공 예브게니와의 결투로 사망한다.

그 실험은 사전에 결과를 분명히 알고 있는 물리학 선생이 청중 앞에서 실연해 보이는 그런 명징한 경험이 아니다. 이것은 학자가 그 자신에게도 알려지지 않은 어떤 법칙을 발견하기 위해 상정하는 실험이다. 우리의 관점에서 볼 때 최상의 실험가란 자신의 지식을 시연하는 교육자가 아니라 자기 경험을 통한 자연발생적 정보를 드러내는 연구자이다.[*]

폭발이 소진되는 순간은 전개 과정의 전환 국면을 표상한다. 역사의 영역에서 이는 향후 발전을 위한 출발점이면서 동시에 자기인식의 지점에 해당한다. 즉 무슨 일이 일어났는지를 스스로에게 설명해야만 하는 역사의 메커니즘이 작동하기 시작하는 것이다.

이후의 발전 과정은 의식적으로 우리를 폭발의 최초 지점으로 되돌리는 듯하다. 이미 일어난 일이 관찰자의 판단에 투영되면서 새로운 존재성을 획득한다. 이때 사건이 근본적인 변모를 겪게 되는데, 즉 (우리가 보았듯이) 우연히 발생했을 뿐인 사건이 이제는 유일한 가능성으로 간주되는 것이다. 관찰자의 의식 속에서 예측불가능성이 법칙성으로 변모된다. 그의 관점에서 볼 때 선택이란 허구에 불과한데, 왜냐하면 그건 이전 사건의 모든

---

[*] 교육자와 연구자라는 이 두 모델에 관한 생각은 이후 두 가지 종류의 '신'의 이미지로 재차 강조된다. "또 다른 모델을 제시하고자 한다. 앞선 모델은 은유적으로 위대한 교육자로서의 신, 위대한 기예를 사용해 이미 그가 알고 있는 과정을 시연하는(누구에게?) 신의 형상에 비유할 수 있다. 한편 후자의 모델은 창조자-실험가, 그 자신도 결과를 예측할 수 없는 위대한 실험을 행하고 있는 신의 형상으로 그려질 수 있다. 그와 같은 시각은 우주를 정보의 원천으로, 일찍이 헤라클레이토스가 말한 바 있는 자기생성하는 로고스에 해당하는 의식으로 바꿔놓게 될 것이다." 이 책의 267쪽을 보라. 결국 최종적으로 로트만의 이런 입장은 "갈림길로 나선 클리오(Клио)"의 이미지로 귀결된다. '선택'에 따르는 윤리적 책임감을 기꺼이 받아안으며 갈림길 앞에 선 역사의 신 클리오의 이미지는 역사의 격동기를 거쳐 간 로트만의 말년을 수식해주는 적절한 형상으로 간주될 만하다. 유리 로트만, 「갈림길로 나선 클리오」, 『선집』(전 3권) 1(Таллинн, 1992), 136쪽.

인과적 전개 과정에서 '객관적'으로 예정되었던 것일 뿐이기 때문이다.

인과적으로 조건화된 사건들과 우연히 발생한 사건들이 복잡하게 교차한 결과물, 즉 '역사'라 불리는 어떤 것을 기술하려고 할 때, 바로 이와 같은 과정이 처음에는 동시대인들에 의해, 나중에는 역사가들에 의해 발생하게 된다. 즉 기술의 이런 이중적 층위가 사건들로부터 우연성을 제거하는 방향으로 향하게 되는 것이다. 폭발적 사건들이 최소한의 역할만을 담당하는 점진성의 지배 영역에서 이와 같은 치환은 손쉽게 실현된다. 그런 영역은 첫째, 행위들이 매우 점진적으로 진행되며 둘째, 개별 인격의 역할이 최소화되는 역사의 평면에 해당한다.

바로 이런 느리고 점진적인 역사의 전개 과정을 연구하면서, 프랑스의 '신역사(La nouvelle histoire)' 학파* 연구자들은 아주 믿을 만한 결과를 내놓았다. 기술의 역사[技術史]가 언제나 무인칭적인 것으로 받아들여진다는 점은 주목할 만하다. 회화가 그걸 그린 예술가의 성에 따라 기억되는 반면, 자동차 메이커는 회사 및 모델명에 따라 기억된다.

체호프의 단편 「일등석 승객」에 나오는 저명한 기술자(지금껏 살면서 그는 수많은 다리를 건설했으며, 갖가지 기술을 발명한 바 있다)는 사람들에게 자신의 이름이 알려지지 않았다는 사실에 격분한다.

"나는 이제껏 살면서 러시아에 20여 개의 훌륭한 다리를 건설했고, 세 도시에 수도관을 매설했으며, 러시아와 영국, 벨기에에서 일한 바 있소(……) 두 번째로, 나는 내 분야에 관련된 많은 전문 학술서를 남겼소(……) 나는 유기

---

* 신역사학(new history)이라는 용어는 아날 학파 3세대의 리더인 자크 르 고프와 피에르 노라가 만든 것으로, 이 운동은 주로 문화사(cultural history), 표상사(history of represen-tations), 망탈리테(mentalites)의 역사 등과 관련된다.

산(酸)의 채취 방법을 개발했으며, 따라서 당신들은 모든 외국의 화학 교과서에서 내 이름을 발견할 수 있을 거요(……) 이제껏 얘기한 내 업적과 저술로 당신들의 관심을 바라지는 않겠소. 다만 한 가지 말할 것은, 나는 다른 어떤 저명한 자보다 더 많은 걸 행했다는 거요. 그런데 뭡니까? 보시다시피 난 늙었고, 아마도 곧 저세상으로 가게 될 거요. 그런데 난 저쪽 제방에 자빠져 있는 저 검둥개만큼도 알려져 있지 않단 말이오."

뒤이어 이 인물은 지방 도시의 재능 없는 여가수인 그의 연인이 명성을 누리며 잡지에 이름이 여러 차례 언급되고 있음에 또한 분개한다.

"텅 빈, 변덕스럽고 탐욕스러우며 게다가 멍청한 계집이오."

주인공은 분통을 터뜨리며 다음과 같은 일화를 이야기한다.

"지금 기억이 났소만, 재건된 다리를 공개하는 성대한 개통식이 있었소(……) 이제 군중들이 온통 나만 쳐다보겠거니 생각했지. 어디로 몸을 숨기면 좋을까? 그런데 웬걸, 내가 괜한 걱정을 했던 거요."

주인공은 군중의 관심을 끌지 못했다.

"갑자기 군중이 동요하기 시작했소. 수근수근…… 사람들이 미소 짓기 시작하고 어깨는 들썩거렸소(……) 분명히 나를 본 거야, 난 생각했소. 어쩌면 좋을까, 그렇지, 거만하게 행동해야지!"

뒤이어 군중의 동요는 그가 그토록 비아냥거렸던 바로 그 여가수의 출현 때문이었음이 밝혀진다.

체호프의 주인공은 군중의 무지와 무교양을 비난하지만 사실 그는 매우 희극적인 상황에 처해 있다. 왜냐하면 그의 말 상대가 자신도 전혀 들어본 적 없는, 지극히 저명한 학자라는 사실이 밝혀지기 때문이다. 화자는 불공평함에 대해 불평을 늘어놓는다. 그러나 체호프가 포착한 현상의 본질은 보다 심오하다. 체호프가 간파한 불공평함은 사회의 피상성과 무교양에만 기인하는 게 아니다. 문제의 핵심은 심지어 저열한 여가수의 창작조차도 그 본질에서 개인적인 것인 반면에, 훌륭한 기술자의 창작은 기술의 무인칭적 과정 안에서 그저 묻히는 것처럼 보인다는 점이다. 혹시라도 다리가 무너진다면, (그건 진기한 사건이기 때문에) 아마 기술자의 성이 기억될지도 모른다. 훌륭한 다리의 가치는 그 누구도 알아채지 못한다(극히 아름답게 장식된 게 아니라면). 기술의 발전은 대체로 예측 가능하며, 이 점은 과학 판타지 예술 작품의 성공 사례들이 증명한다. 이런저런 새로운 발견은 그것이 이어지는 발전의 합법칙적 과정에 포함되기 전까지, 아직은 기술이 되지 못하는 것이다.

요컨대, 폭발의 국면은 새로운 단계의 시작을 표지한다. 자기인식의 메커니즘이 적극적으로 작용하는 과정들의 경우에 이는 결절의 국면이 된다. 의식은 마치 폭발 이전 단계들로 역으로 되돌려지듯이, 지나온 모든 과정을 회고적으로 의미화한다. 행위 참여자의 의식을 거쳐 생성된 모델이 실제로 진행되고 있는 과정을 대신하게 되는 것이다. 즉 성찰적인 변화가 발생한다. 실제로 일어난 일은 유일하게 가능했던 것, 곧 '역사적으로 예비된 중심적인 것'으로 선언된다. 당연히 일어나지 않은 것은 불가능한 것으로 간주되며, 모든 우연적인 것에 합법칙적이고 필연적인 성격이 부여된다.

바로 이런 형태로 사건들이 역사가의 기억으로 넘겨진다. 역사가는 1차적 취사선택을 거쳐 변모된 기억의 형태로 사건들을 받아들이는 것이다. 핵심은 이 자료들 속에서 우연성은 고립되고, 폭발은 합법칙적이고 선형적인 발전 과정으로 바뀐다는 사실이다. 폭발에 관한 담론이 허용될 경우에도, 그것은 내용을 현저하게 바꾼다. 거기엔 사건들의 에너지와 속도, 적대적 힘의 극복에 관한 내용이 포함되지만, 수많은 가능성 중 어느 하나의 선택이 야기하게 될 결과를 결코 예측할 수 없다는 점이 결정적으로 배제된다. 이렇게 해서 '폭발'의 개념에서 정보성의 국면이 사장되는바, 즉 그것이 운명론으로 뒤바뀌는 것이다.

역사가의 관점은 회고적 변형의 2차적 과정이다. 역사가가 사건을 바라보는 관점은 현재에서 과거를 향한다. 단순한 관찰자에게 무질서하게 보이는 그림은 역사가의 손을 거치며 2차적인 조직화에 처해진다. 역사가에게 본질적인 것은 이미 일어난 일의 필연성이다. 그의 창조적 활동은 오히려 다른 방식을 통해 드러난다. 그는 기억 속에 축적된 넘쳐나는 사건들로부터, 최대한 그럴듯하게 모종의 최종 지점으로 수렴되어가는 어떤 진화적 라인을 구축하고자 한다. 그 토대에 우연성이 놓여 있으며 온갖 자의적 전제와 유사·인과 관계의 전 층위로 뒤덮여 있는 바로 이 지점이, 역사가의 펜 아래서 거의 신비에 가까운 성격을 획득한다. 여기서 확인할 수 있는 것은 신의 소명 혹은 역사적 소명이라는 관념이 이전의 모든 과정의 의미 담지체를 압도하는 모습이다. 역사에는 완전히 낯선, 목적이라는 개념이 역사에 도입되는 것이다.

언젠가 이그나티우스 로욜라는 용감하게도 목적이 수단을 정당화한다고 말한 바 있다. 그러나 이 원칙은 예수회의 출현 이전에 이미 광범위하게 알려져 있었으며 그에 관해 들어본 적도 생각해본 적도 없는 많은 사람을 지배해왔다. 그것은 역사를 정당화하는 기초, 다시 말해 역사 속으로 '높은 의미'를 도입하기 위한 기반이 되었다. 하지만 그것은 역사의 사실일 뿐 역사를 인식하기 위한 수단이 아니다. '역사의 소금 중의 소금'에 해당하는 각각의 비슷한 경우가 다음 단계의 폭발에 의해 제거되고 망각에 처해진 것은 우연이 아니다. 진짜 현실은 이와는 다른 것으로 이루어져 있다.

폭발의 국면에서 임박한 최후의 심판이나 세계 혁명 따위의 종말론적 사유들, 혹은 그와 유사한 역사적 사실들(그것이 파리에서 발생했는지 페테르부르크에서 발생했는지는 관계없다)이 주목받는 이유는 무엇인가? 그런 사유들이 마침내 지상천국을 불러올 '결정적인 최종 투쟁'을 불러일으킨다는 점 때문이 아니다. 그것이 주목받는 이유는, 민중의 힘에 전대미문의 긴장을 불러일으키고 외견상 움직이지 않는 것처럼 보이는 역사의 평면에 역동성을 도입하기 때문이다. 인간이 이 국면들을 스스로에게 익숙한 범주를 통해, 즉 긍정적이거나 부정적인 것으로서 평가하게 되는 것은 당연하다. 역사가는 단지 그것들을 명확히 가리키고, 가능한 한 객관적으로 그것을 연구의 대상으로 삼는 것으로 충분하다.

제5장
의미의 폭발로서의 의미론적 교차, 영감(靈感)

의미 공간의 교차 문제는 종이 위에 그려진 동그라미들이 단지 특별한 종류의 시각적 은유일 뿐 대상의 정확한 모델은 될 수 없다는 점 때문에 더욱 복잡해진다. * 은유주의는 모델이나 과학적 정의의 가면을 쓰고 등장할 때 각별한 주의를 요한다. 명백하게 일의적인 경계를 갖는 2차원적인 실체로 의미 공간을 묘사하는 것은 단지 은유적으로만 가능할 뿐이다. 오히려 그보다 더 현실적인 것은 개인적인 사용을 통해 갖가지 방식으로 그려질 수 있는 경계를 지닌 모종의 의미론적 덩어리이다. 은유적으로 말해, 이는 지도상의 경계와 실제 장소의 경계를 비교하는 것과 같다. 특정 장소의 실제 움직임의 경우, 지정학적 경로는 명확한 선분 대신에 점들을 형성하면서 흐릿해질 것이다.

새로운 의미를 발생시키는 의미 공간의 교차는 개인적 의식과 관련되어 있다. 해당 언어 공간의 전 영역에 광범위하게 펼쳐지면서, 교차는 이른바

---

* 앞서 「단일 언어 체계」 장에서 나왔던, 의미 공간 A, B의 교차를 가리키는 다이어그램을 말한다.

언어적 은유를 형성한다. 즉 그것이 집단의 보편적 언어 사실이 되는 것이다. 다른 쪽 극단에는 예술적 은유들이 자리한다. 그곳에서도 마찬가지로 의미 공간은 일의적이지 않다. 여러 문학 유파와 시기들에서 공통적으로 나타나는 상투적 은유들과 진부함으로부터 천천히 개인적 창작으로 옮아가는 은유들은 의미론적 교차의 다양한 차원을 예시한다. 이런 경우의 극단적 사례는 원칙상 혁신적인 은유, 즉 전통적 의미의 담지자들에게 비합법적인 것, 감수성을 모욕하는 것으로 평가될 수 있는 은유이다. 이런 충격적인 은유는 언제나 창작 활동의 결과물이다. 하지만 이후 이 은유가 보편적으로 받아들여질 뿐 아니라 심지어 진부한 것으로 바뀔 가능성 또한 여전히 존재한다.

다양한 의미 창출 방식의 '노화'라는 이 항시적 작용력을 보상해주는 것은 첫째, 이전에 금지되었던 새로운 것의 도입, 둘째, 이미 망각되어버린 옛 의미 창출 구조를 젊게 만드는 과정이다. 개인적 의미 창출의 이 과정은 (트이냐노프가 다소 부정확하게 옮긴 바 있는) 로모노소프의 표현인 '동떨어진 사유들의 근접'으로 정의될 수 있다. 혹은 다음과 같은 주콥스키의 표현을 따를 수도 있겠다.

아주 오래전부터 정신에 보이지 않던 것이
순간적으로 보이게 되었다.[1)]

모종의 창작적 긴장 상태하에서 결합될 수 없던 것들이 결합되는 경우, 바로 이런 경우를 영감으로 정의할 수 있다. 푸시킨은 특유의 명료한 정의

∙∙

1) 바실리 주콥스키, 『전집』 1, 360쪽.

와 통찰력을 가지고 '영감'과 '열광'을 동일시하는 퀘헬베케르의 낭만적 명제를 거부한 바 있다. "영감? 그것은 인상을 가장 생생하게 받아들이고, 그 결과로 개념들을 재빠르게 파악해 그것들을 설명해낼 수 있도록 하는 마음의 상태를 말한다. 영감은 기하학과 마찬가지로 시에서도 요구된다." (XI, 41)

이처럼 푸시킨에게 시적 긴장이란 논리적이고 과학적인 발견과 대립하지 않는다. 그것은 지식의 거절이 아니라 오히려 더 높은 긴장 상태, 과거에 이해되지 않았던 어떤 것이 보다 명백해지는 상태를 가리킨다.

물론 정반대의 관점을 예시할 수도 있을 것이다. 거기서 창작의 영감은 인간을 논리의 영역으로부터 예측 불가능한 창작의 영역으로 끄집어내는 최대치의 긴장으로 간주된다. 시인 블로크는 다큐멘터리적인 정확성을 갖고서 이 과정을 묘사한 바 있다.

예술가

무더운 여름과 눈보라 치는 겨울에,
당신들의 결혼식과 잔치, 장례식 날에,
지금껏 들어본 적 없는 가벼운 울림이
내 죽음 같은 권태를 몰아내주기를 나는 기다린다.

바로 여기서 — 생겨났다. 냉정하게 집중하며
나는 기다린다. 이해하고, 붙잡아놓고, 죽이기 위해.
그리고 나의 예민한 기대 앞에서
그것은 보일 듯 말 듯한 실타래를 풀어놓는다.

바다에서 불어오는 돌풍인가? 아니면 나뭇잎 사이에서
노래하는 천상의 괴조(怪鳥)인가? 혹은 시간이 멈춘 것일까?
아니면 5월의 사과나무가 눈송이 같은 꽃잎을 흩뿌리고
있는 것인가? 아니면 천사가 날고 있나?

시간이 더디게 흐른다. 전 우주를 담고 있는 시간.
소리, 움직임, 그리고 빛이 팽창한다.
과거는 열정적으로 미래 속에 투영된다.
현재는 없다. 아쉬울 것도 — 없다.

그리고 마침내, 새로운 영혼, 미지의 힘이
잉태되려는 순간에, —
벼락과도 같이, 저주가 영혼과 투쟁한다.
창작의 이성이 이겼다 — 죽였다.

그리고 나는 차가운 새장 속에 새를 가둔다.
가볍고 선량한 자유로운 새, 죽음을 거두어
가기를 원했던, 넋을 구하려고 날아왔던 새를.

여기 나의 새장이 있다 — 철로 된 무거운 새장,
저녁 불꽃에 황금색으로 빛나는.
여기 나의 새가 있다. 한때는 즐거웠던.
[새장 속의] 그네를 타며 창문가에서 노래한다.

날개는 잘렸고, 노래는 암송되었다.

당신들은 창문 아래 서 있기를 좋아합니까?

노래는 당신들의 마음에 들었다. 피로해진 나는,

새로운 것을 기다린다 ― 그리고 또다시 권태롭다.[2]

　무의식의 역할에 바쳐진 이 시는 절제되어 있음에도 불구하고 거의 학술적 수준의 엄밀한 정확성을 보여준다. 이런 의미에서 이 시는 우리가 위에 묘사했던 순간에 내재한 뿌리 깊은 모순을 복원한다. 텍스트 속에서 의미의 전개는 일련의 수순을 따른다. 먼저 외적 세계, 즉 '당신들의' 세계인 '결혼식과 잔치, 장례식'의 세계가 있다. 이어지는 차원은 시적 '자아'의 세계이다. 하지만 그 세계는 고립되어 있지 않다. 그 세계는 외적 세계의 논리 공간을 통해 의미화한다. 세 번째 세계, 즉 시적 세계는 심층으로 침잠하는데, 보통 그것의 거처는 꿈속이다. 그런데 모종의 예측 불가능한 국면에서 '지금껏 들어본 적 없는 가벼운 울림'으로 그 세계가 깨어난다. 여기서 본질적인 것은 언어로 표현 가능한 세계로부터 언어의 경계 바깥의 세계로의 이동이다. 블로크에게 후자는 분명 소리의 세계, 곧 '울림'이다. 이어서 내적 성찰의 단계가 뒤따른다. '냉정한 집중력을 갖고서' 그것을 '이해하고, 붙잡아놓고, 죽이려' 애를 쓰는 시인의 논리적인 언어 세계가 언어 외적인 것을 언어로, 논리 바깥의 것을 논리로 표현하려 시도한다.

　다음 행은 바로 이런 불가능한 시도에 바쳐져 있다. 블로크는 언어를 질료로 사용하는 시인인데, 이 질료의 경계 내에서 원칙상 그를 통해 표현될 수 없는 어떤 것을 표현하려 시도하고 있는 것이다. 3연에서는 일련의 단

••
2)　알렉산드르 블로크, 『전집』(전 8권) 3(M.; Л., 1960), 145~146쪽.

절된 문장이 이어진다. 이 문장들의 의문형 억양은 말과 의미의 정합성에 대한 회의를 표현하고 있다. 근본적인 의미론적 불일치를 지닌 채 그것들은 서로 결합되어 있다. 그것들은 단일한 논리적 형상으로 구성되지 못한다. 이 연의 통사론적 구성은 마치 주콥스키의 유명한 물음을 이어가고 있는 것처럼 보인다.

표현될 수 없는 것이 과연 표현에 의해 지배될 수 있겠는가?……[3]

의미에 부합하는 언어가 부재하는 상황과, 어쩔 수 없이 그것을 일련의 상충되는 언어를 통해 대체해야만 하는 필요성을 함께 현시하는 이 시행은, 시 작품의 구성적 중심을 이루는, 즉 시적 영감의 최고도의 긴장 국면을 묘사하는 대목으로 이어진다. 기호와 물화(物化)의 세계는 심층의 단일성 속에서 모순들을 제거하는, 최상급의 명료함에 굴복한다.

'시간이 길게 퍼진다.' 시간을 늘일 수 있는 가능성, 그리고 영감의 짧은 순간이 시간으로 그려지고 있다는 사실은, 지금 여기서 말하는 것이 측정 가능한 시간의 단위가 아니라 차라리 비시간으로의 돌파(突破)라는 점을 증명한다. 대립되는 것들이 서로 동일시된다. '소리, 움직임, 그리고 빛'이 서로서로에게 동의어가 되는 것이다.

특별히 흥미로운 것은 현재의 소멸이다. 현재란, 마치 기하학의 선분처럼, 현실성을 상실한 과거와 미래의 사이-공간일 뿐이라는 것이 판명된다. '과거는 열정적으로 미래 속에 투영된다'라는 구절은 과거에 대한 우리의 의식이 미래로 전이된다는 현대적 개념을 예언하는 것처럼 들린다.

••

3) 바실리 주콥스키, 『전집』 1, 336쪽.

최대치의 긴장 국면은 모든 번역 불가능한 것들의 경계를 허물고, 합치될 수 없는 것들을 하나로 묶는다. 지금 우리 앞에 놓여 있는 것은 새로운 의미에 대한 시적 묘사이다. 블로크는 의미의 경계를 넘어서는 표현을 원했지만, 실제로 그에게 일어난 일은 저주를 퍼부으려는 의도 속에서 결국 축복을 내리게 되는 예언자 발람의 경우였다. 블로크는 묘사될 수 없다고 여겼던 것을 극도로 정확하게 그려냈던 것이다.

그다음에는 정반대의 수순을 따르는 하강이 이어진다. '표현될 수 없는' 영감이 언어 속에서 주조된다.

그리고 나는 차가운 새장 속에 새를 가둔다.
가볍고 선량한 자유로운 새, 죽음을 거두어
가기를 원했던, 넋을 구하려고 날아왔던 새를.

여기서 이미 식어 천박해져버린 시는 이제 독자들의 외적 영역으로 옮겨진다.

블로크가 표현한 표현불가능성이란 결국 번역에 해당하는 것임이 밝혀진다. 모든 창작 과정은 번역 불가능한 것을 번역하는 모종의 긴장 상태로서 묘사된다.

푸시킨과 블로크의 언급이 보여주는 양극적 대립은 그들의 심오한 단일성을 드러내는 것일 뿐이다. 둘 모두에서 논의되고 있는 것은 합치될 수 없는 것에 상응하는 것으로, 번역 불가능한 것을 번역 가능한 것으로 바꿔놓는, 예측 불가능한 폭발의 국면인 것이다.

블로크의 텍스트는 우리가 방금 사용한 '국면'이라는 용어가 지니는 은유성을 보여준다는 점에서 특별히 흥미롭다. 사실 문제는 시간의 축약이 아니라 그로부터의 일탈, 다시 말해 '과거'에서 '미래'로 도약하는 어떤 움직임이다. 시 작품의 모든 내용은 의미의 폭발, 그러니까 비예측성의 경계를 통과하는 움직임에 관한 묘사인 것이다.

흥미로운 것은 낭만적 상투성을 고집스럽게 거부하는 푸시킨 역시도 전혀 다른 입장에서, 영감을 번역불가능성에서 번역으로 이동하는 과정으로 묘사했다는 점이다. 『보리스 고두노프』를 쓰던 푸시킨은 편지글에서 비극은 쓰기 쉽다고 적고 있다. 그가 '영감이 요구되는 장면'에 이르게 되면, 그는 그걸 건너뛰고 다음을 이어간다(XIII, 542). 블로크의 경우에서와 마찬가지로 창작의 두 가지 가능성이 도출된다. 주어진 특정 언어의 경계 내에서 창작하는 경우와 예측 불가능한 폭발의 경계 너머에서 창작하는 경우가 그것이다.

미완성 소설 『이집트의 밤들』에서 창작의 순간에 대한 중대한 묘사를 발견할 수 있다. 여기서 특징적인 것은 푸시킨이 영감을 묘사하면서 이 단어 자체를 금기시하고 있다는 점이다. "하지만 그(차르스키)는 시인이었다. 그리고 그의 열정은 극복 불가능한 것이었다. 그에게 이런 허섭스레기(그는 영감을 이렇게 불렀다)가 떠오를 때면 자신의 방에 틀어박혀 아침부터 밤까지 글을 썼다. 그가 진정한 친구들에게 고백했던 대로, 오직 그때만이 진짜 행복을 알 수 있었다. 나머지 시간에 그는 계속해서 다음과 같은 영광스러운 질문을 하며 놀았다. '당신은 새로운 뭔가를 쓰셨습니까?'"(VIII, 264)

기호학적 공간은 다양한 텍스트의 다층적인 교직으로 우리 앞에 나타난다. 이 다양한 텍스트는 일정한 차원에 함께 전개되며, 복잡한 내적 상호관계, 다차원의 번역가능성 및 번역불가능성의 공간을 지닌다. 바로 그와 같은 차원 아래에 '현실'의 차원, 다양한 언어에 의해 조직화되며 그와 더불어 위계적 관계에 놓이는 현실의 차원이 펼쳐지는 것이다. 이 두 평면이 함께 문화기호학을 구성한다. 문화기호학의 경계 너머에는 언어의 경계 바깥에 놓인 현실이 자리할 뿐이다.

'현실'이라는 단어는 두 가지 상이한 현상을 지칭한다. 한편으로 그것은 칸트적 의미에서의 현상, 즉 대립하거나 혹은 결합하는 방식으로 문화와 연관된 현실이다. 하지만 (칸트의 용어에 따른) 본질계적 의미에서, 우리는 또 다른 현실, 그러니까 운명적으로 문화의 경계 바깥에 놓인 공간의 현실에 대해서도 말할 수 있다. 하지만 이 모든 정의와 용어는, 우리가 하나의 고립된 '내'가 아니라 상호 관련된 복수의 '내'가 복잡하게 조직화된 공간을 세계의 중심에 놓게 될 때 바뀔 수 있다.

문화의 차원이 단 하나의 언어만을 가질 뿐이라면 외적 현실이란 것이 결국 칸트의 개념을 따라 초월적인 것이 되고 말 것이다. 그러나 번역가능성과 번역불가능성의 관계는 너무나도 복잡한 것인 나머지, 경계 너머의 공간으로 돌파할 수 있는 가능성이 창출된다. 바로 그와 같은 기능을 담당하는 것이 폭발의 국면이다. 즉 그것은 기호학적 지층에 뚫린 창문과도 같은 어떤 것을 만들어낸다. 결국 세미오시스의 세계는 운명적으로 그 자신 안에 밀폐되어 있는 것이 아니다. 그것은 항상 자신의 경계 밖에 놓인 공간과 '유희할 수 있는' 복잡한 구조를 창조한다. 경계 바깥의 세계를 자신 속으로 끌어들이는가 하면, 이미 충분히 사용되어 기호학적 적극성을 상실한 내부 요소들을 외부로 끄집어내기도 한다.

지금껏 상술한 것으로부터 두 가지 결론을 도출할 수 있다. 첫째, 하나의 언어를 주된 세미오시스로 추출해내는 것은 우둔한 추상화일 뿐 아니라 실제 메커니즘의 모든 본질을 교묘하게 왜곡하는 것이다. 물론 우리는 상대적으로 발신 메커니즘과 수신 메커니즘의 일치에 접근하는 경우들, 즉 단일 채널을 통한 커뮤니케이션의 사례들을 찾아볼 수 있다. 그러나 이는 결코 생성의 모델이 아니다. 그것은 '정상적인' 복수 언어적 모델로부터 추출된 하나의 부분적 공간에 불과하다.

두 번째 측면은 언어적 공간의 역동적 본성과 관련된다. 무엇보다 정적인 묘사가 가능하며 차후에 그것에 운동을 부여할 수 있다는 생각 역시 우둔한 추상화에 해당한다. 정적인 상태란 (오직 추상 속에서만 완벽하게 존재할 수 있는) 부분적 모델, 다시 말해 지적 작용을 통해 현실의 역동적 구조로부터 추출된 한 가지 사례에 불과한 것이다.

제6장
생각하는 갈대

　문화의 문제는 문화 외적 공간에서 그것이 차지하는 위상을 결정하지 않고서는 해결될 수 없다. 이 문제를 다음과 같이 정식화할 수 있다. 문화적 존재로서의 인간의 특수성은 문화 외적인 공간으로 간주되는 자연과 인간 세계를 대립시킬 것을 요구한다. 이 두 세계를 가르는 경계는 인간을 문화 외적 존재로부터 구분하는 것일 뿐 아니라 인간 심리와 활동 내부를 관통하는 것이기도 하다. 즉 인간은 어떤 면에서는 문화에 속하지만, 다른 면에서는 문화 외적 세계와 관련되기도 하는 것이다. 따라서 동물 세계를 문화의 영역으로부터 범주적으로 제외해버린다면 마찬가지로 주의 깊지 못한 처사가 될 것이다.

　말하자면 경계는 유동적이다. 구체적인 각각의 사실이 문화의 영역에 속하는지 아니면 문화 외적 영역에 속하는지를 결정하는 일은 고도의 상대성을 띤다. 하지만 개별적인 경우에서 고도의 상대성을 띠는 것들도 추상적 분류화의 범주를 이야기할 때는 충분히 신명한 것으로 나타날 수 있다. 그와 같은 전제하에서 우리는 향후의 논의 대상인 문화의 세계를 구별할 수 있다.

튜체프는 자신의 시에 다음과 같은 에피그라프를 붙였다.

Est in arundineis modulatio musica ripis[1]

이 구절은 시인을 항시 괴롭혀왔던 문제, 한편으로 자연에 속하면서도 그에 완전히 부합하지 않는 인간 존재의 이중적 본성이라는 문제를 철학적 엄밀성과 더불어 제기하고 있다.

파도 소리에는 노래가 있다.
자연의 대화 속에도 조화가 있다.
그리고 멋대로 흔들리는 갈대에도
어우러지는 화음이 있다.

만물은 잘 짜여진 음계
자연은 화음으로 가득하다.
우리의 환영 같은 자유만이
자연을 무질서로 인식할 것이다.

무질서는 어디에서 오는가?
영혼은 왜 바다와
화음을 이루지 못하고

∴

1) 강변의 갈대에는 음악의 리듬이 있다(라틴어). 표도르 튜체프, 『서정시』(전 2권) 1(M., 1965), 199쪽.

생각하는 갈대는 왜 불평하는가?

지상에서 저 끝 별들까지
아무도 대답하지 않는데
지금도 들리는 황야의 통곡자의 목소리는
절망적인 영혼의 항의인가?[2]

커다란 시적·철학적 전통을 따르는 '이중적 심연'이라는 튜체프의 주제
는 여기서 특별한 조명을 받는다. 튜체프에 따르면, 자연은 조화롭다. 한편
그에 대립하는 것은 인간적 영혼의 부조화이다. 조화라는 철학적 개념은
'다양성 속에서의 단일성'을 전제한다. 음악에서 그것은 단일한 전체 속에
서 여러 톤이 하나로 울리는 것을 말한다. 가령 6음계를 내는 중앙부의 불
꽃을 중심으로 천체가 올바르게 회전하고 있다는 가르침, 즉 구(球)의 조화
를 말한 피타고라스 음계 역시 이에 기초한다. 이 정의를 끌어오면서 라들
로프는 "스베덴보리는 유기적 세계에 질서를 부여하는 '정립된' 조화를 이
야기했다"라고 덧붙였다.[3] 인간과 세계 사이의 튜체프적인 균열이란 곧 조
화와 부조화 사이의 대립을 가리킨다. 한편 튜체프에게 조화는 영원히 변
치 않거나 혹은 영원히 반복되는 것인데, 반면에 인간은 조화롭지 못한 존
재, 다시 말해 비대칭적으로 전개되는 운동에 포함된 존재로 여겨진다.

우리는 본질적인 물음에 접근하게 된다. 일정하게 반복되는 닫힌 운동

∴

2) 표도르 튜체프, 『서정시』1, 268쪽. [번역본] 쮸체프, 조주관 옮김, 『말로 표현한 사상은 거
짓말이다』(새미, 2001), 110쪽.
3) 에르네스트 라들로프, 『철학사전』(M., 1913, 2판), 112쪽.

과 선형적인 방향성을 띠는 운동 간의 대립이 그것이다.

닫힌 순환의 운동을 우리는 동물의 세계에서 만나게 된다. 그것은 달력의 일정을 따르면서 고르게 발전하는 운동으로, 이 세계 속의 변화는 반복성의 법칙에 종속된다. 여기서 주목할 것은 학자들이 흔히 지적하는 것처럼, 동물 세계(여기서 동물은 고등 포유류를 가리킨다)의 훈련과 인간 세계의 그와 유사한 과정 사이에는 차이점이 존재한다는 사실이다.

동물들에게 의미 있는 행동의 형식들 — 즉 훈련의 목적과 대상—은 의미 없는 형식들에 대립한다. 의미 있는 행동은 제의적인 성격을 지닌다. 그것은 사냥이나 수컷들의 경쟁, 혹은 무리의 우두머리를 결정하는 일 따위를 말하는데, 이런 의미 있는 행위의 순간들은 '올바른 것들'이라는 복잡한 체계로서 형식화된다. 여기서 올바른 것들이란 의미를 지니는 것들, 그러니까 자신에게나 그의 파트너에게나 유효한 것으로 받아들여지는 일련의 동작과 제스처를 말한다. 모든 의미 있는 행동의 유형들은, 말하자면 대화의 성격을 띤다. 가령 서로 경쟁하는 두 맹수의 만남(이런 만남은 둘 중 하나가 '자신의' 공간에서 이탈하여 '떠돌이'가 되었을 때 발생하는데, 이런 극단적인 상황은 대개 인간의 개입 때문이거나 혹은 굶주림이나 자연재해 탓에 발생한다)은 동물들의 행위가 '비조직적'이고 '무질서'하다는 전설과 달리, 정보의 교환에 복무하는 일련의 제의적 제스처로 이루어진 복잡한 체계로서 형식화된다.

동물들은 다름 아닌 제스처의 체계를 통해 공간에 대한 자신의 '권리'와 힘, 굶주림, 결정적 전투에 돌입하려는 의도 등을 서로에게 전달한다. 많은 경우 이 대화는, 대화 참여자 중 어느 한쪽이 자신의 패배를 인정하고 그 사실을 특정 제스처를 통해 상대에게 전달함으로써—가령 꼬리를 내리는 식—종결되곤 한다. 콘래드 로런스의 지적에 따르면, 결투 말미에 까마귀는 상대 까마귀에게 자신의 눈을 내보이며, 맹수는 상대 맹수에게 목

젖을 내보인다. 이는 자신의 패배를 인정하는 일종의 기호인데, 이로써 싸움은 종결되고, 승리자는 패배자를 물리적으로 파괴할 기회를 결코 사용하지 않는다. 여기서 볼 수 있듯이, 전투 행위에 있어 동물과 인간의 차이는 러시아 속담의 본래적인 의미와 연결된다. 즉 "까마귀는 다른 까마귀의 눈을 쪼지 않는다."

폐쇄된 순환적 운동은 매우 원초적인 의미에서 인간 행위의 지배적 측면을 구성한다. 플라톤이 사회를 구축하는 이상적 모델을 발견한 것도 바로 그 측면에서였다.

아테네인: 그러면, 무사 여신들과 관련되는 교육(paideia)과 놀이(paidia)에 있어서 법률이 훌륭하게 제정되어 있거나 장차 그렇게 될 곳에서, 시인이 시작(詩作: poiesis)에 있어서 무엇이든 자신이 좋아하는 리듬이나 노랫가락 또는 노랫말을 유지하는 것. 이것으로 훌륭한 법 체제 안에서 살고 있는 이들의 아이들도, 합창가무단의 젊은 이들도 가르침으로써, [사람으로서의] 훌륭함(덕: arete) 및 사악함과 관련하여 닥치는 대로 영향력을 미치는 게 허용될 것이라고 우리가 생각합니까?

클레이니아스: 적어도 그건 정말로 이치에 닿지 않습니다. 어찌 그럴 수가 있겠습니까!

아테네인: 하지만 이는 실제로는, 이집트를 빼고는, 모든 나라에서 그러는 게 허용되고 있습니다.

클레이니아스: 그러니까 이집트에서는 그런 것이 어떻게 법제화되어 있다는 말씀인가요?

아테네인: 듣기에도 놀랄 일입니다! 옛날 옛적에 그곳 사람들에게는 지금 우

리가 주장하고 있는 이 원칙이 이미 알려져 있었던 것 같습니다. 그건 나라마다의 젊은이들은 아름다운 자세(춤사위)들과 아름다운 노랫가락들을 익힘에 의해 수련해야만 한다는 것입니다. 그들은 이것들을 정리해서, 그것들이 무엇 무엇이며 어떤 것들인지 신전들에다 공시를 했으며, 이것들을 위반해서 혁신을 한다거나 조상 전래의 것들 이외의 다른 것들을 고안해낸다는 것은 화가들에게도, 자세(춤사위)들이나 그 밖의 다른 관련된 일들을 마무리 시어주는 사람들에게도 허용되지 않았으며, 오늘날에도 허용되지 않고 있습니다. 이들 분야에 있어서도 시가(詩歌) 전반에 걸쳐서도 말씀입니다. 그곳에서 살펴보신다면, 일만 년이 된 그림들과 돋을새김들을 선생께서는 발견하시게 될 겁니다. 거의 일만 년인 것이 아니라 실제로 일만 년입니다. 그것들은 오늘날 만들어지고 있는 것들보다 더 아름다운 것도 더 추한 것도 아닙니다. 똑같은 기술이 만든 것들이니까요.[4]

플라톤이 '고대의 성스러운 군무'를 예술의 구현으로 간주하는 것은 우연이 아니다. 자연에서의 순환적 반복을 상징하는 닫힌 군무가 플라톤에게는 예술의 이상적 구현으로 여겨지고 있는 것이다.

순환적 반복성은 생물학적 존재성의 법칙인데, 그 법칙에 동물과 동물의 일부인 인간이 종속된다. 하지만 인간은 이 세계에 온전히 속하지 않는다. '생각하는 갈대'로서 인간은 주변 환경의 근본 법칙들과 원초적인 대립

..

[4] 플라톤, 『전집』(전 3권) 3(M., 1972), 121쪽. [번역본] 플라톤, 박종현 역주, 『플라톤의 법률』 2(서광사, 2009), 656d, 160~161쪽.

관계에 돌입한다.

이 점이 무엇보다 잘 드러나는 것은 교육 혹은 훈련의 본질에서의 차이점이다. 이미 언급했듯이 동물은 제의적 행위의 체계를 통해 배운다. 이런저런 제스처를 수행하는 속도와 힘에 따라 우위가 결정된다. 허나 동물은 어떤 경우에도 상대방이 예측할 수 없는 새로운 제스처를 만들어내지는 않는다. 이에 비견될 수 있는 것은 춤을 완성시킬 능력은 있지만 춤 자체를 예기치 않게 무언가 다른 것으로 대체할 능력을 갖추지는 못한 무용수이다. 동물의 행위가 제의적인 데 반해 인간의 행위는 상대편이 예측할 수 없는 새로운 무언가를 발명하는 데 이끌린다. 인간의 관점에서 동물이 우둔하게 여겨진다면, 동물의 관점에서 인간은 명예롭지 못한(즉 규칙을 따르지 않는) 것처럼 여겨진다. 인간이 우둔한 인간이라는 동물의 이미지를 만들어낸다면, 동물은 부정직한 동물이라는 인간의 이미지를 만들어낼 수 있는 것이다.

인류 역사의 수수께끼는 선사시대의 인간이 어떻게 살아남을 수 있었을까 하는 것이다. 인간을 압도하는 이빨과 발톱을 지닌 맹수들에 둘러싸인 채 말이다. 무기 사용의 능력으로 이를 설명하는 것은 불가능하다. 최초의 무기는 맹수의 송곳나 발톱에 비한다면 결코 우수한 게 아니었다. 게다가 인간에겐 도끼나 창을 갖고 있지 못한 어린아이들이 있었다.

물론 겨울철의 굶주린 늑대들이 인간을 습격하는 경우나 혹은 그 비슷한 맹수의 습격 사례를 우리는 알고 있다. 하지만 이는 규칙이 아닌 예외에 해당한다. 그런 예외에 입각해 늑대가 인간을 잡아먹는다고 말해서는 안 된다. 늑대는 쥐나 작은 설치류, 토끼 따위를, 매우 특별한 경우에는 뿔 달린 가축을 먹는다. 굶주린 인간들 사이에서도 식인이 나타날 수 있지만, 이로부터 인간이 식인을 한다는 결론을 내릴 수는 없다(여기서 인간에게 마법적 행위의 성격을 띠는 제의적 카니발리즘의 경우는 논외로 한다. 또한 뚜렷이 개별화된 변태의 성격을 띠는 식인 호랑이의 경우도 제외하기로 한다).

'정상적인' 상황에서 동물은 결코 인간과 접촉하려 들지 않는다. 반면 인간은 애초부터 사냥꾼으로서 동물과 접촉하려 했다. 인간에 대한 동물의 관계는 배제, 그러니까 아예 접촉을 피하려는 노력으로 정의된다. 동물에게 인간의 심리를 투영해 말한다면, 그건 아예 접촉 자체를 꺼리는 것이다. 본능적으로 예측 불가능한 상황을 피하려는 이런 지향은, 가령 보통 사람이 미친 사람을 접할 때 경험하는 것과 유사한 종류라 할 것이다.[*]

---

[*] 로트만에 따르면, 초기 단계의 인간은 다른 동물들에게 틀림없이 '미친' 존재처럼 여겨졌을 것이다. 광인의 행위, 그러니까 정상인에게 부여된 각종 금기를 의식에서 제거해버린 자의 행위는 예측 불가능하다. 키플링의 『정글북』을 보면, '인간'처럼 등장하는 주인공―동물들의 행위는 조직화되고 이성적인 것으로 나타나는 반면, 반다르―로그(원숭이)들의 행위는 예측할 수 없는 무의미한 행동으로 제시된다. 초기 단계의 인간과 처음으로 마주친 동물들에게 비친 인간들의 행위가 정확하게 후자에 해당한다. 동물들에게 그는 미친 것처럼 보였을 뿐아니라 '규칙 없는 전쟁'을 치르는 비도덕적인 존재로 보였을 것이다. 동물과 비교해 인간이 상대적으로 연약하다는 점을 보상해주었던 것은 바로 이런 행위의 비예측성인 것이다. 유리 로트만, 『기호계』, 337~338쪽 참조. 광기와 행위의 비예측성 간의 흥미로운 관련성의 문제는 8장 「바보와 광인」에서 본격적으로 다룬다.

제7장
고유명사들의 세계

발견학습법적인 편이와 경험적 실재를 동일시하는 경향이 많은 학문의 신화를 낳는다. 자연스러운 인식의 과정은 구체적·개별적인 것으로부터 추상적·일반적인 것으로 나아가기 마련이라는 관념 역시 그중 하나다.

무엇보다 먼저 동물기호학의 발견들에 주의를 기울여보자. 다른 많은 동물이 그런 것처럼, 고양이는 자기 새끼의 총 마릿수를 인지하지만 새끼들 각각의 외양은 구별하지 못한다. 만일 총 마릿수가 그대로라면, 새끼를 다른 걸로 바꿔치기해도 어미는 동요하지 않을 것이다. 반면 막 태어난 고양이 새끼들을 바라보는 어린아이는 그들의 색이나 점, 줄무늬 따위의 개별적 특징뿐 아니라 심지어 행동의 특성까지를 즉각적으로 구별해낸다. 어미-고양이의 시각은 무리를 단일한 전체로서 인지하는 데 맞춰져 있다. 수컷-사슴의 결투는 무리에 대한 지배권 때문에 벌어지는데, 이때 사슴 무리는 패자를 기억에서 집단적으로 삭제하면서 승리자의 뒤를 따른다. 즉 사슴 무리 중 하나가 대세의 감정을 거스르면서 패배자와 함께 남는 상황 같은 것을 가정하는 건 절대 불가능하다.

물론 실상은 훨씬 더 복잡하다. 암수 한 쌍이 가족을 이루려고 하는 상황에서는 동물에게도 현저히 증가된 개별성이 확인되는 경우가 있다. 하지만 분명 변치 않는 사실이 하나 있다. 동물들의 언어에는 고유명사가 없다. 만일 그런 사례가 있다면 그건 인간이 개입한 결과인 애완동물의 경우일 것이다. 심지어 아주 발달한 동물들의 경우에도 고유명사의 언어는 아직까지 발견되지 않고 있다. 체호프 단편의 주인공이 "(……)그를 사랑했던 모든 여인들이 그의 손에 입을 맞췄고, 이것이 그에게는 익숙하다"는 이유로 자신의 어린 아내에게 손에 입을 맞추라고 명했을 때, 그는 (문자 그대로의 의미에서) 수컷의 행동을 실현하고 있는 것이다. 그는 개별성이 고려되지 않은 '내 여자'의 이미지를 스스로에게 만들어내고 있는 것이다.

인간의 새끼, 즉 어린아이의 행동은 이와 극명하게 대조된다. 널리 퍼져 있는 통속적 견해와 달리 인간과 동물의 원칙적인 차이가 가장 명백하게 드러나는 것은 바로 어린아이에게서이다. 단지 생리학적인 면에서 이 연령대에 특히 날카롭게 드러나는 아이의 '동물성'이 문화적·심리적 행위의 예리한 특성을 가리고 있을 뿐이다. 또 아이가 동물과 다르게 (곧 인간으로서) 행동하는 경우들이 사소하게 보여서 감지되지 않을 뿐이다.

고유명사의 사용은 인간 본성의 가장 날카로운 발현이다. '타인들'을 위한 가치의 토대로서 개별 인격의 자족성 및 개인성을 구분해내는 것이 이와 관련된다. '나'와 '타인'은 자기의식이라는 단일한 행위의 양쪽 측면으로, 둘 중 어느 한쪽도 없어서는 안 된다.

진실이란 것을 자유롭게 선택된 의식적 행위로 만들어주는 것은 다름 아닌 거짓말의 가능성이다. 마찬가지로, 도덕적 규범의 의식적 선택을 행위로 바꿔놓는 것은 범죄적이고 비도덕적인 변칙적 행동을 할 수 있는 가능성이다. 어린아이는 동물 세계의 대응물, 즉 동물의 새끼보다 훨씬 더 예측 불가능한 존재이다. 변덕을 부리고 거짓말을 하며 의도적으로 해를 가하고 금지를 위반한다. 이는 어린아이가 이런저런 행위를 수행할 수도 있고 수행하지 않을 수도 있는 가능성을 갖고 있다는 점, 즉 자신의 가능성의 경계를 실험하고 있기 때문이다. 악을 행할 수 있는 가능성, 이는 의식적으로 그것을 행하지 않을 능력을 향한 첫걸음이다. 비록 부정적 경험이 동물을 훈련하는 과정에서도 중요한 역할을 하기는 하지만, 그럼에도 아이의 변덕에 해당하는 대응물을 동물 새끼의 행동에서 찾는 것은 불가능하다.

동물 새끼와 어린아이 사이에 존재하는 명백한 차이는 재능의 방향에서도 드러난다. 만일 재능을 특정 유형의 행위를 수행할 수 있는 능력으로 정의한다면, '재능 있는' 동물이 성공적으로 수행할 수 있는 것은 이미 존재하는 행위들의 수행뿐이다(인간에 의해 훈련된 행위는 논외로 한다). 반면 유아의 행동은 그것이 '좋은' 것이건 '나쁜' 것이건 본질상 실험적이다. 훈련과 교육의 원칙적인 차이가 여기에 있다(비록 모든 교육은 사실상 훈련의 계기를 포함하고 있기는 하지만).

의식적인 행동은 선택, 곧 개인성[1]의 계기 없이는 불가능하다. 그것은

1) 우리가 개인성을 말할 때, 그것은 인간 개체의 생물학적 특성에 대한 관념과 일치하지 않는다. 그 어떤 사회적 그룹도 개인성의 자격으로 등장할 수 있다. 단지 그것이 (가축도 지닐 수 있는) 행동의 단일성뿐만 아니라 행동을 선택할 수 있는 자유 또한 가져야만 한다. 후자 없이는 인격의 속성이 부재하게 된다.[*]

---

[*] 이른바 '행위'의 문제, 즉 행위와 관련된 선택의 자율성과 책임의 문제는 후기 로트만 사유의 중심 테마 중 하나다. 1989년에 발표된 논문 「주체이자 그 자신에게 객체인 문화」에서 로트만은 이전의 '기호학적 인격'의 개념을 라이프니츠의 단자(monad) 개념을 통해 리모델링하는데, 이때 단자의 중대한 속성 중 하나가 바로 '행위의 자율성'이다. "인간의 개인성에는 개별적인 '의식'뿐 아니라 독자적인 '행위' 역시 본질적이다." 인간은 하나 이상의 결론이 가능한 모든 상황에서 '행위의 선택'을 감행하는 존재이다. 한편 선택의 자율성이 특히 커다란

고유명사들로 가득 찬 공간의 존재를 가정한다.

　동물들의 언어는 인간의 개입 없이는 고유명사를 갖지 못한다. 한편 개인적인 것과 일반적인 것 사이의 긴장은 인간적 의식의 기반에 놓여 있으며, 바로 그 긴장을 만들어내는 것이 고유명사이다. 유일하게(ad hoc) 창조된 개인적인 말과 '모두를 위한' 일반적인 말 사이의 긴장을 자기화하면서, 어린아이는 의식의 완전히 새로운 단계로 진입하게 된다. 대개 이것이 드러나는 것은 고유명사 영역의 확장에서이다. 즉 고유명사의 끝없는 확장 경향이 그 반대의 경향과 더불어 발생하게 된다. 여기서 중요한 것은 의미론적 긴장 자체인데, 한쪽 경향의 일방적 승리는 언제나 일시적인 것에 불과하다. 또한 이것은 맹렬한 언어 창조의 시기이기도 한데, 왜냐하면 이제 막 만들어진 새롭고 독특한 말만이 그것의 지시 대상과 절대적으로 분리 불가능하기 때문이다.[*]

　이런 경향은 아이의 말로부터 어른의 말 속으로 공격적으로 진입해 들어간다. 즉 부모 자신이 다음과 같이 말하게 되는 것이다. "그녀의 이름은 타냐지만 우리는 툴랴라고 부릅니다. 왜냐하면 그건 그녀가 말한 첫 번째 단어 중 하나이고, 그녀가 스스로를 그렇게 불렀기 때문입니다."

　'자신'의 말과 '타자'의 말의 구분은 아이의 세계를 나의 공간과 타자의

의미를 지니게 되는 것은 이른바 역사의 '폭발적' 국면에서다. 로트만에 따르면, 역사적인 동요의 순간들에서 "체계의 이후 운명은 우연적 요소와 의식적 선택에 의존한다. 이것은 역사적 과정으로 그 참여자들의 개인적 책임감과 윤리적 행위의 국면들을 들여놓는다." 이에 관한 보다 상세한 내용은 김수환, 『사유하는 구조』, 283~290, 399~405쪽 참조.

[*] 이제 막 만들어진 새롭고 독특한 말(이른바 '아담의 언어')은 말과 지시 대상의 동일시로 특징지어진다. 이름과 대상 사이에 본연적 연결이 전제되는 이러한 상태는 신화적 관념의 특징이면서 동시에 고유명사의 특징이기도 하다. "고유명사의 보편적 의미를 극단적으로 추상화하면, 결국 신화로 수렴된다." 유리 로트만, 『기호계』, 143~177쪽 참조.

공간으로 나눠놓는다. 이렇게 세워진 의식의 경계는 문화의 가장 중요한 지배소로서 유지된다. 즉 이후에 세계의 사회적·문화적·우주론적·윤리적 구조화를 위한 근간의 역할을 수행하게 되는 의미론적 경계가 그렇게 발생하는 것이다.

유아 의식의 이 특징은 인간적 특수성의 성립 계기에 해당한다. 그것을 여러 인물에게서 똑똑히 확인할 수 있다. 예를 들어 블라디미르 솔로비요프는 어린 시절에 연필 한 자루 한 자루에 고유한 이름을 붙였다고 한다. 이와 관련된 것으로 자신의 '유아식' 이름을 '낯선 사람'이 사용하지 못하게 하는 금기가 있다. 그 너머에는 '자신만의' 세계의 비밀을 지키려는 심리가 자리한다. 이후 청소년이 되면서 자신이 최근까지 유년에 속했다는 사실을 부끄러워하면서 자신의 유년기 언어를 사용하기를 꺼리게 되는 경우가 생긴다. 그러니까 모티프의 변경에도 불구하고 터부 자체는 여전히 남는 것이다.

고유명사의 영역을 '가정적' 세계와 연관된 주변의 모든 것들로 확장하려는 어린아이의 지향은, 유아적 의식의 특별한 구체성이 발현되는 사례로 자주 지적되어왔다. 하지만 그와 반대되는 경향 역시 활발하다. 가령 세 살 먹은 어린아이가 공원에서 소리를 지르면서 뛰어간다. 그 아이는 자작나무, 소나무, 참나무 등을 차례로 두드리면서 이렇게 외친다. "나무다!" 그런 다음 아이는 마찬가지로 소리를 지르면서 전신주를 두드리고는 웃음을 터트린다. 이것은 일종의 농담인데, 즉 아이가 전신주를 나무로 여기지 않는다는 것을 뜻한다. 여기서 보게 되는 것은 일반화의 능력만이 아니다. 바로 그런 능력을 가지고 유희할 수 있는 가능성이 여기에 있다. 그리고 그것은 오직 인간적 의식에만 본질적인 특정 과정들과 결부되어 있다.

사물로부터 말을 분리하는 능력, 바로 이것이 인간을 여타 동물 세계와 갈라놓는 골짜기를 만드는 경계선이다. 어린아이는 이 계곡의 끝자락에 자리한 국경수비대에 해당하는데, 어쩌면 그에게서 '어른들'보다 훨씬 더 분명하게 그 의식의 특징들을 발견할 수 있다. 왜냐하면 어린아이야말로 그 의식의 세례자이기 때문이다.

루소는 『인간 불평등 기원론』에서 사물과 현상을 구별하는 심리에 관해 경탄할 만한 이야기를 했다. "사람들이 사용한 최초의 단어는 사람들의 정신 속에 이미 형성되어 언어로 쓰이고 있는 단어보다 훨씬 광범위한 의미를 지녔던 것이라 생각되며, 또한 언술(言述)을 문법적 기능에 따라 분류된 단어의 범주로 분류할 줄 몰랐으므로 그들은 우선 각각의 단어에 절(節) 전체의 의미를 부여했을 것이라고 단정하지 않을 수 없다(……) 처음에 각각의 사물은 그 속(屬)이나 종(種)에는 관계없이 특정한 이름을 가졌다. 그 이름을 처음에 고안한 사람들은 그런 것을 구별할 능력이 없었기 때문이다. 그리고 모든 개체는 마치 자연의 화면에서 보는 바와 같이 고립된 것으로 그들의 정신에 나타났을 것이다. 가령 한 그루의 떡갈나무가 A라고 불렸다면 다른 떡갈나무는 B라고 불렸다. 그러므로 지식이 한정되어 있을수록 개인의 총 어휘(dictionnaire)는 점점 확대되어갔다. 이러한 분류법(nomenclature) 전체에 따르는 불편은 쉽사리 제거되지 않았다. 여러 가지 존재를 공통된 총칭에 따라 배열하기 위해서는 그런 존재의 특성과 차이를 알아야 했기 때문이다. 관찰과 정의(定議), 다시 말하면 그 시대의 사람들이 지닐 수 있는 것보다 훨씬 폭넓은 박물학과 형이상학이 필요했던 것이다."[2]

∴

2) 장 자크 루소, 바딤 알렉세예프 포포프 외 엮음, 『논설』(M., 1969), 60~61쪽. [번역본] 장 자크 루소, 주경복·고봉만 옮김, 『인간 불평등 기원론』(책세상, 2003), 72~73쪽.

이어서 루소는 특유의 담대함을 갖고서 원숭이는 "하나의 열매에서 다른 열매로 옮아가면서" 그 대상들을 동일한 어떤 것으로 인식하지 않는다고 단언한다(철학자들이 생각하는 것과는 달리, 만일 그런 원숭이가 있다면 굶어 죽고 말 것이다). 원숭이와 어린아이를 구별하는 바로 그 특징 속에 인간적 특수성의 기원이 있다. 고유명사와 보통명사 사이의, 그러니까 '바로 이것'과 '모든 것' 사이의 유희가 이로부터 시작된다. '다른 무엇도 아닌 바로 이것'이라는 개념이 새로운 것이었기에, 무엇보다 먼저 그것은 세례자(아이)의 관심을 끈다. '다른 것들' 없이는 '나'도 없다. 하지만 오직 인간 의식 속에서만 '나'와 '나 이외의 다른 모든 것'이 단일하면서도 대립되는 것으로서 합쳐질 수 있다.

인간에게 고유한 원초적인 기호학적 메커니즘 중 하나는 '오직 그 자신' 혹은 (고유명사로 지칭되는) 사물이면서, 동시에 그룹의 '대표자', 다시 말해 다른 많은 것들 중 하나(보통명사)로서 나타날 수 있는 가능성에서 출발한다. 다른 이의 역할을 대신할 수 있는 가능성, 누군가가 무엇인가를 대체할 수 있는 이런 가능성은 곧 '너 자신이 아닌 다른 것'이 될 수 있다는 것을 뜻한다.

예를 들어보자. 수컷 비비[개코원숭이] 간의 결투에서 패배한 쪽은 성적 굴복의 제스처를 취하는데, 이는 세미오시스의 원초적 지점에 관한 매우 흥미로운 사례에 해당한다. 우리 앞에 놓여 있는 것은 성적 충동의 지배라는 프로이트식 해석의 사례가 아니다. 오히려 이 사례가 가리키고 있는 것은 성적 충동의 지배에서 벗어나 있는 경우, 다시 말해 그것이 본래의 의미론에서 다소 벗어난 형식적인 이떤 것, 한마디로 언어로 바뀌는 사례이다. 수컷 비비는 암컷 비비의 성적 제스처를 전혀 성적이지 않은 관계의 기호로, 즉 복종할 준비가 되어 있다는 증거로 사용하고 있다. 자연이 부여한 자연스러운 유전적 차원의 생물학적 동작이, 자의적 의미를 부여할 수 있는 기호로서 반복[사용]되고 있는 것이다.

미하일 불가코프의 소설 『극장 소설』에는 무대 감독에 의해 유혈 장면의 상연이 절대적으로 금지되는 상황이 그려진다. 그 결과 결투 후 한 명이 사망하는 작가의 본래 장면이 변경된다. "(……)드레스 리허설에서는 진짜로 무대 위에서 총이 발사되었다. 나스타시야 이바노브나는 기절했다. 그녀는 지금껏 살면서 단 한 번도 총소리를 들어본 적이 없었던 것이다. 류드밀라 실베스트로브나는 히스테리 발작을 일으켰다. 그 이후로 발사는 금지되었다. 연극에 수정이 가해졌는데, 주인공은 총을 발사하는 대신에 물뿌리개를 흔들면서 '죽여버리겠어, 이 불한당!'이라고 외치고는 발을 굴렀다. 이반 바실리예비치에 따르면, 이 모든 것들로 인해 연극은 외려 성공을 거뒀다."[3]

에피소드의 희극적 의미는 작가적 버전의 텍스트와 이반 바실리예비치의 검열을 거친 개정 버전의 텍스트를 병치시킨 데서 나온다. 이런 병치는, 작가의 관점에서 이 텍스트들을 서로 대립되는 것으로 보도록 하는 동시에, 감독의 견해에 따라 그것들을 더 향상된 동의어의 관계로 바라보게 한다. 대립항이자 동의어의 관계로 두 텍스트를 바라볼 수 있는 이런 가능성이 우리를 새로운 문제로 이끈다.

위와 같은 의미론적 유희는 반드시 예술적 기능과 관련될 필요는 없는데, 왜냐하면 그것의 영역은 훨씬 더 넓기 때문이다.[4] 그것은 의미 창출 메

3) 미하일 불가코프, 『전집』(전 5권) 4(M., 1990), 515쪽.
4) 비유(trope)로서의 아이러니에 관해서는 보리스 토마셉스키, 『문학이론, 시학』(Л., 1925), 39쪽 참조.

커니즘 중 하나이다. 부분적으로 그것의 특징은 의미의 본질 자체가 오직 맥락에 의해서만, 즉 그것 외부에 자리한 더 넓은 공간을 향한 지향에 의해서만 결정될 수 있다는 점에 있다.

똑똑한 친구여, 너는 어디서 왔는가?[5]

이 말이 당나귀를 향한 것이라는 점을 알아야만(이는 훨씬 더 넓은 맥락을 필요로 한다), 여기에 아이러니가 담겨 있음을 확인할 수 있다. 여기서 관건은 텍스트의 구조가 아니라 텍스트의 기능이다. 실제로 아이러니는 개인적으로 친분이 있는 수신자를 전제한다. 직접적이건 간접적이건 조롱은 언제나 구체적인 실체를 염두에 두는바, 즉 고유명사와 연결되는 것이다. 예술 텍스트를 다룰 때는 문제가 더욱 복잡해질 수 있다.

원칙상 예술 텍스트는 1인칭과 3인칭의 관계를 복잡화할 수 있는 가능성에서 출발한다. 요컨대 그것은 고유명사의 공간을 향한 이끌림과 3인칭으로 된 객관적 서사 사이의 관계라고 할 수 있다. 이 관계에서 예술 텍스트의 가능성은 그 자체로 꿈의 심리적 경험을 떠올리게 한다. 다름 아닌 꿈에서 인간은 1인칭과 3인칭 사이의, 즉 활동의 실제적 영역과 조건적 영역 사이의 '깜박거림'을 경험한다. 언어의 문법적 능력이 '유사 실제성'을 획

••

5) 이반 크릴로프, 『전집』(전 3권) 3(M., 1964), 158쪽. 우리는 토마솁스키의 예를 사용하고 있다(앞의 쪽을 보라).＊

＊ 러시아의 우화 작가 크릴로프의 「여우와 당나귀」에 나오는 구절로 당나귀는 흔히 우둔함을 상징한다.

득하게 되는 것은 바로 꿈에서이다. 이전에 실제 현실과 간단히 동일시되던 지각 영역이 이제는 언어에 의한 여하한 변형이 가능한 공간임이 판명된다. 비실제적·조건적 서사, 시간과 공간 속에서 행위의 선택, 시점의 변화 등이 그런 변형의 예이다. 꿈의 특징 중 하나는 발화의 범주가 가시적 공간으로 옮겨진다는 것이다. 이런 경험 없이는 예술이나 종교처럼 고도로 발현된 의식의 영역이 불가능했을 것이다.

꿈의 영역을 의식의 부분으로 전이하는 것은 그것의 본성 자체에 본질적인 변화를 불러온다. 그와 같은 변형만이 꿈으로부터 예술적 활동에 이르는 좁다란 다리를 놓을 가능성을 제공한다. 꿈에서 추출된 경험은 우리가 꿈에 관해 이야기했던 바로 그런 변형을 겪게 된다. 한번 꾼 꿈을 이야기로 풀어 설명할 때 시작과 끝, 즉 꿈의 진행 방향이 뒤바뀐다는 플로렌스키의 천재적인 가설은 아직까지 실험적으로 증명된 바 없으므로, 그에 대해 깊게 파고들지는 않을 것이다. 우리에게 더 중요한 것은 꿈을 언어로 풀어낼 때 조직화의 정도가 뚜렷하게 증대된다는 사실이다. 즉 서사의 구조가 우리의 발화에 덧씌워지는 것이다.

시각적인 경험을 이야기로 바꾸게 되면 불가피하게 조직화의 정도가 증대한다. 바로 그렇게 텍스트가 만들어지는 것이다. 이야기의 과정은 우리의 기억에서 꿈의 실제적 흔적을 몰아내는데, 즉 인간은 자기가 진짜로 본 것만을 이야기하고 있다는 확신에 빠지게 된다. 이후에 우리의 기억 속에는 이렇듯 말로 이야기된 텍스트가 새겨진다. 하지만 사실 그것은 기억 과정의 일부분에 불과하다. 언어적으로 조직화된 텍스트는 기억 속에 보존된 시각적 이미지들로 되돌아가고, 이번엔 시각적 형태를 통해 기억된다. 그렇게 해서 시각적 서사의 구조가 생겨나는데, 즉 그것은 모든 가시적인 것의 본질이라 할 현실성의 감각을 비현실성의 문법적 가능성과 결합시킨 것이다. 그리고 바로 그것이 예술적 창작을 위한 잠재적 질료가 된다.

꿈을 꿀 수 있는 고등동물의 능력은 예술의 경계가 그들의 의식으로부터 그리 멀지 않다는 사실을 보여준다. 하지만 이 영역에 관한 우리의 지식은 특정 결론을 이끌어내기에는 여전히 너무나 문제적이다.

예술은 최고로 발달된 조건적(uslovnaia)* 현실성의 공간이다. 바로 그 점이 예술을 지적인 실험, 더 넓게는 지능의 역동적 과정을 연구하기 위한 '시험 사격장'으로 만들어준다. 이 관계에서 특히 우리의 관심을 끄는 것은 고유명사와 보통명사의 공간을 결합하는 예술의 능력이다.

훨씬 더 고대적인 지층에서 비롯한 넓은 범위의 예술 영역은 1인칭과 관련된다. 그것은 ich-Erzählung, 즉 1인칭 서술이다. 하지만 이 '나'는 동시에 '나의 처지에 있는 모든 다른 이들'의 의미를 전달하는 매개체이기도 하다. 이는 푸시킨이 묘사한 바로 그 모순과 다르지 않다.

---

* 흔히 '조건성'으로 번역되는 'uslovnosti'는 조건/상태(condition) 혹은 약정/협약(term)을 뜻하는 러시아어 'uslovie'에서 파생된 것으로, 대개는 영어 단어 'conventionality(관례성)'에 대응하는 개념으로 사용된다. 그러나 이 용어는 로트만의 저작에서 단순히 관례(성)에 국한되지 않는 넓은 맥락에서 주요 개념으로 사용되는 만큼 각별한 주의를 요한다. 우선 로트만의 글에서 uslovnosti는 기표(표현)와 기의(내용) 간의 유사성에 기초한 도상성(iconicity)에 대립항으로 사용되는 경우가 많다. 가령 기표와 기의의 자의적 관계에 기초한 말이 대표적인 조건적 기호 형식이라면 그림은 대표적인 도상적 기호 형식이 된다. 한편 이 개념이 기호의 내용과 표현 사이의 규약적 성격을 가리키게 되면, 예술적 조건성은 예술 작품을 하나의 독자적인 가상 세계, 그러니까 내부의 규약과 법칙에 따라 '자연스러운 것'으로 받아들이게끔 하는 약속의 체계를 의미하게 된다(관객이나 독자가 예술을 향유할 수 있는 것은 이 '조건'을 암묵적으로 승인하기 때문이다). 가령 일본 전통 인형극에서는 인형의 줄을 조종하는 사람이 관객에게 그대로 노출되지만, 그 사람은 '보이지만, 보이지 않는 것'으로 간주된다. 말하자면 이 '암묵적인' 약속이 인형극의 기호 세계를 성립시키는 전제인 것이다.

공상에 눈물짓나니……(III, 228)[*]

라디셰프의 「1주일의 일기」의 주인공은 소랭의 연극 〈베베를레〉를 보러 극장에 가서 이렇게 자문한다. "그가 독약을 마셨다. ─ 그래서 그게 나에게 뭐 어떻단 말인가?"[6] 민담의 법칙을 따라 연행자 스스로가 자신의 관객이기도 했던 시기에는 이런 물음이 자연스러운 대답을 가질 수 있었다. 즉 '나'와 '그'는 단일한 행위 속으로 섞여드는 것이다. 연행자와 관객, 노래하는 자와 듣는 자가 구별되는 경우는 내적으로 모순된 완전히 새로운 상황을 창출한다. 나에게 연행자는 '그'이다. 그러나 나는 그의 모든 말과 감정을 나의 '나'에게로 전달한다. 즉 '나'는 나의 고유한 감정이 어떤 모습을 띠고 있는지를 바라보고 있는 것이다.

이런 점에서 1인칭과 3인칭의 관계가 복잡해지는 과정에서 발레가 차지하는 독특한 위상이 흥미롭다. '나'는 3인칭의 기능을 무대장면에 전이한

∵

6) 알렉산드르 라디셰프, 『전집』(전 3권) 1(M.; Л., 1938), 140쪽.

---

* 이 구절은 로트만이 자주 인용하는 푸시킨의 시구절인데, 주로 예술이 지닌 이중적 본성을 지적할 때 사용된다. 로트만에 따르면 예술적 모델의 특징은 '현실성의 환상'과 '조건성의 인식'이라는 두 가지 차원을 '동시적'으로 수반한다는 사실에 있다. 공상(허구)인 줄 알면서도 눈물지을 수 있는 것, 바로 그것이 예술의 본성인 것이다. 한편 이런 이중적이고 동시적인 감각을 수반하는 또 다른 경우가 바로 놀이(유희)다. 놀이하는 자는 자신이 조건적인 상황에 참여하고 있다는 것을 기억해야 하지만(어린아이는 놀이에 등장하는 호랑이가 단지 종이호랑이일 뿐이며 무섭지 않다는 것을 기억해야 한다) 동시에 그 사실을 기억해서는 안 된다(아이는 놀이 중에 그 호랑이가 진짜인 것처럼 무서워해야 한다). 결국 로트만에 따르면 "예술적 모델은 인간의 지능을 조직화하는 '인식의 수단'인 과학적 모델과 인간의 행위를 조직화하는 '행위의 학교'로서의 유희적 모델 간의 독특한 결합"이라고 할 수 있다. 이와 관련된 상세한 내용은 김수환, 『사유하는 구조』, 2장(「예술과 조건성」)을 참조.

다. 볼 수 있는 모든 것을 다른 사람(즉, 그)에게 전달하는 반면, 나는 1인칭의 역할을 자임하면서 내적인 체험의 영역에 남은 모든 것을 내 것으로 만든다. 그런데 '무대−관객'의 관계는 문제의 한쪽 측면만을 가리킬 뿐이다. 또 다른 측면은 '나−다른 관객'의 축을 따라 실현된다. 고골은 「극장을 떠나며」에서 이렇게 썼다. "대단한 이야기들! 극장의 발코니와 난간들이 신음하는 것을 보라. 위로부터 아래까지 모든 것이 전율하면서 단일한 감정, 하나의 순간, **하나의 인간**(강조는 로트만)으로 바뀐다. 모든 사람이 마치 형제처럼 동일한 혼의 움직임 속에서 함께 만난다. 이미 500년 동안 죽어 있는 이에게 친근한 박수갈채와 찬가가 울려 퍼진다."[7]

강조할 것은 이 단일성의 가치가 관객들의 개별적 차이에 기초하고 있을 뿐 아니라 그 차이들을 제거하지도 않는다는 데 있다. 그것은 극장에서 만들어진 감정적 긴장의 상황에서만 가능한 모종의 심리적 강제에 해당한다.

∴

[7] 니콜라이 고골, 『전집』(전 14권) 5(М.; Л., 1949), 170쪽.

제8장
바보와 광인(狂人)

바보와 광인 간의 이원적 대립은 다음의 두 대립을 일반화한 것으로 볼 수 있다. 바보와 현자의 대립과 현자와 광인의 대립이 그것이다. 이 셋을 합치게 되면 바보−현자−광인으로 이루어진 삼원 구조를 만들 수 있다. 이 구조에서 바보와 광인은 동의어가 아니라 반의어, 즉 양쪽 극단이 된다.*

바보는 자신을 둘러싼 주변 상황에 유연하게 대처하지 못한다. 그의 행위는 완벽하게 예측 가능하다. 유일하게 가능한 적극적 행위의 양태는 상

---

* 여기서 현자를 중간 항에 두고 바보와 광인을 양극단에 배치하는 로트만의 입장은 상당히 독특한 것이다. 일반적으로 바보와 광인은 평범한 규범적 행위자에 대립하는 공통성을 드러낸다. 예를 들어 바흐친은 「악한, 광대, 바보」라는 제목을 단 크로노토프 에세이(「소설 속의 시간과 크로노토프의 형식」)의 6장에서 이 세 인물 유형에 특별한 의미를 부여한다. 그에 따르면, 소설 속의 이 '3인조'는 어떤 주어진 역할 이상이 될 권리, 곧 "이 세계에서 타자가 될 권리, 삶에 적용할 수 있는 기존의 범주 중 어느 하나와도 타협하지 않을 권리"를 나타낸다. 몰이해의 권리, 이해하지 않을 권리는 그들의 특권인데, 삶을 치장하는 온갖 관습적 지층을 벗겨내는 역할을 하는 그들은 일반적으로 당연시되는 가장 단순한 사회적 습관조차 파악하지 못하거나, 혹은 그것을 넘어선다(바로 이런 의미에서 그들은 바흐친에게 '내적 인간'을 드러내기 위한 중요한 수단이 된다). 반면 로트만은 바보와 광인이 '예측(불)가능성'의 측면에서 상반된 양극단을 표상하고 있다고 주장한다.

황과 행위 사이의 올바른 대응 관계를 파괴하는 것이다. 그는 자신의 스테레오타입에 따라 행동할 뿐인데, 다만 그 행위들이 장소에 걸맞지 않을 뿐이다. 가령 결혼식에서는 울고, 장례식에서는 춤을 춘다. 그렇지만 바보는 어떤 새로운 것도 생각해내지 못한다. 한마디로 그의 행위는 엉뚱하기는 하지만 동시에 완전히 예측 가능하다.

'바보'에 대립하는 것은 '현자'이다. 현자의 행위는 정상적인 것으로 정의된다. 그는 의례와 법칙, 그리고 실제적 경험에 맞춰 사고한다. 그러므로 그의 행위 또한 예측 가능하다. 즉 그것은 관습적 의례와 법칙에 부합하는 일종의 규범으로 묘사될 수 있다.

체계의 세 번째 요소는 광적인 행위, 즉 미친 사람의 행동이다. 이 경우는 행위의 수행자가 금기를 위반하는 데서 보충적인 자유를 얻는다는 점이 다르다. 그는 '정상인'에게는 금지되어 있는 행위를 수행할 수 있는데, 바로 이 점이 그의 행위에 예측불가능성을 부여한다. 계속해서 작동하는 행위의 체계라는 점에서 파괴적일 수밖에 없는 이런 특성은 놀랍게도 고도의 갈등 상황에서 매우 효과적인 것으로 판명된다.

이미 지적했듯이 동물들의 행동에서는 프로그램화된 제의적 행위가 극단적인 충돌의 국면을 제어한다. 반면에 인간을 특징짓는 것은 개인적 주도권을 내보일 수 있는 능력이다. 인간은 가장 효과적인 것으로 학습된 예측 가능한 행위와 제스처, 동작들의 영역으로부터 원칙상 새롭고 예측 불가능한 행위의 영역으로 전환할 수 있는 능력이 있다. 전투나 경쟁 혹은 모든 투쟁 상황의 참여자는 전통적 규범들을 구현하면서 '법칙에 따라' 행동할 수 있다. 이 경우 행위 법칙의 기술을 잘 구사하는 자가 승리한다. 이런 유형의 영웅이 계속해서 승리자가 되려면 모든 사람이 보편적인 행위 유형을 잘 습득하고 있어야만 한다. 당연히 이런 상황이 요구하게 되는 것은 양적으로 매우 비대해진 영웅, 가령 거대한 체격과 엄청난 힘을 소유한 영웅이다. 우리의 환상은 거인국 쪽을 향한다. 결국 이런 유형의 영웅이 거두는 승리, 특히 평범한 인간들에 대한 지배를 결정하는 것은 그의 물리적 우위인 것이다.

그러나 전 세계의 민담은 이와는 다른 상황을 알고 있다. 약한 자(가장 이상적인 경우–어린아이)가 강한 자에 승리를 거두는 경우가 그것이다.[1] 이런 상황은 비록 약하지만 매우 현명한 자가 거대하지만 우둔한 자에게 승리를 거두는 일련의 이야기를 만들어낸다.[2] 현명한 자를 승리로 이끄는 것은 기지, 묘안, 교활함, 속임수 등 한마디로 부도덕함이다.

율리시스(오디세우스)는 기지 넘치는 말장난과 교활함으로 외눈박이 거인 키클롭스를 물리치고 구조된다. 거대한 키클롭스와의 투쟁에서 율리시스는 장수가 아니라 작고 허약한 전략가로 등장한다. 여기서 율리시스와 그의 전사들의 '난쟁이 같은' 체격은 키클롭스뿐 아니라 그가 기르던 양의 거대한 형상을 배경으로 두드러진다. 하지만 바로 그 때문에 그들은 양의 하복부에 매달려 동굴에서 도망쳐 나올 수 있었다. (우둔하고 눈먼 거인은 양의 등을 건드려 숫자를 셌는데 배를 만져볼 생각은 하지 않았던 것이다.) 현명한 자란 그의 적수가 예상치 못한 예측 불허의 행위를 수행하는 자이다. 지성의 실현된 형태가 바로 기지이다. 페로의 동화에서 장화 신은 고양이

..

1) 여기서 어린아이의 형상은 이중적이다. 민담은 어린아이의 형상이 아이답지 않은 힘이나 거대한 크기를 표현하기 위한 수단으로 사용되는 상황을 허용한다. 어린 헤라클레스나 라블레의 거인 아이들이 이에 해당한다.
2) 바보가 지휘하는 강력한 군대에 관한 다닐 자토츠닉의 고대 리시아의 격언이 이에 해당한다. "거대한 짐승, 그러나 뇌가 없는." [레프 드미트리예프, 드미트리 리하초프 엮음 및 책임 감수, 『고대 루시 문학의 기념비들: 18세기』(M., 1980), 392쪽.]

는 사람을 잡아먹는 우둔한 마법사를 속여 넘기는데, 처음에는 사자로 변하도록 권했다가, 그다음엔 자기가 곧바로 삼켜버릴 수 있는 생쥐로 변하게끔 만든다.

행위의 예측불가능성이 효과적인 이유는 적대자로 하여금 그에게 익숙한 상황에서 벗어날 수밖에 없도록 만들기 때문이다. 왜소한 전략가는 스테레오타입에 따라서만 행동할 뿐인 우둔한 거인과 투쟁할 때, 판에 박힌 행위가 더 이상 의미를 갖지 못하고 무력해지는 상황을 만들어내면서, 의외성이라는 무기에 의존한다. 바로 이런 상황이 '정상인'과 광인 간의 충돌에서도 반복된다. '바보'가 정상인보다 더 적은 자유를 누리는 반면에, '광인'은 정상인보다 더 많은 자유를 누린다. 그의 행위는 예측 불가능한 성격을 띠게 되며 이는 '정상적인' 적수를 무력한 상황에 빠뜨린다. 부분적으로 이와 관련된 것이 여러 문화에서 공통적으로 확인되는 광인을 활용한 전투 상황이다. 다양한 민족에 광범위하게 알려진 대로, 효과적인 전투 행위로서 광기의 활용은 보편 심리학적 기반에 기초한다. 적대자가 행위의 준거점을 상실하도록 만드는 상황의 창출이 바로 그것이다.

예를 들어보자. 스칸디나비아의 서사시에 보면 베르세르크(berseker)*에 관한 묘사가 나온다. 베르세르크란 항시 혹은 전쟁 상황에 '전투적 광기'에 사로잡혀 있는 병사를 말한다. 그는 벌거벗거나 혹은 가죽 외피만 달랑 걸친 채 전투에 참여하는데, 결코 상처의 고통을 느끼지 않는다. 전투 상황에서 그는 인간적 행위의 모든 제한을 벗어던지며, 흡사 짐승과도 같은 상태가 된다. 자신의 방패를 물어뜯으며 전투의 모든 법칙을 위반하면서 적

---

* 중세 이전 및 중세 스칸디나비아와 게르만의 역사·민속에 등장하는 사나운 전사의 무리. 전투 때 이들의 흉포함과 동물 가죽으로 된 옷차림에서 유럽의 늑대인간 전설이 나왔다.

을 향해 몸을 내던진다. 전장에 이런 병사 한 명을 투입하는 것은 결과적으로 전 부대의 전투 능력을 현저히 증대시키는데, 왜냐하면 그것이 적들로 하여금 익숙한 상황에서 이탈하도록 만들기 때문이다. 흥미로운 것은 사실 인간의 행위에 비해 동물의 행위가 훨씬 더 많은 제약에 매여 있음에도 불구하고 이 경우 인간의 동물화가 모든 제약으로부터의 해방으로 여겨진다는 점이다.

『그레티스 사거(Grettis Saga)』*에서 보게 되는 것은 이러한 관념이 파괴되는 시대에 특징적으로 나타나는 모종의 혼합이다. 베르세르크의 환상적 광기에 대한 믿음이 흔들리기 시작하고 이제 이 명칭은 그저 해적을 부르는 데에만 사용된다. 대신에 다음과 같은 특징적인 플롯이 나타난다. 민첩하고 현명한 그레티스가 재기를 발휘해 강하지만 우둔한 베르세르크를 무찌르는데, 여기서 베르세르크의 수장은 다음과 같이 묘사된다. "그들은 할로갈란드에서 왔는데 보통 사람보다 힘이 세고 키도 컸다. 그들은 베르세르크였는데, 광폭함에 빠졌을 때 누구에게도 자비를 베풀지 않았다."[3](강조는 로트만) 그러나 전통에 따라 베르세르크라 불리는 이 사람들은 여기서 그저 '우둔한 장사'의 역할로 등장할 뿐이다. 이에 대응될 수 있는 것은 중세 독일에서 잘 알려진 또 다른 경우[그중 하나는 이미 18세기에 에스틀란트(Estland)**에서 기록되었다], 즉 인간이 늑대로 '변신'하는 경우이다. 맹수의 행위와 약탈자·폭행자의 행위를 결합한 늑대인간은 적군의 입장에

∙∙

3) 미하일 스테블린 카멘스키 옮김 및 감수, 『그레티스 사거』(Новосибирск, 1976), 32쪽.

---

*   아이슬란드 가족 사거(saga)의 일종으로 그레티스의 일대기를 그린 것.
** 에스토니아의 옛 명칭.

서는 난공불락의 것으로 여겨질 수 있다. 여러 기록에서 이런 행위가 낮의 행위에 극단적으로 대립되는 밤의 행위로 묘사되고 있는 것이 특징적이다.

아일랜드 설화의 영웅 쿠 훌린의 형상 또한 베르세르크에 대응될 수 있다. 그의 외양은 고대적 요소와, 일상적 광기의 개념에서 비롯한 특징의 혼합을 보여준다. 쿠 훌린은 신화적 특성을 지니지만, 흥미로운 것은 전투의 공적이 '전투의 광기'를 견뎌낼 수 있는 키 작은 영웅에게 부여되고 있다는 점이다. "그의 왕족의 눈에는 일곱 개의 눈동자가, 한쪽 눈에 네 개, 다른 쪽 눈에 세 개씩 있었다. 손에는 손가락이 일곱 개씩, 발에는 발가락이 일곱 개씩 있었다. 그는 많은 재능을 지녔다. 무엇보다 현명함(전투의 격정은 아직 지니지 않았다), 승리의 재능, 갖가지 놀이에서의 재능, 예언 능력, 통찰력을 지녔다."[4]

전쟁 상황에서 널리 퍼진 술의 사용은 본질상 전투적 광기와 마찬가지의 효과를 낳는다. 전장에서 술에 취하는 것이 일반 병사들의 규범이 될 수는 없으며 언제나 특수 부대를 위한 것이었음에 주목하라. 이 책을 쓰고 있는 필자 자신이 2차 세계대전 초반에 그와 같은 구경거리가 심리에 미치는 심대한 영향을 직접 목격한 바 있다.* 적진으로 곧바로 돌진해 적의 참호를 파내는 임무를 띤 독일군 모터사이클 부대는 아마도 무의식적으로 베르세르크의 행동을 재현하고 있었던 듯하다. 모터사이클마다 기

∙∙

4) 『아일랜드 사거』(1993), 107쪽.

---

* 로트만은 대학에 입학한 지 1년 만인 1940년에 군에 징집되었고 이후 무려 6년간이나 2차 세계대전의 싸움터에서 복무한 바 있다.

관총으로 무장한 군인 네 명이 타고 있었는데, 완전히 벌거벗은 채로, 발목 부분에 기관총 탄창을 가득 채운 장화를 신고 있었다. 기관총 사수들은 취해 있었고, 열을 지어 하늘에 계속해서 총을 쏴대면서 곧바로 적진으로 돌진했다. 당시에 받은 인상을 완벽하게 떠올리려면 필자를 비롯한 같은 부대원들이 기관총이란 걸 그때 처음 봤다는 사실을 덧붙여야 할 것이다.

광기의 에피소드, 즉 미친 행동의 에피소드는 문학에서 쉽게 발견된다. 멍청한 행동이 아니라 반드시 미친 행동이어야만 하는데, 이때 후자는 모종의 초인간적인 의미화를 지님과 동시에 초인간적인 활동을 필요로 한다. 일상적 행위의 경우에 그것은 매우 달성하기 어려운 이상의 형태로 구체화된다. 여러 문화의 맥락에 나타나는 이런 독특한 광란은 사랑에 빠진 사람이나 예술가의 이상적 행위와 관련을 맺는다.

세르반테스의 소설 『돈키호테』의 1부 25장에는 매우 흥미로운 에피소드가 등장한다. 돈키호테가 기사도 소설에 나오는, 광적인 사랑에 빠진 인물을 흉내 내는 대목이다.

"(……)너는 저 유명한 아마디스 데 가울라가 가장 완벽한 편력기사였음을 명심하기 바란다. 아니, 이 세상에 존재했던 모든 편력기사 가운에 첫손에 꼽히는 유일한 기사라는 것이 옳은 표현이다(……) 아마디스야말로 용감하고 사랑에 빠진 기사들의 북극성이며 금성이고 태양이었으니, 사랑과 기사도의 기치하에 편력을 떠난 우리 모두는 그를 본받아야 하는 것이다. 일이 이러한즉 산초야, 나는 아마디스를 가장 비슷하게 따라 하는 편력기사가 기사도(강조는 로트만)를 가장 완벽하게 이룰 수 있다는 것을 깨달았다. 아마디스 데 가울라가 자신의 신중함, 용기, 용맹, 참을성, 강직함, 사랑 등을 가장 잘 보여준 일은 오리아나 공주가 자신을 박대하자 페냐 포브레에 은 둔하여 고행하며 자신의 이름조차 스스로 택한 삶을 잘 나타내는 벨테네브 로스로 바꾼 사건이었다."

돈키호테의 독백을 들은 산초는ㅡ상식적인 관점에서ㅡ돈키호테에게 는 그와 같은 행동을 할 만한 정당성이 없다고 지적한다. 왜냐하면 기사도 소설의 기사들은 연정의 대상이 박대나 기만을 한 탓에 광기에 빠져든 경 우였기 때문이다. "그렇지만 주인님은 미치광이가 되어야 할 이유도 없잖 아요. 어느 공주님이 주인님을 박대한 것도 아니잖아요?" 이에 대한 돈키 호테의 답변은 우리를 일상적 논리의 세계로부터 사랑에 빠진 기사의 광기 라는 초논리의 세계로 옮겨놓는다.

"바로 그거다. 그래서 내가 하려는 일이 숭고하다는 것이지. 기사가 어떤 이유가 있어서 미쳤다면 뭐 그리 감동적이겠느냐? 중요한 것은 아무 이유 없이도 광기에 사로잡힐 수 있으며, 이를 통해 둘시네아 공주님이 아무 일 없을 때도 이 정도니 위급한 상황이라도 발생하면 어떨지를 알게 하는 것 이다."

돈키호테의 이론적 판단은 광기 어린 행동을 동반한다.

돈키호테는 재빨리 바지를 벗어버리고는 셔츠만 입은 벌거숭이가 되었다. 그러고는 허공으로 뛰어오르며 발장구를 두 번 친 뒤 물구나무를 서며 공중 제비 돌기를 두 차례 했다. 두 번 다시 보지 못할 광경을 보고 만 산초는 로 시난테의 발길을 돌리면서 마침내 주인이 미쳤다는 사실을 확인한 것에 적

이 만족스러운 기분을 느꼈다.[5]

의학적 의미에서가 아닌 광기의 개념, 즉 이상하기는 하지만 일정하게 허용되는 행위의 유형이라는 정의는 서로 상반되는 두 가지 의미로 받아들여질 수 있다. 이와 관련되는 또 다른 개념이 있는데, 바로 연극성이다. 우리를 둘러싼 세계를 자연스러운(정상적인) 세계와 미친 세계로 나누면서, 레프 톨스토이는 후자의 가장 선명한 예로 극장을 꼽았다. 무대 위의 인간들이 마치 관객들이 보이지 않는 양 일상의 삶을 모방하고 있는 극장 공간의 가능성은 톨스토이에게 광기의 시각적 구현으로 여겨졌다. '정상적' 삶과 '미친' 삶의 구분에서 극장의 문제는 가장 중요한 위치를 차지한다.

연극적 행동과 비연극적 행동 간의 안티테제는 광기와 정상성의 대립에 관한 성찰의 한 부분을 이룬다. 이런 점에서 '극장성'이나 '행위의 극장' 따위의 용어를 상반되는 두 가지 의미로 사용할 수 있다는 점을 염두에 두어야 한다.

미셸 페로와 안느 마르탱 퓌지에가 『사생활의 역사』 4권의 「예술가들(Les acteurs)」 장에서 독자들에게 보여주는 것은 극장에 대한 묘사가 전혀 아니다. 거기서 다루는 것은 프랑스 사회 일반 가정의 일상적 행위이다. 가족적 안락함에 대한 숭배와 가족의 일상이 일종의 연극으로서 그려지고 있는 것이다. '인물과 역할'이라는 제목이 붙은 페로의 장이 특히 흥미로운데, 거기서 보게 되는 것은 일종의 가족 퍼포먼스의 제의이다.

••

5) 미겔 데 세르반테스, 『돈키호테』(M., 1953), 177~178, 187쪽. [번역본] 미겔 데 세르반테스, 박철 옮김, 『돈키호테』(시공사, 2004), 314~316, 333쪽.

이런 식으로 삶의 규범이 마치 연극처럼 체험된다. 극장적 체험은 묘사하는 사람 자신이 익숙한 것을 이상한 것으로 체험할 것을, 그러니까 삶의 정상적 규범 너머에 자신의 관점을 위치시킬 것을 전제한다. 이는 자신의 모국어를 묘사해야만 하는 상황과 유사한데, 이미 형식주의자들이 지적했듯이 그 경우엔 일종의 이화(異化)된 입장이 요구된다. 자연스러운 것이 이상한 것으로, 잘 알려진 것이 미지의 것으로 제시되어야만 하는 것이다. 오직 그 경우에만 일상이 연극으로 간주될 수 있다.[6]

그런데 우리가 지금부터 말하려는 경우들은 또 다른 성격을 지닌다. 거기서 예술의 영역, 더 넓게는 기호학적으로 유표화된 모든 영역은 무언가 자연스러움에 대립되는 것으로 체험된다. 삶과 연극은 이런 관점에서 대립항으로 등장하며, 바로 이런 대립이 그들의 혼합에 의미와 기호학적 가치를 부여한다.[7]

네로가 보여준 삶의 연극화는 흥미로운 사례이다. 자신을 천재적인 직

..

6) 연극 미학에서도 마찬가지의 과정이 특징적으로 나타난다. 타인의 삶은 그것이 낯설다는 바로 그 사실 때문에 예술의 합당한 대상이 된다. 자신의 친숙한 삶이 예술의 대상이 되려면 그것은 잘 알려지지 않은, 자기의 삶으로 바뀌어야만 한다. 즉 가까운 것이 먼 것이 되어야만 하는 것이다.

7) 연극적인 것과 연극적이지 않은 것의 독특한 관계가 기사도적 행위, 특히 기사도적 사랑에 규범을 부여한다. 여기서 규칙과 일탈의 상호 관계는 특별한 성격을 띤다. 기사도적 사랑의 법칙은, 가령 캐논 안드레아나 트루바두르(유럽 서정시인)의 시에서처럼 특별한 고찰을 통해 형식화된다[Moshu Lazar, *Amour courtois et jin amours dans la litterature du XII siècle*(Paris, 1964)을 보라]. 그러나 이 규칙들은 실제의 행위가능성을 염두에 두고 만들어진 것이 아닌바, 이 규칙들은 그 자체로 영웅적 일탈에 해당한다. 이 규칙을 지향할 수는 있지만 그것을 달성해서는 안 된다. 그것의 실현은 언제나 일종의 기적으로 나타난다. 그런 식으로, 기사도적 공적은 규칙의 실현으로도 간주될 수 있지만(연구자들에게는 그렇게 여겨진다) 외적 관찰자의 관점에서는 영웅적 기적으로, 혹은 그의 공적과 그 자신에게 내린 높은 보상을 독특하게 결합시킨 것으로 여겨질 수도 있다.

업 배우로 여기며 무대에 오른 황제는 무대의 경계 너머로 삶을 연극화했는데, 그 이유는 삶은 극장이 아니기 때문에 삶을 연극으로 바꾸게 되면 그것의 의미를 충만하게 만들 수 있어서였다.

네로의 오페라 연기에 대해 수에토니우스는 이렇게 썼다. "그는 비극에서 주인공 및 신의 마스크, 심지어 여주인공의 마스크를 쓰고 등장해 노래를 불렀다. 마스크는 그의 얼굴이나 혹은 그가 사랑했던 여인들의 얼굴을 떠올리게 했다." 여기서 두 개의 상반된 경향이 흥미롭게 교차하고 있는데, 그 둘이 하나로 합쳐졌을 때 연극의 본질이 드러난다. 고대 배우는 자신의 자연스러운 무대 외적인 외모에서 벗어나기 위해 마스크를 사용했다. 반면 네로는 마스크에 자신과의 유사함의 특징을 부여한다. 다시 말해 고대 배우의 마스크가 그의 무대 외적인 인격을 지워버리는 것이라면, 네로의 경우엔 반대로 그것이 부각된다. 하지만 네로의 얼굴 그 자체는 연극의 일부분이 되기 위해 지워졌다가 다시 회복되어야만 하는 것이다. 그 자신의 가면으로 교체됨으로써 말이다.

더욱 세련된 연기술이 드러나는 것은 성별의 뒤바꿈에서다. 물론 네로의 경우 이는 변태적 성격을 띤다. 모든 경계를 파괴하는 그의 음탕함은 성별에 구속된 자연스러운 제한을 전부 폐기해버린다. 하지만 여기서 부정할 수 없는 것은, 성적 차이를 얼굴 분장의 문제로까지 격하시켜버리는 특별히 강조된 연극적 능력이다. 셰익스피어 극에서 모든 여성 역할을 남성들이 연기했다는 사실, 그리고 성별의 교체가 가장 오래되고 보편적인 연극 기법 중 하나라는 사실을 상기하자.

수에토니우스가 말한 에피소드는 그것이 반복해서 출현한다는 점에서 흥미롭다. 가령 그것은 아펠레스가 참여한 화가들의 경쟁에 관한 고대의 일화에서 연극 〈오셀로〉에 대한 미군 병사의 반응에 이르기까지 면면히 이어진다. 고대의 일화에 따르면, 한 화가가 그린 과일 그림이 너무도 자연스러웠던 나머지 새들이 날아들어 그것을 쪼아댔다. 그런데 또 다른 화가가 이를 뛰어넘는다. 그는 (과일 그림 대신에) 그림을 덮어놓은 천을 그렸는데, 급기야 그에 속아 넘어간 다른 경쟁자들이 빨리 천을 벗기고 그림을 보여달라고 요구하기에 이르렀던 것이다. 한편 다른 쪽 끝에는 연극 관람을 하러 간 주지사의 좌석 곁에 서 있던 미군 경비병의 에피소드가 있다. 병사는 오셀로를 향해 이렇게 외치면서 총을 발사했던 것이다. "감히 누가 내 앞에서 흑인이 백인 여자를 죽였다고 말을 한단 말인가!"

　수에토니우스가 말한 에피소드 역시 연극과 삶의 혼합이라는 동일한 원칙하에 구성된 것이다. 황제의 역할에서 배우의 역할로, 다시 그 반대로 계속해서 옮겨 앉는 행태는 네로의 행위 규범이 되었다. "그가 노래할 때는 그 누구도 극장 밖으로 나갈 수 없었다. 그런 이유로 전해지길, 어떤 부인네들은 극장 안에서 출산을 해야 했으며, 어떤 이들은 도저히 더는 그의 노래를 듣고 칭송할 수가 없어서 닫힌 문 대신 담벼락을 타고 넘는가 하면, 죽은 척을 하기까지 했다고 한다." 의미론적 층위들의 혼합이 특징적이다. 황제는 무대 위에서 배우를 연기하고, 배우는 드라마틱한 황제들의 역할을 연기하며, 객석을 떠나고 싶은 관객들은 시체의 역할을 연기한다. 황제와 배우의 이런 이중적인 역할은 그의 연극 콘테스트에서도 드러나는데, 거기서 "그는 자신이 승리자임을 공표하고", 스스로를 이중화하여 "리라를 든 자신의 동상을 특별석 근처에 세워두기까지 했다." 여기서 흥미로운 변형이 발생한다. 만일 연극에 몰두하는 행위를 인간적인 약점 때문이라 본다면, 동상은 바로 그가 황제라는 사실을 떠올리게 하려는 목적이 된다. 반면 네로는 변형을 택했다. 동상이 그가 배우라는 것, 즉 로마의 수장으로서가 아니라 예술의 인간으로서 신격화된다는 점을 상기시키는 데 이용되고 있는 것이다.

가장무도회를 향한 네로의 열정은 무대의 경계 너머에서도 발현되었다. 그는 밤마다 옷을 갈아입고 음란한 장소를 싸돌아다녔을 뿐 아니라, 전장에 나서며 자신의 첩들에게 "남자처럼 머리를 깎고 도끼와 창으로 무장을하라"고 명령했다. 연극과 일상적 현실을 계속해서 섞어놓는 것, 무대 밖의 삶을 일종의 구경거리로 보려는 경향은 유명한 로마 대화재 에피소드의 핵심에 자리한다. "이 화재를 그는 마에케나스 탑 위에서 내려다보았다. 그 자신의 말에 따르면, 이 위대한 불꽃을 즐기면서, 그는 무대의상을입고 '트로이의 멸망'을 불렀던 것이다."

이 모든 삶의 연극화는 그의 최후의 말에서 완성된다. "이토록 위대한예술가가 죽는구나!"[8]

수에토니우스에게 연극과 삶의 끊임없는 혼합은 모든 삶을 스펙터클로만드는 변태적이고 반자연적인 상황을 의미했다. 사실상 이는 모든 대립항의 제거에 해당한다. 배우와 관객, 황제와 배우, 로마인과 그리스인, 심지어 남자와 여자까지. 즉 그것은 모든 역할을 수행할 수 있는 가능성, 자신의 즐거움을 위해 이 모든 역할을 수행하도록 만드는 바로 그런 권력으로 기능할 수 있는 가능성을 뜻한다. 네로의 목적은 한편으로 모든 가능한경우를 섭렵하는 것이고, 다른 한편으론 가능성들의 경계 너머로 나아가불가능한 것을 실현하는 것이다. 이와 유사한 콤플렉스를 이후에 우리는이반 뇌제에게서 발견하게 될 것이다.

'일상적 행위의 연극'에 관한 이야기를 시작하면서 우리는 프랑스적 개

∴

8) 가이우스 수에토니우스 트란퀼루스, 미하일 가스파로프 외 엮음, 『12명의 케사르의 삶』(M., 1964), 155~157, 164, 167, 169쪽.

념의 연극화와 우리의 관심사를 대립시킨 바 있다. 전자가 제스처와 행동이 반복되는 지경에 이르기까지 일상생활을 고도로 형식화하는 연극화의 개념이라면, 후자는 예측 불가능한 일탈적 행동을 말한다. 이 두 입장의 표면적 대립에도 불구하고 그들 간에는 상호 관계가 존재한다. 선례를 지니지 않는 극단적인 행위도 계속해서 반복되게 되면 '폭발'의 구역으로부터 습관의 영역으로 옮아가게 된다. 행동이 완결되는 순간, 그것은 모방의 대상이 될 수 있는 것이다.

예를 들어 유행의 영역에서 브럼멜이 행한 혁신은 매우 빨리 댄디즘의 요청자들에 의해 장악되었고, 결국 대중문화의 사실로 바뀌어버렸다. 앞서 인용한 구절에서 세르반테스는 광기가 어떻게 모방의 영역으로 바뀌는지, 어떻게 대중문화로 옮아가게 되는지를 보여주었다.

규범은 특징을 지니지 않는다. 그것은 공간을 잃어버린 광인과 바보 사이의 지점이다. 폭발 또한 특징을 갖지 않는다. 더 정확히 말해 그것은 가능한 특징들의 목록 전체를 갖는다. 그것은 개별적 행위의 자격으로 규범에서 벗어나 광기로 정의되지만, 반면에 대중적인 것이 되면서 우둔함으로 바뀌기도 한다.

이상에서 알 수 있는 것은 모든 광기의 형식은 불가피하게 개인적 일탈의 행위로서 나타나며, 예측가능성의 경계 너머에 자리하고 있다는 사실이다.

가령 비잔틴의 서사시 「디게니스」(러시아 판본으로는 「데브게니」)의 주인공은 일상적 관점(즉 일상적 행위의 입장)에서 볼 때는 이상하거나 미친 것으로 평가될 수 있는 행위, 하지만 자신의 내적 입장에 따르면 완전함을 향한 기사도적 지향의 실현으로 간주될 수 있는 일련의 행위를 수행한다. 여러 구혼자들의 생명을 앗아간 '위험한' 신부에 관한 민담 플롯은 여기서 기사도적 관념을 통해 새롭게 의미화된다. 「데브게니」의 주인공은 피에 굶주린 아버지와 오빠들로 하여금 수많은 청혼자의 목숨을 앗아가게끔 만든 미녀의 존재에 관해 알게 되자 곧바로 사랑에 빠진다. 상식적으로 볼 때 그에게는 운이 따른다. 그는 시체들이 너부러져 있는 궁궐로 들어가 여인의 위험한 가족들이 없는 동안 그녀의 마음을 얻어냄으로써 아무런 난관 없이 그녀와 결혼하는 데 성공한다. 그런 이후에 돈키호테의 관점에 따르면 '논리적'이지만 산초의 견해에 따르면 부조리한 것으로 여겨지는 플롯이 펼쳐진다. 즉 그토록 쉽게 얻어진 성공이 데브게니를 기쁘게 하기는커녕 반대로 현대의 독자들이 이해할 수 없는 방식으로 그를 절망에 빠트리는 것이다. 그는 신부의 아버지 및 오빠들과 이미 불필요해진 결투에 돌입한다. 우리는 플롯의 흥미로운 변형을 보고 있다. '결투-승리-신부의 획득'이라는 플롯이 '신부의 획득-결투-승리'라는 플롯으로 대체되고 있는 것이다. 싸움의 모든 논리적 원인이 제거되었지만 기사도적 관점하에서의 결투는 논리적 원인을 필요로 하지 않는다. 그것은 자기가치적인 행위이므로, 주인공의 운명에 영향을 미치는 것이 아니라 주인공이 자신의 운명에 적합한 인물이라는 것을 증명해줄 뿐이다. 데브게니는 "크고 선명한 목소리로 스트라티그와 그의 힘센 아들들에게 어서 밖으로 나와 붙잡힌 그들의 여동생을 보라고 소리치기 시작했다. 하인들이 겁도 없이 마당에 서서 스트라티그를 부르고 있는 불손한 데브게니를 가리키며 주인을 불렀다." 그러나 스트라티그는 이 서툰 후보자가 딸의 손을 잡았다는 것을 '믿지 않았기 때문에' 부름에 응하기를 거절했다. 스트라티그 일가의 거절은 데브게니를 우리가 이해하기 어려운 절망에 빠트렸다. "나를 쫓지 않는다면 그것처럼 커다란 모욕은 없다. 나는 그들에게 불명예를 되돌려주고 싶다."[9] 이 상황 이후에 상식의 관점에서는 무의미해 보이지만, 기사도적 규범의 체계 속에서는 심오한 의미로 가득 차 있는 복잡한 제의들의 체계가 뒤따른다. 일탈은 스트라티그의 이상한 행위가 아니라 데브게니가 현실화한, 기사도적 제의의 초인적 적용 속에 들어 있는 것이다.

이런 텍스트들의 의미는 현대의 독자들이 갖는 익숙한 관념과는 원칙적으로 다르다. 그들은 특정한 사건을 그리는 게 아니라 현실의 인간이 다만 지향할 수 있을 뿐인 행위의 이상을 그린다. 공적 및 청혼의 제의를 그토록 철저하게 수행하는 데브게니의 경우는, 그러므로 세르반테스의 돈키호테에 이르면 패러디가 된다. 후자는 실제 삶의 실천 속에서 그것을 이루려 시도하고 있기 때문이다.

아내를 도로 빼앗아가려는 장인과 형님들을 무찌르고 나자 데브게니는 어려운 과제를 해결하지 못한 채 이번엔 더욱 곤란한 상황에 처하게 된다. 승리하지 않으면 아내를 잃게 될지도 모르고, 만일 승리하게 되면 불명예스럽게 패배한 포로의 딸이자 여동생이 된 아내가 더 이상 그 자신과 사회적으로 어울리지 않게 되어버린다. 이제는 다른 이유 때문에 결혼이 불가능해지는 것이다. 데브게니는 포로로 잡힌 가족들을 풀어주고 나서 기사도적 행위를 이상적으로 완수한다. 즉 그들에게 가서 복종을 맹세하며 다시금 아내에게 청혼을 함으로써, 당당하게 가족들의 동의를 얻어내 비로소 완벽해진 결혼을 성대하게 축하하는 것이다.

여기서 만나게 되는 것은 아주 전형적인 상황이다. 즉 모방할 수 없는 영웅적 행위가 낭만적 불법 행위를 통해서가 아니라 보통의 인간에게는 불가능한 극도로 어렵고 세련된 이상적 규범을 수행함으로써 실현된다는 것이다. 이는 부분적으로 문학(영웅 서사시, 발라드, 기사도 소설)과 현실이 맺

∙∙

9) 베라 쿠즈미나, 『데브게니의 행위(용감한 과거 사람들의 행위)』(M., 1962), 149쪽.

는 완전히 특수한 관계를 결정한다. 문학은 영웅적 행동의 전대미문의 환상적 규범을 부여하며, 주인공은 이를 삶 속에서 실현하려 시도한다. 문학이 삶을 재현하는 것이 아니라 오히려 삶이 문학을 복원하려 노력하는 것이다.*

  이런 의미에서 「이고리 원정기」의 주인공이 보여주는 기사도 행위는 전형적이다. 지역 공후들을 통합하고, 드네프르 강 유역의 폴로베츠인들을 격퇴해 바다와의 연결을 회복하려는, 어렵기는 하지만 매우 현실적인 과제를 실현한 이후, 이고리는 현실적이지는 않지만 지극히 영웅적이고 거대한 목표를 지닌 전투에 돌입했다. 폴로베츠 스텝을 통한 길을 열고 상실한 지 오래된 티무타라칸과의 연결을 회복하는 과제가 그것이다. 키예프 대공후의 지도하에 구상된 이 계획은 키예프 공후들의 집단행동을 전제하고 있었다. 알려진 대로, 이고리는 이에 참여하지 않았다. 그와 폴로베츠인들과의 오랜 ―처음엔 전쟁 관계로 이후엔 친교 관계로― 관계를 루시 주민들이 잘 알고 있었기 때문에 이고리의 참여는 불명예스러운 것으로 여겨질수 있었던 것이다. 기사도의 개인적 동기, 즉 자신의 명예를 회복하려는 의

---

* 문학이 현실을 '재현'하는 것이 아니라 반대로 현실(삶)이 문학을 복원하는 이런 현상은 이른바 '행위시학'이라는 로트만의 독특한 연구 주제의 대상이다. 로트만의 '행위시학' 개념에 따르면, 19세기 초반 러시아의 낭만주의적 문화 유형 속에서 예술의 영역은 동시대 사람들의 실제적인 행위를 위한 일종의 범례로서 작용했으며 이에 따라 "삶은 서둘러 예술을 모방했다." 행위시학과 관련된 로트만의 글은 '예술 텍스트가 어떻게 독자의 의식과 행동 양식에 적극적으로 작용하는가'라는 화용론적 관점에서 읽힐 수 있다. 이 연구의 주요 저작들은 우리말로 번역되어 있다. 로트만 외, 이인영 옮김, 『러시아 기호학의 이해』(민음사, 1993). 로트만의 '행위시학'의 방법론에 관한 상세한 소개와 분석은 김수환, 「텍스트 이론에서 문화시학으로: 로트만의 '행위시학' 방법론을 중심으로」, 《러시아어문학연구논집》 제18집(2005), 103~135쪽을, 이 문제를 "책에 따라 살기"라는 러시아 문화 유형의 특징과 연결시킨 연구로는 김수환, 「책에 따라 살기: 러시아적 문화 유형의 매혹과 위험」, 《러시아연구》 제15권 1호(2005), 35~59쪽을 참조.

지는 이고리를 환상적일 만큼 영웅적인 과업으로 이끌었다.

여기서 이고리 공작의 행위를 바라보는 저자의 이중적인 태도가 특징적이다. 여전히 기사도적 명예 코드에 사로잡혀 있는 사람으로서 저자가 칭송하고 있는 것은 영웅적 계획의 가망 없음 그 자체이다. 즉 그것이 실제적이고 현실적인 고려 없이 오직 가망 없는 기사도적 충동하에서만 이루어졌음을 칭송하는 것이다. 하지만 동시에 저자는 좁은 기사도적 윤리학 너머에 서 있는 사람이다. 해당 사건들을 기술하고 있는 연대기 작가는 기사의 영웅적 개인주의에 기독교의 종교적 집단주의를 대립시킨다. 그에게 기독교는 기사도보다 상위에 있는 전 민중적 원칙이다. 「이고리 원정기」는 기독교적 모티프에는 낯선 반면 기사도 윤리학에는 완전히 침윤되어 있다. 이고리는 여기서 자신의 영웅적인 에고이즘 때문에 대영주인 키예프 공후의 의지에 반기를 든 반항적인 봉신(封臣)으로서 단죄된다. 정의상 러시아 땅의 우두머리인 대영주는 최고의 권위를 갖는 존재로 신성시된다. 그렇게 해서 이고리는 이중적 윤리학에 포함된다. 봉건 영주로서 그는 광기에까지 이르는 용맹함으로 채색되는 반면, 봉신으로서는 영웅적인 불복종으로 채색된다. 이 두 가지 윤리 원칙의 양립불가능성은 단지 각각의 가치를 강조해줄 뿐이다.[10]

중세의 윤리학은 도그마적이지만 동시에 개인적인데, 그것이 개인적인 이유는 인간이 각자의 모든 활동 영역에서 달성 불가능한 이상을 추구해야만 하기 때문이다. 이와 관련된 중세적 행위의 특성이 바로 극단주의이다. 평범한 것은 가치를 부여받지 못한다. 같은 행위라도 전대미문의 규모

∴

10) 「이고리 원정기」에 나타난 기사도적 전통에 관한 심오한 분석은 이고리 예레민, 『원초 연대기』(Л., 1994)를 보라.

로 수행되거나 혹은 거의 불가능할 지경의 어려운 조건에서 수행된 것일 때라야 비로소 가치를 부여받게 된다.

중세의 문화 텍스트들은 고도의 기호학적 포화도를 갖는다. 하지만 여기서 규범을 실현하는 텍스트와 그것을 깨는(즉 '광기의') 텍스트 간의 관계는 현대의 독자에게 익숙한 낭만적 구조와는 완전히 다른 기초 위에 구축된다. 낭만적 구조에서는 '규칙'과 '광기'가 대립되는 양극단으로 나타나는 바, 광기의 공간으로 이동한다는 것은 자동적으로 모든 규칙의 파괴를 뜻하게 된다.

반면 중세의 의식에서 보게 되는 것은 전혀 다른 구조이다. 최상의 이상적 가치(성스러움, 영웅성, 범죄, 사랑)는 오직 광기의 상태에서만 달성될 수 있다. 그러므로 오직 미친 사람만이 최상의 규칙을 실현할 수 있다. 여기서 규칙이란 대중적 행위의 현상으로서가 아니라 오직 예외 상황에서 특별한 영웅에게만 국한된 것으로 나타난다. 요컨대 낭만적 의식에서의 규칙이 쉽게 달성될 수 있는 통속적인 것이라면, 중세적 의식에서 그것은 특별한 개인을 위한 달성 불가능한 목표가 된다. 이에 따라 규칙의 창조자도 바뀐다. 낭만주의자에게 그것은 군중이다. '저속한 것'이라는 단어가 애초의 의미인 '평범한 것'에서 변화되는 과정은 특징적이다.[11] 중세적 의식에게 규

---

11) 파스메르 사전에 따르면, '저속한 것'은 "고래의, 원초적인, 예전의, 평범한 것"을 뜻한다[막스 파스메르, 『러시아어 어원사전』(전 4권) 3(M., 1987), 349쪽을 보라]. 스레즈넵스키에 따르면 그것은 "오래된, 원초적인, 원형에 해당하는, 이전의, 평범한 것"을 뜻한다[이즈마일 스레즈넵스키, 『고대 러시아어 사전을 위한 자료들』(전 3권) 2(СПб., 1895), 1335~1336쪽]. '평범한 것'이라는 의미는 '낡은 습관(пошлина)'이라는 단어에도 남아 있다. 바로 이런 의미로 이반 뇌제는 영국 여왕을 '보통 여자(пошлая девица)', 즉 평범하고 단순한 여인이라고 불렸던 것이다. 드미트리 리하초프 외 엮음, 야콥 루리요 옮김 및 주석, 『이반 뇌제의 칙령』(M.; Л., 1951), 216쪽을 보라.

칙이란 달성 불가능한 어떤 것, 그것에 이르기 위해 분투해야 할 이상적인 지점이다. 부분적으로 바로 그 점이 행위의 규범들을 기술하고 있는 중세 텍스트들에 본질적인 양가성(그리고 그에 따른 해석의 이중성)을 부여한다.

다양한 규범적 텍스트에 기초해 작업하는 연구자들은 실제의 일상적 행위가 그와 같은 규범들의 정확한 수행으로 나타난다고 여기는 경향이 있다(예술 작품 속에서 실제 행위의 형식을 찾고자 할 경우 대개 법률적 문건들에 기초해 합당한 수정을 가하기는 한다).

하지만 그런 텍스트들에 대한 또 다른 관점을 염두에 둘 필요가 있다. 그 관점에 따르면, 그와 같은 텍스트들 속에서 보게 되는 것은 다만 접근해갈 수 있을 뿐 결코 완벽하게 달성될 수는 없는 모종의 이상일 뿐이다. 사실 돈키호테의 모든 고통스러운 불운의 비밀이 바로 여기에 있다. 그는 다만 이상적인 규범일 뿐인 것을 일상적인 것으로 받아들이고 있는 것이다. 경탄의 대상, 그러니까 최상의 경우에 그저 지향해야 할 (혹은 지향하는 척해야 할) 대상을, 그는 일상적인 행위의 규범으로 이용한다. 거기에 그의 비극적 불운의 원천이 놓여 있다.[12]

이렇듯 텍스트에서 일상적 현실의 특징을 뽑아낼 수 있을 뿐 아니라 해

∙∙

12) 훗날 '에나멜 칠을 한 현실'이라 불리게 될 소비에트 문학의 경향과 흥미로운 대응 관계가 여기서 확인된다. 바바옙스키나 프리예프 같은 작가들은 원칙상 예술을 현실에 맞춰 조정하려 하지 않았다. 그런데 다른 한편으로 이런 경향을 지닌 비평가들은 다름 아닌 중세적 태도를 갖고 다음과 같은 사실을 증명하려 했다. 진정한 현실성('전형성')이란 (실제로) 존재하는 것이 아니라 존재해야만 하는 어떤 것이다.*

* 사회주의 리얼리즘 예술 공식의 핵심은 '있는 그대로의 현실'이 아니라 '있어야 할 것으로서의 현실'을 그리는 데 있다. 그 점에서 많은 이들이 지적하듯이, 사회주의 리얼리즘의 모델은 중세적 모델과 유형학적 공통점을 지닌다.

당 시대 사람들의 이상적 관념 또한 추출할 수 있다. 그런데 상황을 더욱 복잡하게 만드는 것은 중세의 삶이 다층위의 계단과 같은 모습을 띠고 있다는 점이다. 즉 현실적인 삶이란 것이, (주인공의 영역으로서 나타나는) 규칙의 이상적 실현과 (악마의 행위로서 나타나는) 규칙의 완전한 위반(이 또한 못지않게 이상적이다) 사이의 비교적 넓은 지대에 걸쳐 펼쳐지고 있다.

실제 텍스트들이 이론적 모델을 순수한 형태로 구현해내는 경우는 거의 없다. 그 대신 우리가 만나게 되는 것은 과도기적이고 역동적이며 유동적인 형식들이다. 이들은 이상적 구성들을 완벽하게 실현하는 대신에 단지 그에 의해 부분적으로 조직화되어 있을 뿐이다. 그런 (순수한 이론적) 모델들은 텍스트와의 관계에서 다른 차원에 놓인다(이들은 일종의 경향, 그러니까 문화적 코드가 아닌 계몽적 코드로서 형성되거나, 혹은 중세에 극도로 발달했던 각종 훈시 및 교시, 이론적 성찰 따위의 메타텍스트로서 실현된다).

각종 자료의 분석을 통해 알 수 있는 사실은 다음과 같다. 우리의 관심사와 관련하여 중세 초기의 러시아 텍스트들은 엄격한 체계를 따르고 있으며, 이 체계는 다른 문화적 사이클의 사회 구조들과 본질상 유사한 모습을 띠고 있다.

무엇보다 먼저 중세 초기에는 **영광**(slava)에 관한 (하나가 아닌) 두 가지 모델이 존재했다는 점을 지적하자. 기독교적·교회적 모델과 봉건적·기사도적 모델이 그것이다. 첫 번째 모델은 천상의 영광과 지상의 영광 간의 엄격한 구별에 기초한다. 이때 적절한 대립은 '영광 대 불명예'(즉 '명성 대 무명', '찬양 대 비방')가 아니라 '영원함 대 썩어 없어짐'의 대립이다. 지상의 영광은 찰나에 불과하다. 토마스 아퀴나스는 "지상의 영광을 위해 선을 행하는 것은 진정한 선행으로 볼 수 없다"[13]고 말했으며, 성자 이시도르는 "그 누구도 신의 영광과 동시대의 영광을 함께 누릴 수는 없다"[14]고 단언했다. 레이먼드 룰리는 진실한 명예는 오직 신에게만 속해 있다고 생각했다.[15] 비슷한 주장을 러시아 텍스트에서도 확인할 수 있다. 가령 블라디미르 모노마흐는 말한 바 있다. "죄 많고 더러운 우리는 어떤 존재인가? 오늘을 살고 내일 아침에는 죽어갈, 오늘 영광과 영예에 젖고 내일이면 땅에 묻혀 망각될 존재. 우리가 뿌린 씨를 다른 이들이 수확할지니."[16]

우리에게 이 관점은 그 자체로서보다는 그것이 미친 지대한 영향의 측면에서 흥미롭다. 그것은 「알렉산드르 넵스키 생애」와 같이 내적으로 모순된 혼종적 작품을 만들어내면서, 특히 루시의 기사도 텍스트들에 커다란 영향을 끼쳤으며, 연대기 작가의 명예 및 영광의 개념에 강한 흔적을 남겼다.

세속적 텍스트인 드루지나* 기사도 작품들에서 명예와 영광의 기호학은 한층 더 상세하게 다루어졌다. 이 문제에 관한 서구의 자료로는 아르헨티나의 여성 연구자 말키엘의 단행본 연구서 『서구 전통에서의 영광의 이념. 고대, 서구 중세, 카스티야』가 있다.[17] 이 책에 제시된 사례들에서 명백해

∵

13) *Summa theologica*. Secunda secundae, quaestio CXXXII, art. 1.

14) J. P. Migne, *Patrologia Latina*. LXXX: Livre II, 42.

15) R. Lulle, J. Rosselo 엮음, *Oeuvres*(T. I–IV, Palma de Majorque, 1903), vol. 4, p. 3.

16) 『고대 루시 문학의 기념비들: 11~12세기』, 410쪽.

17) 이 책은 1952년 멕시코에서 스페인어로 출간되었다. 우리는 프랑스어 번역본을 사용한다. M. R. L. de. Malkiel, *L'idee de la gloire dans la tradition oddidentale. Antiquite, moyen age occidental, Castille*(Paris: Libr. C. Klincksieck, 1958).

---

* 드루지나(druzhina)는 키예프 루시 시기 세습귀족인 '공후'의 친위대를 가리키는 말로 서구 유럽의 기사에 해당한다. 모든 친위대원들은 자신이 섬기는 공후에게서 재정 지원을 받아야 했지만, 끝까지 한 공후에게만 봉사해야 한다는 규정이 없었기 때문에 다른 공후의 드루지나에 들어갈 수 있는 권리를 갖고 있었다. 따라서 공후는 자신이 거느린 드루지나의 환심을 사기 위해 친위대원들에게 급료뿐 아니라 전리품과 세입(稅入)을 나눠주었으며, 이후엔 영지를 하사해 세금을 걷고 주민을 재판할 권리까지 주게 된다.

지는 것은 전통적인 서구 기사도 모델에서는 물리적으로 표현된 기사도의 덕성과 그것의 언어적 기호인 칭송 사이에 엄격한 구별이 존재했다는 점이다. 전자는 반드시 상의 규모와 덕의 크기 간의 대응에 기초한다. 그레마스 사전에도 이 점이 강조되어 있다.[18] 물질적 기표로서 보상한다는 개념(이때의 기의는 기사의 공덕이 된다)은 수많은 텍스트를 관통하고 있다. 비록 명예(honneur)와 영광(gloire)이 언제나 한 벌의 개념으로 사용되기는 하지만[19] 그들의 의미는 심오한 차이를 갖는다. 그 차이란 결국 기호로서 기능하는 사물과, 역시 사회적 기호의 역할을 하는 말 사이의 대립으로 수렴된다. 중세 초기 러시아에서 작동되던 것과 유사한 체계를 우리는 「시드에 관한 시」에서도 발견할 수 있다.

여기서 '명예'는 언제나 전리품, 하사품, 기호 따위의 의미를 지니는데, 이때 그것의 가치를 결정하는 것은 그것의 표현 층위이다. 바로 그런 이유로 시드는 다음과 같이 외칠 수 있는 것이다.

갈리시아, 카스티유, 레온에서 알게 하라.

∴

18) Onor, enor, anor와 같은 단어에 다음의 의미가 부여되어 있다. 1. 누군가가 받는 커다란 존경 2. 그로부터 얻어진 물질적 혜택 4. 영지나 봉건적 혜택 5. 일반적인 부와 재물 8. 품위에 부여된 기호. *Dictionnaire de l'ancien français jusqu'au milieu du XIVe siècle*, par A. Greimas(Paris: Larousse, 1969), 454쪽.

19) 음유시인 지로 드 보르넬은 리처드 1세의 죽음을 한탄하며 그의 "명예와 영광"에 관해 이야기한다[G. de Bornelh, *Sämtliche Lieder des trobadors Giraut de Bornelh, mit Übersetzung, Komentar und Glossar kritisch herausgegeben*(Adolf Kolsen ed., Halle, 1910), 1권, 466쪽을 보라]. 중세 시인 곤살로 데 베르세오 역시 같은 구문을 사용한다. "그의 명예와 영광이 자라게 하라(말키엘, 앞의 책, 128쪽에서 재인용)." 중세 스페인 서사시 〈알렉산드르의 책(Libro de Alexandre)〉에는 다음과 같은 구절이 나온다. "불경한 장소들에서 모험을 찾는 자에게는/영광도 명예도 없다(앞의 책, 179쪽)." 이런 사례는 무수히 많다.

내가 내 사위들에게 얼마나 커다란 상을

내렸는지를.(Стихи, 2,579~2,580)

하지만 '명예'는 공덕의 기호만을 뜻하지 않는다. 그것은 일정한 사회적 관계의 기호이기도 하다. "명예는 본질상 사회적 기반(donnees sociales)과 관련되는바, 규정이 철저하게 확립된 모든 법률 체계에 종속된다. 그 법률 체계의 기능적 면밀함을 판단하는 데 [시드의] 노래 같은 몇몇 텍스트가 지 극히 의미심장하다. 명예의 원천인 왕이 자신이 준 선물을 주인공한테서 빼앗아가버린다. 그렇게 되면 주인공은 자신의 힘과 의지, 충성심만으로 잃어버린 명예를 회복할 수 있다."[20] 여기서 말키엘이 강조하고 있는 것은 모종의 독특한 결합인데, 즉 충성스러운 복무의 시(詩)가 자아의 독립성을 존중하는 극단적 개인주의와의 결합것이다. 명예의 기사도적 개념을 후대 의 정치 용어로 번역할 때 부딪히게 되는 어려움이 바로 이 점에 기인한다.

명예와 봉신 관계의 연관성은 러시아 자료들에서도 분명하게 드러난다. 특징적인 것은 명예란 언제나 주어지고, 빼앗기고, 수여되고, 부여되는 어떤 것이라는 점이다. 가령 그와 같은 미시맥락은 결코 영광에는 적용되지 않 는다. 명예는 반드시 교환 행위와 관련되는바, 물질적인 기호, 즉 존경과 사회적 가치의 권리를 부여하는 모종의 상호적인 사회적 관계를 요구하는 것이다.

명예의 개념과 키예프 시기 텍스트에서의 언어적 변이 현상을 분석할 때 반드시 다음의 특성을 염두에 두어야만 한다. 명예는 항상 교환의 맥락에

••

20) M. R. L. de. Malkiel, *L'idee de la gloire dans la tradition oddidentale. Antiquite, moyen age occidental,* 121~122쪽.

포함된다. 그것은 주고 부여하고 받을 수 있는 어떤 것이다. '주다(dati)'와 '취하다(brati)'의 잘 알려진 동의어 관계는 초기 단계의 봉건적 봉신 관계에서 그 행위 자체에 부여된 이중성에 의해 얼마간 설명된다. 주는 행위는 봉신 관계의 체계로 진입하는 것을 의미하는 동시에 그에 의해 채택됨을 의미한다. 즉 미래의 봉신은 이 새로운 종속 관계 속으로 들어가면서 그 자신과 그의 땅을 후견인에게 선물로 바치는데, 이는 그것들을 즉각 다시 (다만 이제는 보상의 형식으로, 좀 더 덧붙여서) 되돌려 받기 위한 것이다. 그렇게 해서 선물은 일종의 교환되는 기호로 바뀌고, 이를 통해 특정한 사회적 계약이 확립된다. 모든 수신자가 동시에 기부자가 되는 이런 주고-받음의 양가성과 관련된 사실이 바로 명예는 밑에서 위로 부여됨과 동시에 위에서 아래로도 부여된다는 점이다. 그렇기에 항시 강조되는 것은 (부가 그런 것처럼) 복종하는 자에게는 봉건 군주가 명예의 원천이 된다는 점이다.[21]

　앞으로 우리는 명예가 동등하게 교환되는 경우도 살펴보게 될 것이다. 그러나 이 경우 우리가 만나게 되는 것은 이미 예절의 형식, 즉 복무로의 관례적 진입을 가리키는 형식적 제의일 뿐이다. 이미 그것은 다음과 같은 형태로 끝을 맺는, 19세기 말 편지 형식 이상의 실제적 의미를 지니지 않는다. "귀하, 나는 당신의 가장 충실한 하인으로 남겠습니다."

　'영광' 역시 기호이다. 하지만 그것은 언어적 기호이며, 따라서 원칙상

∵

21) 부와 관련된 경우 이 개념은 특별한 봉건적·조건적 성격을 얻는다. 공후는 그가 공물을 봉신들에게 나눠주는 한에서 부의 원천이다. 하지만 그는 봉신들과의 전투에서 그 공물을 획득한다. 즉 봉신들은 그것을 공후에게 바치고 일종의 상이나 은총의 형태로 그것을 되돌려 받는 것이다. 봉신적 관계의 파열이 명예 회복의 성격을 띠는 것은 이 점에서 특징적이다. 그레마스는 다음의 텍스트를 제시한다. "자신의 명예와 봉토(fief)를 되돌리는 것은 봉신의 의무에서 벗어나는 것이다."(M. R. L. de. Malkiel, *L'idee de la gloire dans la tradition oddidentale. Antiquite, moyen age occidental*, 453쪽.)

다른 방식으로 작동한다. 그것은 주어지거나 취득되는 게 아니라 "가장 멀리 떨어진 언어들에 이르며" 가장 먼 후대에까지 전해진다. 거기엔 항상 음성적 자질이 부여된다. 영광은 '불려지고' '들려진다.' 반면에 거짓된 영광은 '소란스럽게' 사라진다. 그에 더해 영광에는 집단적 기억의 자질이 부여된다. 위계상 영광은 명예보다 더 높이 자리한다.

명예는 규모의 위계질서하에서 정해진 합당한 자리를 갖는다. 중세 카스티유 서사시 「아폴로니우스에 관한 책」에서 왕은 연회 기간에 방문한 이름 모를 기사에게 이렇게 말한다.

> 친구여, 자신의 자리를 택하시오.
> 네게 어떤 자리가 합당한지를,
> 그리고 예절에 따라 너를 어찌 대우해야 하는지를 너는 알고 있지 않은가.
> 네가 누구인지 모른 채 우리가 실수하지 않으려면.[22]

여기서 개인의 이름보다 더 중요한 것이 명예의 규모이다. 전자는 숨겨질 수 있지만 후자는 반드시 알아야만 하는데, 그렇지 않으면 사회적 교제가 말 그대로 불가능해지기 때문이다(교회 텍스트, 가령 「신의 인간, 알렉세이의 생애」에서는 상황이 다른데, 거기서 주인공은 의도적으로 자신의 사회적 지위를 낮춘다). 반면에 영광의 측정 단위는 규모가 아니라 지속성이다. 가장 원초적인 의미에서 영광은 칭송이다. 명예와 달리 그것은 표현과 내용의 직접적인 상관성을 알지 못한다. 명예가 더 큰 표현은 더 큰 내용을 의미한다는 관념과 관련된다면, 언어 기호로서의 영광은 이 관계를 조건적

∴

22) C. Caroll Marden 엮음, *Libro de Apolonio*(Paris, 1917), 158쪽.

인 것으로 본다. 찰나적인 인간의 말이 불멸의 영광을 의미하게 되는 것이다. 중세의 인간에게는 모든 기호를 도상적인 것으로 보려는 경향이 있기 때문에, 그는 영광을 제의가 아니라 특별히 권위적인 말과 연결시키면서 이 모순을 제거하려 시도한다. 그런 것들로는 신적인 말, 양피지에 적힌 말, '찬송가'로 불려진 말, '낯선 언어들'로 적힌 말 등이 있다. 이 지점에서는 중세 초기 러시아와 서구의 용어 간에 완벽한 대응이 확인된다.[23]

원칙적으로 영광은 봉건적 위계질서의 최고 상층부에게 부여되는 것이다. 하지만 예외는 있다. 자신의 죽음을 통해 영광을 획득한 군인은 최상부와 동등해지는 듯하다. 그는 모든 것과 동등해진다. 우리가 『1076년의 모음집』에서 기억하는 것처럼 영광은 모두에게 동등하게 주어진다.[24]

명예와 영광을 구별하는 이런 체계는 키예프 시기의 훨씬 더 오래된 텍스트들에서도 철저하게 유지된다. 『1076년의 모음집』, 『데브게니의 행위』, 『유대 전쟁』, 부분적으로는 『원초 연대기』(용어에 대한 교리적 해석과 더불어)에서 그러하다. 이미 오래전에 바르소프에 의해 지적된 바 있듯이, 이와 관련한 『유대 전쟁』의 사례는 특히 흥미롭다. 굿지에 따르면, 「고대 루시의 드루지나들의 이념적·일상적 삶을 특징짓는 용어와 구문들」은 플라비우스 책의 러시아어 번역본에 반영되어 있는데, "러시아 원본, 특히 연대기들의 동시대 번역에서 명예와 영광 같은 개념들이 그리스 텍스트의 다른 개념, 가령 기쁨이나 극진한 접대, 상 같은 개념을 대신하고 있음을 확인할 수 있다."[25]

그리스 원본의 개념들을 또 다른 특수한 봉건적 체계로 옮겨놓는 이런

..

23) M. R. L. de. Malkiel, *L'idee de la gloire dans la tradition oddidentale. Antiquite, moyen age occidental*, 121~128쪽을 보라.
24) 예브게니 골리셴코 외 엮음, 『1076년의 모음집』(M., 1965), 243쪽을 보라.
25) 『러시아문학사』(전 10권) 1(11~13세기)(M.; Л., 1941), 148쪽.

현상에 대한 상세한 분석을 메셰르스키가 행한 바 있다. 『유대 전쟁』의 번역자가 그리스어 εύφημια(기쁨)을 명예라고 옮겼을 때("그리고 우리는 세포리안들을 **명예**와 칭송으로 맞이했다"[26]), 그는 여기서 그리스어 용어를 재의 미화하고 있을 뿐만 아니라 라틴 기사도의 일반 개념에 대한 뛰어난 통찰을 보여주고 있는 것이다. 기쁨(εύφημια)에 대한 그와 같은 해석이 「엘 시드의 노래」에 나오는 '명예'의 동의어 joi와 완벽히 대응되는 것임을 기억하자. 중세 프랑스어 사전 역시 단어 joieler를 '선물을 주다'라는 의미로 지정하고 있다.[27] 여기서 '칭송'이 '영광'(고대 프랑스어로 laude)의 의심할 바 없는 동의어라면, 또다시 확인되는 것은 러시아 봉건제와 초기 중세의 여타 나라를 특징짓는 '명예와 영광'에 관한 본질적인 형식이다. 아울러 「이고리 원정기」에 나오는 '연회(veselie)'라는 용어의 특수성에도 주의를 기울일 필요가 있다. "우리 드루지나들은 이미 연회에 목말라 있소이다."[28] 이 경우 연회는 틀림없이 '명예(에 따른) 상'의 동의어로 사용된 것이다[그레마스 사전에 따르면, 18세기 프랑스 기사도 텍스트에 나오는 joiete라는 단어의 의미는 재산 소유권의 이전—이는 기사에게 언제나 '명예(에 따른) 상'을 뜻한다—을 의미하는 법률적 용어 usufruit이라는 점을 기억하라]. 「이고리 원정기」에 나오는 "연회가 잦아든다", "흥겹지 않은 시기가 찾아왔다" 따위의 표현이 반드시 손실의 물리적 성격에 대한 지적을 동반하는 것은 우연이 아니다. 가령 "금과 은은 만져보지도 못했소!"나 "이교도들(pagans)이 매 가구마다 모피 공

..

26) 니키타 메셰르스키, 『고대 러시아어로 번역된 이오시프 플라비의 유대전쟁사』(M.; Л., 1958), 80쪽.
27) *Dictionnaire de l'ancien français jusqu'au milieu du XIV siècle*, par A. Greimas, 347쪽을 보라.
28) 레프 드미트리예프, 『고대 루시 문학의 기념비들: 12세기』, 380쪽.

물을 거두어갔다"[29]와 같은 구절이 그렇다. 한편 "목소리(golos)가 잦아들고, 흥겨움(veselie)이 사그라졌다"[30]와 같은 표현은 '영광과 명예'의 결합의 부정적 변이형으로 볼 수 있다. 즉 여기서 '목소리'는 '칭송'의 동의어이다. 즉 '노래'(칭송으로서의 노래는 「이고리 원정기」와 『유대 전쟁』의 번역자 주석과 일련의 다른 텍스트에서 형상화된다)는 공덕(功德)의 음성적 기호가, '흥겨움'은 명예의 물리적 기호가 되는 것이다.

이렇듯 '명예와 영광'의 이원적 일체성은 그것을 구성하는 각각의 부분의 특수성을 결코 제거하지 않는다. 이는 특히 드루지나적·기사도적 환경에서 그러하다. 신이나 성인 같은 인물에게 작가가 모든 가능한 공덕과 가치를 부여하는 교회 텍스트에서는 '명예와 영광'이 분리 불가능한 단일체로 사용된다. 즉 바로 그런 텍스트에서 드루지나적인 특수성이 지워지기 시작하는 것이다. 교회 이데올로기의 확산과 더불어 [명예와 영광의] 그와 같은 결합은 이제 동어반복적인 동의어 관계로 받아들여지기 시작한다.

* * *

이 장에서 우리는 일상적 현실을 반영하고 있는 문서 자료뿐 아니라 그 현실의 이상적 모델을 가리키는 문학 작품 텍스트 역시 사용했다. 삶의 이 두 가지 재현 방식의 법칙은 서로 다르지만 그들 간의 상호 관련성 역시 강조하지 않을 수 없다. 이는 특히 중세기에 그러하다.

고대 시기의 인간은 세계로부터 우연성을 몰아내고자 했다. 우연성은

29) 레프 드미트리예프, 『고대 루시 문학의 기념비들: 12세기』, 378쪽.
30) 레프 드미트리예프, 『고대 루시 문학의 기념비들: 12세기』, 382쪽.

그에게 알려지지 않은, 비밀스럽지만 더욱 강력한 어떤 법칙의 결과로서 나타난다. 광범위하게 퍼져 있는 모든 점술 행위가 바로 이로부터 유래하는바, 점술의 과정에서 우연적인 것은 예언의 수준으로 격상된다.[31] 이 점에서 『일리아드』의 스물세 번째 노래 중 한 에피소드(패트로클루스 장례식 경기)가 매우 흥미롭다.

패트로클루스의 장례식에 맞춰 열린 달리기 경주에 관한 이야기이다. 오디세이아와 아이아스가 달리기 시합을 한다.

……누구보다 먼저 그리고 멀리
아이아스가 재빨리 앞서 나갔다. 그러나 그 뒤로 유명한 오디세이아가
바짝 뒤쫓아 달렸다……

아이아스는 경쟁에서 이기고 있었다. 하지만

……오디세이아가 아이아스의 뒤를 바짝 쫓았다;
먼지가 날리기도 전에, 그는 앞 사람의 발자국을 쫓아갔다.[32]

호머는 이어지는 내용을 두 차원에서 전개한다. 아이아스는 우연히 황소 거름을 밟고 미끄러져 얼굴을 처박게 된다. 이 틈을 타 오디세이아가

∵

31) 블라디미르 토포로프, 「스베토니 예언서의 기호학」, 《타르투 대학교 학술지》 제181호(기호 체계 문집 2권), 198~210쪽.

32) 호머, 『일리아드』 노래 23, 시편 758~765, 763~765. 니콜라이 그네디치 옮김, 이리나 메드베데바 엮음, 서문 및 해설, 『시집』(JI., 1965, '시인의 도서관' 대형 시리즈 2판), 752쪽에서 재인용.

아이아스를 추월하고 1등 상을 받는다. 이 에피소드는 사건의 전개 과정에서 예측 불가능한 사건(황소 거름)이 개입한 고전적 사례가 될 법하다. 그러나 시인은 이와 나란히 또 다른 해석을 내놓는다.

주인공 오디세이아는
아테네 여신에게 마음으로 기도를 드렸다:
"제우스의 딸이여, 들어주소서! 제 다리를 빨리 움직여주세요."
그는 그렇게 말하며 기도했고, 제우스의 딸이 들었다.[33]

이 두 가지 해석은 똑같이 있을 법한 두 개의 설명을 제공하는 것처럼 보인다. 아테네의 도움 없이 오디세이아는 이기지 못했을 것이다. 동시에 황소 거름이 없었더라도 역시 이기지 못했을 것이다. 이는 한편으로 우연성의 길을 열어놓으면서, 동시에 모든 우연 안에서 신의 직접적인 개입을 보여준다.

호머는 신적 권력이라는 이념과 예측 불가능한 사건(그리고 그들의 정보적 가치)이라는 이념의 종합을 성취하는데, 이는 모든 사건에 그것을 결정하는 요인들의 전체 계열을 포함하는 방식으로 이루어진다. 즉 그의 신들은 언제나 투쟁 중인데, 만일 인간들의 투쟁 결과를 신들의 의지가 설명해준다면, 신들의 투쟁 결과는 예측 불가능한 것으로 남는 식이다. 운명과 인간 의지의 충돌 또한 마찬가지의 성격을 지니는데, 여러 방식으로 해결되는 그 투쟁은 항상 그리스 작가들의 골칫거리였다.

결과를 예측할 수 없는 사건들이 세계 속으로 침투한다. 이 사건들은 이

33) 호머, 『일리아드』 노래 23, 시편 768~772.

후 전개 과정의 광범위한 계열에 자극을 준다. 폭발의 순간은 우리가 이미 지적했듯이, 마치 시간으로부터 벗어나 있는 듯하다. 점진적 운동의 단계를 향한 새로운 길이 바로 거기서 시작되는바, 그것이 뜻하는 것은 시간 축으로의 복귀이다. 하지만 폭발은 이전과 다른 새로운 사건들의 전체 계열을 만들어낸다. 무엇보다 폭발의 결과로 동일한 가능성을 지니는 사건 전개의 총집합이 생겨난다. 그들 중 어느 하나만이 실제로 실현되어 역사적 사실이 되는 운명을 밟는다. 역사적 현실이 될 운명을 지닌 이 개체의 선택(과정)은 우연적인 것으로 정의될 수도 있고, 해당 체계 밖에 있는, 그러니까 그것의 경계 너머에 자리한 어떤 다른 법칙성이 개입한 결과로도 해석될 수 있다. 말하자면 그것은 또 다른 관점에서는 완전히 예측 가능한 것이 될 수도 있고, 주어진 구조의 프레임 내에서는 우연성으로 간주될 수도 있는 것이다. 이렇듯 어떤 잠재성의 실현은 곧 다른 것들의 전체 집합의 비실현으로 특징지어질 수 있다.

이를 매우 예리하게 인식하고 있었던 푸시킨은 타티야나[『예브게니 오네긴』의 여주인공]의 입을 통해 이렇게 말한 바 있다.

행복은 그토록 가능했건만,
그토록 가까웠건만!(VI, 188)[34]

한편 이보다 훨씬 의미심장한 것은 살해된 렌스키의 상실된 미래에 대

⁙

34) 특징적인 것은 여기서 운명이 사소하고 우연적인 부주의한 행동의 결과로 해석되고 있다는 점이다. 그렇기 때문에 푸시킨에게 운명은 예측 불가능하다. "그러나 나의 운명은 / 이미 결정되었다. 아마도 / 나는 부주의하게 행동했던 것이다……"

한 작가의 상념 부분이다.

　어쩌면 그는 세상의 지복을 위해
　혹은 적어도 명예를 위해 태어났는지도 모른다.
　지금은 잠잠해진 그의 리라는
　끊이지 않는 영롱한 소리를
　수 세기 동안 울릴 수도 있었으련만.
　어쩌면 세상의 층계 중 가장 높은 계단이
　시인을 기다리고 있었는지 모른다.
　어쩌면 고뇌에 찬 그의 영혼이
　신성한 비밀을 가지고 떠나버려
　생명을 창조하는 음성은
　우리에게서 영영 멀어졌는지 모른다.
　무덤 속의 그의 영혼에겐
　세월이 불러주는 찬가도
　뭇 민족의 축복도 들리지 않으리라.(VI, 133)

　이후에는 초고본 원고에는 존재했으나 출판된 텍스트에서는 누락된 부분인 XXXVIII연이 이어진다.

　삶을 독으로 채운 후에
　많은 덕을 행하지도 못하고
　아! 그는 불멸의 영광으로

신문지상을 채울 수도 있었으련만![35]

(……)

무서운 길을 걸을 수도 있었을 걸,

그의 마지막 숨을 앗아갈.

거대한 전리품을 얻고서,

마치 우리의 쿠투조프나 넬슨처럼.

혹은 나폴레옹처럼 유형을 가거나

혹은 릴레예프처럼 사형을 당하거나(VI, 612)

그러나 아마도 시인을 기다리는 건

평범한 운명.

젊은 시절은 흘러가버리고

그 속에서 영혼의 불길은 식어버리고.

결국 이 판본에서 렌스키의 운명은 다음과 같다.

시골에서 행복하게 살다가

오쟁이 진 채 솜 둔 가운이나 입고 지낸다.

비로소 인생을 바로 보게 되어

마흔에 중풍이 오고

먹고 마시고 지겨워하고 뚱뚱해지고 쇠약해진다. (VI, 133)

.•.•

35) 렌스키가 신문기자가 된다는 뜻이 아니라 신문에 그에 관한 기사가 나는 것, 즉 그가 역사
    적 인물이 될 수도 있었다는 것을 뜻한다.

개인뿐 아니라 인류의 길도 실현되지 못한 가능성들, 온갖 잃어버린 노선으로 가득 차 있다. 우리 자신도 모르게 의식의 몸통으로 침투해 있는 헤겔적 의식은 이미 실현된 사실들에 대한 숭배의 감정과, 일어날 수도 있었으나 현실화되지 못한 모든 것을 멸시하는 태도를 우리에게 불어넣었다. 이 상실된 노선들에 대한 사유를 헤겔 전통은 낭만주의로 취급했으며, 일종의 공허한 꿈 정도로 치부해버렸다. 가령 그의 존재가 "상상적 측면에 더 정향되어 있던"[36) 고골적인 철학자 키파 모키예비치의 망상 같은 것 말이다. 그러나 이와는 다른 관점도 가능하다. 그에 따르면 역사가·철학자를 가장 흥분시키는 문제 중 하나는 바로 이 '상실된' 노선들이다.* 이때 기억할 것은 역사적 운동의 두 극점이다.

그중 하나는 폭발 없이 전개되는 점진적 운동의 과정들과 관련된다. 이 과정들은 상대적으로 예측이 가능하다. 반면 폭발의 결과 발생하는 과정은 이와는 다른 성격을 지닌다. 거기서는 실현되지 못한 모든 것의 구름이 실현된 사건들을 둘러싸고 있다. 분명 그로부터 시작될 수도 있었을 노선

∴

36) 니콜라이 고골, 『전집』 6, 244쪽.

---

* 이른바 역사의 '상실된 노선'에 대한 이런 관심은 예측할 수 없는 역사의 구체성을 향한 로트만의 매료와 뗄 수 없이 관련된다. 그가 일반에게 잘 알려져 있지 않은 작가나 작품들(가령 안드레이 투르게네프나 마모노프, 카이사로프에 관한 초기 저술들에서부터 푸시킨의 실현되지 못한 의도에 관한 후기 강의에 이르기까지)에 관해 쓸 때 그가 염두에 두었던 것이 바로 이런 상실된 가능성들이었다. 그는 인간적 기질과 운명, 우연성과 고유명사가 결합된 역사의 예측할 수 없는 행보에 매료되었다. 언젠가 미하일 가스파로프가 한 제자의 기막힌 운명에 관해 이야기해주었을 때(그는 아르메니아 민족주의와 관련해 체포 수감된 적이 있었는데, 훗날 페레스트로이카 이후 선거에 출마했을 때 같은 선거구의 경쟁자가 그가 수감되었던 교도소 소장으로 밝혀졌다), 로트만은 손뼉을 치고 웃으면서 "바로 이게 내가 역사를 사랑하는 이유랍니다"라고 말한 적이 있다.

들이 영원히 상실된 것으로 판명된다. 운동은 새로운 사건으로뿐 아니라 새로운 방향을 따라 실현된다.

이런 접근은 독특함을 본질로 하는 역사적 사건들에서 훨씬 더 특징적이다. 이 경우에는 우연한 사건이 예측 불가능한 새로운 법칙성을 개시한다. 만일 문화사의 결절을 이루는 천재적 예술 작품의 작가가 어린 시절에 우연한 사고로 목숨을 잃었다면 그 작품은 창조되지 못했을 것이고, 어떤 다른 것에 의해서도 대체될 수 없었을 것이다. 워털루 전투의 결과를 명료하게 예측하는 것은 불가능한데, 이는 나폴레옹이 태어난 순간 이 아이가 생존할 것인지 아닌지를 예측할 수 없었던 것과 마찬가지다. 하지만 이 사실들의 실현이, 어쩌면 사용되지 않은 채 남겨졌을지도 모를 역사기계의 어떤 단추를 눌렀다는 점은 확실하다. 이런 의미에서 모든 사건은 두 가지 관점에서 바라볼 수 있다.

푸시킨의 창작은 예술 작품의 상품화에 커다란 영향을 끼쳤다.

영감은 팔 수 없지만
원고는 팔 수가 있지(II, 330)

이 과정에서 결정적인 역할을 한 것은 물론 『예브게니 오네긴』이다. 하지만 푸시킨이 시로 된 소설을 쓰지 않았다 하더라도, 심지어 그가 세상에 태어나지 않았다 하더라도, 이 과정은 불가피하게 발생했을 것이다. 이와 더불어 또 다른 역사적 관계를 가정해볼 수 있을 것이다. 만일 푸시킨이 어떤 전기적 상황 탓에 어렸을 적에 문학을 완전히 떠나게 되었다면 어땠을까. 만일 그랬다면 고골과 도스토옙스키, 톨스토이와 블로크를 거쳐 솔제니친에 이르는 러시아 문학의 전 과정과 역할, 그리고 그것이 러시아 인텔리겐치아의 시민적 운명에 미친 역할과, 그 결과 나타난 러시아의 역사적 운명 전체가, 지금 우리에게 알려진 것과는 완전히 다른 어떤 것이 되었을 것이다.

이렇듯 동일한 사건은 예측 가능한 계열에 포함될 수 있는가 하면, 폭발의 상황에 속할 수도 있다. 모든 '위대한' 사건은 새로운 길을 열 뿐만 아니라 미래가능성의 전체 다발을 잘라내버리기도 한다. 이 점을 고려한다면 버려진 노선들을 그려내는 작업이 결코 역사가에게 대안적 테마에 관한 단순한 상념 따위에 그치지 않는다는 것을 알 수 있다.

아울러 한 가지 상황을 더 고려해야만 한다. 유형학적으로 유사하지만, 상이한 역사적 운동들—가령 다양한 유럽 국가에서의 낭만주의 운동이나 반봉건 혁명의 각종 상이한 형태들—은 폭발의 순간에 서로 다른 노선을 취할 수 있다. 이들을 비교해보면 폭발의 결과가 달리 나타날 때 이런저런 국가들에서 무슨 일이 발생하는지를 알 수 있다. 이는 비교문화연구에 완전히 새로운 측면을 가져오는바, 하나의 역사—민족 공간에서 잃어버린 것은 다른 역사—민족 공간에서 실현될 수 있다. 그들을 한 평면에 놓고 보게 되면, 만일 역사적 선택이 보다 근거를 갖고 이루어졌다면 어땠을까라는 생각을 해보게 된다. 예컨대 실패한 모스크바의 반란과 유고슬라비아 사건을 서로 비교하면서 동일한 상황에 대한 서로 다른 두 해결 방식을 분석해보면, 반란이 진압되지 않았다면 과연 무슨 일이 벌어졌을지를 추측해볼 수 있을 것이다.

유형학적으로 동일한 사건들의 상이한 실현 양태를 비교하는 작업은 '상실된 노선들'에 대한 연구의 형태를 취하게 될 것이다. 이런 관점에서, 가령 르네상스와 개혁기, 반개혁 시기의 흐름을 모종의 단일한 역사적 모델의 상이한 변이형으로 간주하여 연구할 수도 있다. 이런 접근법은 일어난 일만을 연구하는 게 아니라 비록 일어나지는 않았지만 일어날 수도 있었던 일까지를 연구할 수 있도록 한다. 예를 들어, 경제적 과정들과 예술 작품을 함께 연구해 이를 서로 비교해보면, 우리가 얻게 되는 것은 원인과 결과가 아니라 상호 번역이 불가능한, 하지만 그럼에도 상호 영향 관계 속에 놓여 있는 역동적 과정의 두 극점이다. 대중적인 역사 현상과 극도로 개인적인 역사 현상, 다시 말해 예측가능성과 예측불가능성의 대립 역시 바로 그와 같은 관계에 놓여 있다. 그들은 역사라는 자전거의 두 바퀴인 것이다.

이미 지적했듯이, 의례와 전통의 법칙에 따라 사는 사람은 폭발의 세기를 사는 영웅의 관점에서 보자면 바보와도 같다. 하지만 그런 영웅이 또 다른 관점에서 보자면 교활하고 부정직한 사람으로 여겨진다. 중요한 것은 이렇듯 대립하는 두 인간형 속에서 단일한 사슬에 묶인 두 고리를 발견하는 일이다.

학문적 발견과 기술적 발명의 시기는 지적 역동성의 두 단계로 볼 수 있다. [학문적] 발견은 지적인 폭발의 성격을 띤다. 그것은 이미 지나간 것들로부터 추출되지 않으며, 그것의 결과를 일의적으로 예측할 수 없다. 하지만 폭발이 자신의 내적 에너지를 소진하는 바로 그 순간에, 그것은 원인과 결과의 사슬로 교체된다. 즉 기술의 시간이 오는 것이다. 논리적인 전개 과정이 폭발로부터 이미 자신의 때를 맞이한 이념들, 즉 사용될 수 있는 이념들만을 뽑아낸다. 나머지 것들은 당분간 — 때로는 아주 긴 시간 동안 — 망각된다. 이처럼 학문적 이론의 발달 단계와 기술적 성공의 발달 단계의 순차적인 교체는 예측불가능성과 예측가능성의 교체로 간주될 수 있다.

물론 이런 모델은 높은 정도의 관례성을 띤다. 폭발과 점진적 발전의 순차적인 계열은 현실 속에서 결코 따로 존재하는 법이 없다. 그것은 그와 나란히 진행되는 여러 과정들의 다발 속에 존재하는바, 그런 횡적 인자들은 끊임없이 서로 영향을 끼치면서 폭발과 점진성의 명확한 교체라는 상을 파괴한다. 하지만 이 점이 그와 같은 독립된 순차적 계열을 이론적으로 사유함을 방해하지는 않는다. 사회적이고 역사적인 과정들에서 이는 특히 명백하게 드러난다. 우리는 이미 '멍청한' 기사와 '사기꾼'이 서로의 눈에 어떻게 보이는지를 언급했다. 그렇다면 이제 그들을 발전의 순차적 단계의 두 영웅들로서 바라보기로 하자.

브일리나*의 주인공이나 기사도 시대의 인간, 혹은 18세기 목가 문학에서의 '선량한 농민'은 느린 속도로 전개되는 안정적인 과정의 인물들이다. 그들이 속한 움직임은 제식에 이르는 반복적 사건 및 제의들, 즉 달력의 흐름을 따르는 각종 일정들 사이에서 진동한다. 이런 조건하에서는 주인공이 승리자가 되기 위해 무언가 새로운 것을 발명할 필요가 없다. 그를 예외적인 존재로 만드는 것은 신장이나 힘의 거대한 규모이다. 그는 기지를 필요로 하지 않는다. 하지만 이 단계에서 그는 아직 부정적인 특성을 부여받지는 않는다. 즉 그는 멍청하지 않은데, 왜냐하면 똑똑함이나 멍청함의 특징 자체가 유표화되지 않았기 때문이다.

이런 상황에서 이제 폭발의 국면이 도래한다. 불변성과 반복성을 대신해 예측불가능성이 도래하고, 교활함의 분출이 힘의 세기를 대체한다. 앞서 보았듯이, 서로 대면하게 된 이 두 유형의 주인공은 일종의 적으로, 그러니까 서로 싸우는 두 세기의 표현형으로 바뀐다. 하지만 연대기적인 순차성 안에서 그들은 상호 조건화된 두 개의 필수적 단계로서 그려진다. 그

---

* 서구의 서사시에 해당하는 러시아의 전통 서사시. 고대 및 중세 러시아인의 삶을 보여주는 구어적 민중예술 장르로 영웅담이나 일상생활을 담고 있다.

들의 순차성은 일련의 역사적 현상의 운명들 속에서 흥미롭게 추적될 수 있다.

예컨대 19세기 중반 이후의 러시아 문화는 인간의 개인성이 갖는 높은 가치를 구호로 내건 채 발전했다. 이는 특별히 주목할 만한 것인데, 왜냐하면 자기인식의 차원에서 지배적이었던 것은 외려 민중성의 이념이었고, 톨스토이나 도스토옙스키를 위시한 문학, 그리고 민중 운동을 통해 구현된 정치적 투쟁은 다름 아닌 민중을 자신의 이상으로 천명했기 때문이다. 민중의 행복, 이것은 혁명적 실천의 목표였다. 그러나 이때의 민중은 그 자신이 행동하는 사람이라기보다는 그를 위해 행동해야 하는 존재였다.

> 민중의 불행이라는 구경거리는
> 견딜 수 없는 것이라오, 친구여
> 고귀한 영혼의 정신적 행복 ―
> 그건 주변의 만족을 보는 것이지.[37]

> 그리샤 도브로스클로노프에게

> ……운명은 영광스러운 길을
> 준비해놓았다. 민중의 수호자라는
> 거대한 이름,
> 폐결핵과 시베리아를……[38]

∵

37) 니콜라이 네크라소프, 『전집』(전 15권) 4(Л., 1982), 116쪽.
38) 니콜라이 네크라소프, 『전집』 5권, 517쪽.

도스토옙스키의 구상에 따르면, 알료샤 카라마조프는 "그의 친구를 위해 자신의 생명을 내놓아야만" 했던바, 즉 다른 인간의 죄를 사하기 위해 단두대에서 생을 마쳐야만 했다.

이렇듯 민중성의 이념은 각각의 주인공을 통해서뿐 아니라 영웅적 개인들의 다채로움을 통해서도 표현되었다. 그 다양한 초상들을 그려낸 사람이 스테프냐크 크라브친스키였다. 다름 아닌 다양성의 이념이 이 초상들의 단일성을 조직했다. 그와 같은 구조는 폭발 이전의 세기(世紀)가 이미 그것의 빛으로 물들었다는 사실에 의해 결정되었다. 폭발의 세기가 캐릭터의 다양성과 개인성의 폭넓은 산포를 불러왔다는 사실은 르네상스나 표트르 시대 인간들의 전기에서도 증명된다.

하지만 그 대목에서 폭발은 종결된다. 혁명을 대신해 정체기가 오고, 개인성의 이념은 '동일성'의 이념으로 교체되어 사라진다. 1920년대 중반 이후부터는 이제 개별성의 부재가 영웅적 인격의 특징이 된다.

……백만 개의 손가락을 가진 손

하나의

　　부숴버릴 듯한

　　　　주먹으로 뭉쳐진.

개별자 — 그건 헛소리,

　　　　　개별자 — 그건 아무것도 아니지,

한 사람 —

　　심지어

　　　아주 중요한 사람이라 해도 —

옮기지 못해

겨우

10야드의 통나무조차.

하물며

5층짜리 건물이라면.[39]

이름 없는 영웅의 이념은 문학에서 집요하게 반복되었고, 그 문학은 영웅적이지 못한 시대에 영웅주의를 노래했다. 가령 아래와 같은 붉은 기병대의 노래를 보라.

우리는 모두 이름 없는 영웅들이다,

그리고 우리의 모든 삶은 투쟁이라네 —[40]

대조국 전쟁(2차 세계대전) 시기에 시인 파스테르나크의 시구절 역시도 그러했다.

너, 포로로 잡힌 도시의

이름 없는 영웅들이여

나는 형용할 수 없는 당신들의 용맹함을

가슴속 깊이 간직하리라.[41]

• •

39) 블라디미르 마야콥스키, 『전집』(전 13권) 6(M., 1957), 266쪽.

40) 1인칭으로 된 텍스트에서 이름의 부재를 시화(詩化)하는 이런 역설적인 불가능성이 흥미롭다. 19세기에 이와 같은 단어 사용은 군사적 영웅이 아니라 혈통을 모르는 부랑아를 떠올리게 했을 것이다.

41) 보리스 파스테르나크, 『전집』 2, 43쪽.

흥미로운 것은 파스테르나크뿐 아니라 그의 시를 읽은 동시대의 독자 중 어느 누구도 이 텍스트에서 불협화음을 느끼지 못했다는 사실이다. "가슴속 깊이 간직하리라"라는 구절은 햄릿에서 인용이다. 거기서 셰익스피어의 주인공은 고귀한 인격의 이상을 창조한다. 바로 그 인격을 햄릿은 가슴속 깊이 간직하는 것이다. 파스테르나크의 시에서는 그 자리를 이름 없는 비인격이 차지하고 있다. 1차 세계대전 이후에 생겨난, 이름 없는 병사의 묘비를 추모하는 의식 역시 비영웅의 세계의 산물임을 지적할 수 있을 것이다. 이와 비교될 만한 것은 무명(無名)의 공적이라는 이념을 거슬러, 심지어 사망자의 신원을 파악할 수 없을 때조차 새겨졌던 묘비의 추모 구절들이다. 1830년대 파리 혁명 영웅들의 묘비에 새겨진 구절("당신들은 조국이 당신들의 이름을 기억할 새도 없이 그렇게도 빨리 사라지셨소")이나 올가 베르골치의 펜이 남긴 "누구도 잊히지 않으며 아무것도 망각되지 않는다"라는 구절, 혹은 프라하에 있는 유대인 아이들의 묘비에 적힌 희생자 전체 명단이 그 예이다.

역사의 페이지에 기록된 영웅적 개인과 이름 없는 평균적 영웅이 역사 발전의 교체하는 두 유형을 구현하고 있는 것이다.

제9장
텍스트 속의 텍스트(삽입 장)

우리가 고찰한 사례들에서 선택은 여러 잠재적 가능성 중 하나가 실현되는 것으로 나타난다. 하지만 이런 종류의 일반화는 단지 관례적인 추상화일 뿐이다. 이 경우 우리는 고립된 공간에 위치한 단 하나의 발전하는 체계를 염두에 둘 뿐이다. 실상은 좀 더 복잡하다. 모든 역동적 체계는 마찬가지로 역동적인 다른 체계들로 이루어진 공간 속에 자리하고 있으며, 그 공간에는 이미 파괴된 구조들의 파편, 즉 이 공간의 특별한 혜성들이 남아 있다. 그 결과 모든 체계는 그 자신의 고유한 발전 법칙에 따라 살아가고 있을 뿐 아니라 다른 문화적 구조들과의 다양한 충돌에 포함된다. 이 충돌들은 훨씬 더 우연적인 성격을 띠기 때문에 그것을 예견하는 것은 사실상 불가능하다. 그렇지만 이 충돌의 존재와 의미를 부정한다면 단순한 부주의 이상의 것이 될 것이다. 사실 우연적인 것과 규범적인 것의 동일시가 발생하는 지점이 바로 여기다. '자신'의 체계 안에서 규범적인 것은 그와 예기치 않게 충돌하는 다른 체계에서는 '우연적인 것'으로 나타난다. 바로 이 우연적인 것이 향후 과정에서의 자유를 현저히 증대시킨다.

모든 민족 문화사는 두 가지 관점에서 탐구될 수 있다. 우선 내재적 발전으로서, 그다음엔 다양한 외적 영향의 결과로서 말이다. 이 두 과정은 긴밀하게 연결돼 있으며 그들의 분리는 오직 학문적 추상화의 양태로서만 가능하다. 내적 발전이나 외적 영향을 따로 떨어뜨려 살피다 보면 필연적으로 왜곡된 그림을 낳을 수밖에 없다. 하지만 문제의 복잡성은 다른 데 있다. 모든 체계들의 교차가 향후 움직임의 예측불가능성을 현저히 증대시킨다는 사실이 그것이다. 외적 침투가 상호 충돌하는 체계 중 일방의 승리와 다른 것의 억압을 낳는 사례는 절대 모든 사건을 아우르는 특징으로 간주될 수 없다. 충분히 자주 그 충돌은 근본적으로 새로운 제3의 현상을 낳는다. 그것은 충돌하는 체계 중 어느 것으로부터도 논리적으로 예측될 수 없는 불명료한 결과에 해당한다. 그런데 새롭게 형성된 현상이, 충돌하는 체계 중 어느 하나의 이름을 전유하게 될 때, 문제는 더욱 복잡해진다. 즉 원칙적으로 새로운 무언가가 낡은 얼굴 속에 감춰져 있게 되는 것이다.

예를 들어, 엘리자베타 페트로브나 치세에 러시아 귀족 문화는 강력한 '프랑스화'를 겪은 바 있다. 18세기 말에서 19세기 초반에 이르기까지 프랑스어는 (특히 수도의) 귀족 계층에서 러시아 문화의 필수 불가결한 부분이 되었다. 무엇보다 그것은 여성적 담론의 영역을 장악했다. 푸시킨은 문화 연구자의 정확성을 갖고서 이 문제를 상세하게 다룬 바 있다. 그는 『예브게니 오네긴』 3장에서 타티야나의 편지를 어떤 언어로 제시할 것인지의 문제에 봉착했다. 이 문제는 공공연히 강조된 조건성(관례성)을 통해 해결되었다. 타티야나는 당연히 산문으로 편지를 썼고, 시인은 그것을 시어로 번역했다. 또한 시인은 편지가 본래 프랑스어로 씌었으며, 독자의 이해를 위해 —역시 조건적으로— 러시아어로 옮겼음을 미리 알린다.[1]

또 다른 난관이 예상된다.

내 조국의 명예를 구하기 위해

당연히 나는 타티야나의 편지를

번역해야만 한다.

그녀는 러시아어를 잘 몰랐다.

우리나라 잡지는 읽지를 않았고

모국어로 생각을 표현하는 데

서툴기 그지없었다.

그래서 결국 프랑스어로 썼던 것이다……(VI, 63)

언어사(史)의 두 가지 문제가 여기서 교차하고 있다. 프랑스어가 러시아어 속으로 침투한 것, 그리고 두 언어가 단일어로 흡수된 것이 그것인데, 이는 기능적 선택의 세트를 만들어낸다.

가령 '귀부인'의 언어, 특히 그것의 '유행하는' 버전은 바로 그런 프랑스어와 러시아어의 뒤섞임을 통해 만들어졌다. 1822년 1월 24일 키시네프에서 동생에게 보낸 편지에서 푸시킨은 이렇게 썼다. "먼저 너에게 잔소리를 좀 해야겠다. 편지를 절반은 러시아어로, 절반은 프랑스어로 쓰다니, 부끄럽지도 않느냐. 너는 모스크바의 사촌누이가 아니질 않느냐."(XIII, 35). 여기서 '모스크바의 사촌누이'란 수도 페테르부르크에서는 이미 유행이 지나버린 의복이나 의례를 들여오는 지방의 멋쟁이를 가리키는 말인데, 모스크

••

1) 푸시킨은 처음에 산문 형태로, 심지어 프랑스어로 타티야나의 편지를 소설 속에 끼워 넣으려 했다. 러시아어를 사용해 그것을 시적으로 다시 말한다는 푸시킨의 선택은 기호학적으로 훨씬 더 복잡한 것인데, 왜냐하면 그것이 형식과 내용 관계의 조건성을 강조하게 되기 때문이다.

바식 삶을 그린 연극에 단골로 등장하는 코믹한 인물형이다(예를 들어 『예브게니 오네긴』의 알리나 공작영애가 그렇다). 보리스 우스펜스키가 18세기 후반에서 19세기 초반까지 사교계 귀부인들의 언어를 "전적으로 마카로니적인(외국어 차용이 많은 말)"[2] 것으로 규정한 것은 이런 이유에서다.

푸시킨 시대의 교육받은 러시아 사회 계층에게 프랑스어는 학문적·철학적 사유를 표현하는 언어의 역할을 담당했다. 여기에 각별한 영향을 끼친 것이 특히 여성 독자를 겨냥한 프랑스 계몽주의 문학의 일련의 학문적 저술이었다. 러시아에서 학문적 독서에의 여성 참여는 (다시코바가 그 시초인데) 보편언어적인 학문의 기능이 프랑스어에 맡겨지게 된 데에 한몫을 했다. 유행을 좇는 여자들뿐 아니라 러시아의 식자층 여성 일반이 프랑스어로 말하고 썼던 것이다.

> 모국어로 생각을 표현하는 데
> 서툴기 그지없었다……

만일 위와 같은 타티야나의 특징이 '여성적' 언어의 뉘앙스를 띠고 있었다면, 이미 「로슬라블레프」에서 푸시킨의 여주인공은 남성과 여성이 모두 속하는 상위 문화의 대표자로 나타난다. "이 서재는 주로 18세기 작가의 작품으로 채워져 있었다. 그녀는 몽테스키외에서 크레비용에 이르는 프랑스

••
2) 보리스 우스펜스키, 『18~19세기 러시아 문학어의 역사』(M., 1985), 57쪽. 이 현상의 역사적·문화적 전망에 관해서도 이 책을 참조. 한편 이 현상에 대한 언어학적 분석과 흥미로운 사례들(홀베르의 희극에 나오는 댄디의 어법에서 프랑스어와 덴마크어의 혼합)에 관해서는 다음을 참조. 알리프 그란네스, 『18세기 러시아 희극의 방언적 요소들』(Bergen; Oslo; Tromso).

문학을 잘 알고 있었다. 루소는 암송할 수 있을 정도였다. 그녀의 서재에는, 폴리나가 단 한 번도 펼쳐본 적 없는 수마로코프의 작품을 제외하곤 단한 권의 러시아 책도 없었다. 그녀는 내게 러시아어 출판본은 알아보기가힘들다고 말하곤 했는데, 아마도 러시아어로 된 것은 아무것도, 심지어 모스크바의 시인들이 그녀에게 바친 시조차 읽지 않았을 것이다."(VIII, 150)

이와 같은 서재의 구성이 여성 독자뿐 아니라 러시아의 교육받은 독자층 일반의 특징이라는 점을 지적해야만 한다. 폴리나의 서재는 그의 아버지의 것이었다. 여기서 '남성적인' 것과 '여성적인' 것의 결합은, 푸시킨이 자연스럽게 자신의 평소 생각을 여주인공의 입을 통해 피력하는 데서잘 드러난다. "여기서 잠깐 옆길로 새도록 하자. 우리 **뻔뻔한 여자들**이 러시아어로 된 책을 전혀 읽지 않으며, 모국어로 자신을 표현하지도 못한다고 욕을 먹은 지가 세상에나, 벌써 30년이나 되었다(……) 사실을 말하자면, 우린 러시아어를 흔쾌히 읽었을 것이다. 하지만 우리 문학은 로모노소프보다도 젊고, 아직까지 너무나 제한적이다. 물론 몇몇 뛰어난 시인들이있긴 하지만 모든 독자가 시를 사랑하길 기대하는 건 무리가 있다. 산문으로 말하자면, 우리가 갖고 있는 거라곤 기껏해야 카람진의 역사서뿐이다. 2~3년 전에 두세 편의 첫 소설이 나왔다지만, 프랑스나 영국, 그리고 독일에서는 소설이 쏟아져 나오고 있다. 게다가 점점 더 뛰어난 것들이. 한데우리에겐 심지어 번역본조차 없다. 솔직히 말해 번역본이 있다 해도 나로서는 원본을 읽는 편을 택하겠다. 우리나라 잡지는 자국 문학에만 관심을기울인다. 우리는 새로운 소식이나 사상을 외국 서적으로부터 주워섬기는도리밖엔 없는 것이다. 그래서 우리는 **생각마저 외국어로 하게 되는 것이다**(최소한 생각이란 걸 하고 인류의 사유를 따라잡으려는 사람이라면 말이다). 이는가장 존경할 만한 우리나라 문학인[3]이 내게 직접 고백한 사실이다."(VIII,

150, 강조는 로트만)

언어의 잡종화에 대한 그리보예도프의 공격, 혹은 그에 대한 푸시킨의 옹호가 증명해주는 것은 우리 앞에 놓인 것이 유행의 변덕이나 무지한 기형(畸形)이 아니라 언어학적 과정의 특징적 자질이라는 사실이다. 이런 의미에서 볼 때 프랑스어는 러시아 문화의 언어적 커뮤니케이션의 유기적 요소를 이룬다. 톨스토이가 『전쟁과 평화』에서 다름 아닌 러시아 귀족층의 발화를 재현하기 위해 프랑스어를 풍부하게 들여온 것은 의미심장하다. 실제 프랑스인들의 말은 항상 그냥 러시아어로 표기된다. 즉 이 경우의 프랑스어는 언어적 공간의 지시체로서 문장의 첫 부분에서 사용되거나, 혹은 프랑스적 사유의 특징적 자질을 표현해야만 할 때 사용되는 것이다. 톨스토이는 중립적인 상황에서는 결코 프랑스어를 사용하지 않는다.

이 시기에 러시아어와 프랑스어의 교차는 모순적인 상황을 낳았다. 한편으로 언어의 혼종은 모종의 단일한 문화어를 만들어냈지만, 다른 한편으로 이런 언어 사용은 그것의 비조직성과 내적인 모순을 첨예하게 느끼도록 만들었다. 부분적으로 이는 이런 혼합에 맞선 견고한 투쟁에서 나타났는데, 거기서 사람들은 온전한 스타일의 부재(위에서 동생을 꾸짖는 푸시킨의 사례를 보라)를, 나아가 애국심의 부족이나 지방성을 보기도 했던 것이다. 가령 그리보예도프는 이렇게 말했다.

언어의 혼합:
저열한 도시어와 프랑스어의 결합.[4]

∙∙

3) 의심할 바 없이 푸시킨과 뱌젬스키를 말한다. 『예브게니 오네긴』의 3장, 27~28연의 유사한 언급과 비교하라.

하지만 외국어로 된 '파편들'의 침투는 새로운 의미의 발생기 역할을 담당할 수 있었다. 이 점은 가령, 실제로는 '존재하지도 않는' 언어로 된 발화를 도입함으로써, 극히 포화된 의미를 담을 수 있는 가능성에서 두드러진다. 인위적인 '외국어'로 된 마카로니식(뻔뻔한) 발화를 만든 마야콥스키의 사례를 보자.

보르 나그 드랄 슬리프 자스민 다이 남 플렌테 빌 레터……[5]

『전쟁과 평화』에 나오는 유명한 에피소드도 마찬가지인데, 거기서 프랑스 병사와 대화를 나누는 러시아 병사는 '외국어'로 말하고자 하는 바람 때문에 사실상 방언(glossolalia)을 사용하고 있다.

낯선 텍스트가 침투하는 전형적인 경우가 바로 '텍스트 속의 텍스트'이

∴

4) 알렉산드르 그리보예도프, 『지혜의 슬픔』(M., 1987, '고전' 시리즈 2판), 26쪽.
5) 블라디미르 마야콥스키, 『전집』 11, 343쪽.*

---

* 이 문장의 원문은 다음과 같다. "Вор нагд драл с лиц жасмин дойнам плюньте билле тер……" 이 부분을 그대로 번역하게 되면 "보리수에서 뻔뻔한 도둑이 쟈스민을 벗겨냈다. 우리에게 줘라. 침을 뱉어. 티켓팔이야……" 정도가 되는데 보다시피 무의미한 비문에 해당한다(『문화와 폭발』 영어본에는 그대로 번역되어 있다). 이 문장은 마야콥스키의 풍자 희곡 〈목욕탕〉에서 '외국인'으로 등장하는 인물 퐁트 키치(Мистер Понт Кич)의 대사인데, 해당 장면에서는 소련 대외문화교류협회의 일원인 메잘랸소바(Мадам Мезальянсова)가 퐁트 키치의 대사를 해석해주며 함께 등장한다. 작품 속에서 두 인물은 공히 '외국 풍을 추종하는 속물적 인간형'을 풍자하는 역할을 담당한다. 그러니까 외국인이 발화한 이 문장은 '의미론적' 차원이 아니라 '음성적' 차원에서 의미를 지니는 것으로, 핵심은 그의 말이 발음상 '영어처럼' 들린다는 데 있다. 마야콥스키 희곡의 영어번역본(*Mayakovsky Plays*, trans. Guy Daniels, Northwestern University Press, 1968)에는 해당 문장에 다음과 같은 각주가 달려 있다. "Worn out. I'll sleep. Just mine. Dine plenty. Be later."

다. 자신의 자연스러운 의미 관계에서 떨어져 나온 텍스트의 파편이 기계적으로 또 다른 의미 공간 속으로 도입된다. 이때 그 텍스트는 의미의 촉매제 역할을 수행하면서 눈에 띄지 않게 본래 의미의 성격을 바꾸는 몇몇 기능을 수행할 수 있다. 특별히 우리에게 흥미로운 것은 예기치 못한 텍스트의 진입이 중대한 의미론적 기능을 부여받게 되는 경우인데, 이는 무엇보다 예술 텍스트에서 뚜렷이 나타난다.

'텍스트 속의 텍스트'는 특별한 수사적 구조이다. 거기서 서로 다른 방식으로 코드화된 부분들의 차이는 작가의 구성 및 독자의 인지를 드러내는 요소가 된다. 이 경우 의미 발생의 기초를 이루는 것은 기호학적 텍스트 인식의 한 체계가 내적 구조의 경계를 가로질러 다른 체계로 전환되는 것이다. 그런 구성은 텍스트 내부에서 무엇보다 유희의 계기를 활성화한다. 다른 코드화 방식의 입장에서 볼 때, 텍스트는 강화된 조건성의 자질을 띠게 되고, 유희적 성격, 예컨대 아이러니하고 패러디적이며 연극적인 성격이 강조된다. 동시에 텍스트의 경계, 즉 텍스트를 비텍스트와 갈라놓는 외적 경계뿐 아니라 서로 다르게 코드화된 부분들을 갈라놓는 내적 경계의 역할이 강조된다. 경계의 유효성을 두드러지게 하는 것은 다름 아닌 그것의 유동성, 이런저런 코드로의 지향이 달라짐에 따라 경계의 구조가 변화할 수 있다는 사실이다. 예를 들어 조각상의 받침대나 그림의 프레임(틀)을 비텍스트의 영역으로 간주하는 기존의 전통을 배경으로, 바로크 시대의 예술은 그것들을 텍스트 내부로 들여왔다(가령 받침대를 암석으로 바꾸거나 그것을 조각상과 하나의 구성이 되도록 플롯화하는 방식으로).

받침대를 기념비 텍스트에 포함시키는 전형적 사례로 볼 수 있는 것이 바로 페테르부르크에 있는 청동 기마상이다. 조각가 팔코네는 표트르 대제의 기마상을 거대한 암석 위에 올려놓았다. 파올로 트루베츠코이는 알렉산드르 3세의 기념비 프로젝트를 추진하면서 팔코네로부터의 인용을 시도했는데, 즉 말을 암석 위에 올려놓았던 것이다. 하지만 그 인용은 논쟁적 색채를 띠었다. 표트르의 말발굽 아래 놓인 암석은 앞쪽으로 뛰쳐나가는 모양새를 부여했지만 트루베츠코이에게서 그것은 낭떠러지와 심연으로 바뀌었다. 그의 기마상은 끝까지 달렸고 이제 우울하게 가파른 골짜기 앞에 정지했던 것이다. 조각상의 의미가 너무나도 자명했기에, 조각가에게 전통적인 받침대로 교체할 것을 명령했을 정도였다.

유희적 국면의 첨예화는 이 요소들이 하나의 관점에서는 텍스트에 속하고 다른 관점에서는 그로부터 제외된다는 사실에만 기인하는 게 아니다. 두 경우 모두에서 조건성의 정도가 본래 텍스트의 그것과 달라진다는 점이 함께 작용한다. 바로크 조각상의 형상이 받침대로 기어오르거나 그로부터 뛰어내리는 모습으로 나타날 때, 혹은 그림의 프레임에 걸터앉은 모습으로 나타날 때, 이는 그들 중 하나가 물질적 현실에, 다른 하나는 예술적 현실에 속한다는 사실을 지우는 게 아니라 오히려 뚜렷하게 강조한다. 연극적 행위가 [무대 공간과 관객석을 나누는 보이지 않는] 제4의 벽을 넘어서 관객석의 일상적 공간으로 침투하는 사례 역시 마찬가지로, 서로 다른 종류의 현실성을 경험하는 관객의 지각 속에서 동일한 유희가 발생하게 된다.

실제적인 것과 조건적인(관례적인) 것의 대립에 기초한 유희는 모든 종류의 '텍스트 속의 텍스트' 상황에 본질적이다. 가장 단순한 사례는, 작품의 나머지 공간과 동일한 방식으로 코드화되어 있되, 다만 이중으로 코드화되어 있는 일정 부분이 텍스트 속으로 삽입되는 경우이다. 그림 속의 그림, 극중극, 영화 속의 영화 혹은 소설 속의 소설이 이에 해당한다. 조건성과 동일시되는 텍스트의 일정 부분을 이중으로 코드화하게 되면, 그 나머지 부분이 '실제적인' 것으로 받아들여지게 된다.

가령, 〈햄릿〉에서 우리 앞에 놓여 있는 것은 단순한 '텍스트 속의 텍스트'가 아니라 〈햄릿〉 속의 햄릿이다. '미친' 햄릿에게 혼란을 주기 위해 왕은 엘시노르 궁에 가는 길에 떠돌이 유랑 극단과 우연히 마주치도록 한다. 햄릿은 유랑 극단의 실력을 시험하기 위해 가장 먼저 머리에 떠오른 연극의 한 대목을 읊어보게 한다. 그 선택은 임의적인 것이었는데(햄릿은 그저 자기가 가장 좋아하는 연극을 골랐을 뿐이다), 이는 작가가 햄릿으로 하여금 레퍼토리를 바꾸도록 하는 것에서 드러난다. 공연을 중단시킨 폴로니어스의 바보 같은 언급에 대한 햄릿의 재기 어린 대답을 보면, 배우가 연기하고 있는 장면과 그 자신이 처한 실제 상황 사이의 관련성을 햄릿 자신도 아직 깨닫지 못하고 있음을 알 수 있다. 하지만 배우가 다음과 같은 대사를 말했을 때,

허나 누가, 아, 슬프다! 낯 가린 왕비를 봤더라면……

햄릿의 의식은 이 독백 전체의 의미를 즉각적으로 깨닫게 되면서 각성된다. 그다음엔 이미 그도 (그리고 관객도) 배우의 독백을 엘시노르 궁에서 일어난 사건들에 비추어 받아들이고, 이미 말해진 독백은 새로운 의미를 획득한다. 햄릿의 통찰은 폴로니어스의 멍청함에 의해 더욱 강조된다.

햄릿: '낯 가린 왕비'라
폴로니어스: 그건 좋습니다. '낯 가린 왕비' ─ 그건 좋습니다.
배우 1: "맨발로 이리저리 뛰면서,
　　　솟는 눈물 불길을 위협하고,

최근까지 왕관 썼던 — 그 머리엔 천조각을……"[6]

비텍스트였던 파편이 〈햄릿〉의 텍스트 속으로 들어오면서 이 텍스트의 일부분이 된다(즉 텍스트로 바뀐다). 동시에 그것은 자신이 포함된 텍스트 전체를 조직화의 다른 차원으로 옮겨놓으면서 그것을 변형시키는 것이다.

햄릿의 주도하에 공연되는 연극은 뚜렷하게 강조된 조건적 방식으로 (즉 처음엔 팬터마임으로, 그다음엔 관객들─햄릿, 왕, 왕비, 오필리아─의 산문적 코멘트로 인해 중단되곤 하는 압운을 지닌 독백으로) 셰익스피어의 연극을 반복한다. 첫 번째 연극의 조건성은 두 번째 연극의 실제성을 강조해준다.[7]* 셰익스피어는 관객에게 이런 느낌을 더욱 강조하기 위해 텍스트에 메타텍스트적 요소들을 도입한다. 즉 우리의 눈앞에서 연극의 연출 장면이 펼쳐지는 것이다. 마치 펠리니의 영화 〈8과 1/2〉을 예견하기라도 하듯, 햄릿은 이 연극을 어떻게 연기해야 하는지를 관객들이 보는 앞에서 배우들에게 지

:

6) 윌리엄 셰익스피어, 『전집』(전 8권) 6(M., 1960), 64쪽. [번역본] 윌리엄 셰익스피어, 최종철 옮김, 『햄릿』(민음사, 1998), 84쪽.

7) 〈햄릿〉의 등장인물들은 희극 배우에게 연극성을 위임하고 그들 자신은 연극 외부의 공간에 자리한 관객으로 바뀌는 듯하다. 이를 설명해주는 것은 그들이 산문으로 말하기 시작한다는 점, 그리고 햄릿의 두드러지게 버릇없는 코멘트들인데, 이는 셰익스피어 당대의 관객을 닮아 있다. 사실상 '극중극'뿐 아니라 '관객 속의 관객'이 생겨나는 것이다. 오늘날의 관객에게 이에 해당하는 적절한 효과를 주려면, 이 장면에서 배우들이 실제로 (극중극인) 〈쥐덫〉을 공연하는 희극 배우들에게 무대를 완전히 맡긴 채, 분장을 지우고 관객석에 앉아 코멘트를 하는 편이 좋을 것이다. 헤쿠바와 거트루드의 동일시는 이름의 동음(同音)을 통해 강조되고 있는데, 이런 일치는 우연적인 것으로 간주될 수 있지만, 이 대목에 이르게 되면 갑자기 관객을 강타한다. 일단 이와 같은 대응이 확립되고 난 후에는 이미 발음상의 대응 같은 것은 잉여적인 것이 되고, 왕(클로디어스)과 피루스의 대응은 더 이상 필요 없게 되는 것이다.

---

* 앞의 연극은 '극중극'을, 뒤의 연극은 '드라마 햄릿'을 뜻한다.

그림 1 벨라스케스의 〈비너스의 화장대〉

시한다. 말하자면 셰익스피어는 무대 위에서 단지 연극만을 보여주는 게 아니라, 그보다 더욱 중요한 연극의 리허설을 보여주고 있는 것이다. 여기서 우리에게 의미심장한 것은 '중심' 서사로부터의 일탈, 즉 외견상 그와 전혀 관련이 없어 보이는 '낯선' 텍스트의 단편을 텍스트 속에 도입하고 있다는 점이다.

이중화(복제)는 의식적인 구조적 조직화의 영역으로 코드화 메커니즘을 이동시키는 가장 단순한 방식이다. 예술의 탄생에 관한 신화가 다름 아닌 이중화(복제)와 관련됨은 우연이 아니다. 메아리로부터 각운이, 돌에 비친 그림자의 윤곽으로부터 그림이 생겨났다는 신화가 그 예이다. 조형 예술에서 이중화된 구조를 지닌 하부 텍스트를 만들어내는 수단들 중 중요한 위치를 차지하는 것이 바로 영화와 회화에서의 거울 모티프이다.

거울 모티프는 수없이 다양한 작품(벨라스케스의 〈비너스의 화장대〉와 얀 반 에이크의 〈아르놀피니 부부의 초상〉을 비롯한 많은 작품)에서 발견된다. 하지만 곧바로 알 수 있는 사실은 어떤 경우에도 거울을 통한 이중화(복제)가

그림 2 얀 반 에이크의 〈아르놀피니 부부의 초상〉

단순한 반복이 아니라는 점이다. '좌·우'의 축이 달라질 뿐 아니라, 더욱 흔하게는 스크린이나 화폭에 깊이를 만들거나 혹은 그것 너머에 자리한 다른 관점을 부가하는 수직축이 더해진다. 예컨대 벨라스케스의 그림의 경우 비너스의 등을 보고 있는 관객의 관점에, 거울의 심도에서 나온 관점, 즉 비너스의 얼굴이 더해진다(그림 1).

반 에이크의 그림은 더욱 복잡하다. 그림의 안쪽 벽에 걸린 거울에는 아르놀피니 부부의 뒷모습(그림에서 그들은 정면을 바라보고 있다)과 더불어 이제 막 방으로 들어오고 있는 손님들이 반영되어 있는데, 그들이 맞이하고 있는 이 손님들을 [그림의] 관람자는 오직 거울을 통해서만 볼 수 있다(그림 2). 이렇듯 거울의 안쪽 깊은 곳으로부터, 화폭과 수직을 이루면서(즉 관람자의 시선을 맞이하면서), 그림의 고유한 공간을 벗어나는 시점이 부각되는 것이다. 사실상 이와 동일한 역할을 바로크 인테리어에서 거울이 행한다. 영원성의 환영을 창조함으로써(거울 속에 또 다른 거울을 반영함으로써), 고유한 건축적 공간을 이동시킨다. 즉 그림을 거울에 반영하거나[8), 거울에 창문을 반영함으로써 '내부/외부' 간의 경계를 깨뜨리는 방식을 통해 예술적 공간을 이중화하는 것이다.

하지만 거울은 또 다른 역할을 담당할 수도 있다. 복제하는 과정에서 왜곡을 만들고, 이를 통해 '자연스러운' 것처럼 보이는 재현이 실은 특정 모델링 언어를 포함하는 투사에 불과함을 드러내 보이는 것이다. 가령 반 에이크의 그림에는 볼록거울이 등장하는데[한스 브루크마이어와 그의 아내 안나를 그린 루카스 푸르테나겔의 초상화(그림 3)를 보면, 안나는 캔버스 표면에 거의 직각으로 볼록거울을 들고 있는데, 이로 인해 반영상의 현저한 왜곡이 발생한다], 이로 인해 인물들은 앞쪽과 뒤쪽에서 보여지고 있을 뿐 아니라 납작한 구형(球形) 표면에도 투사되고 있다. 비스콘티의 영화 〈벨리시마(Bellisima)〉에서도 의도적으로 냉담하고 굳어버린 모습으로 그려지는 여주인공이 거울에 비친 그녀의 역동적인 모습과 대비된다. 앙리 클루조의 영화 〈까마귀〉에서 깨진 거울에 비친 경탄스러운 반영이나, 마르셀 카르네의 영화 〈새벽〉에 나오는 깨진 거울 역시 떠올릴 수 있다. 한편 이것들을 거울 반영 및 거울 너머의 세계에 대한 문학적 신화 전체와 비교할 수도 있을 것이다(이런

∴

8) 데르자빈의 시와 비교하라. "거울 속에 비친 그림들이 숨을 쉰다. / 모자이크, 대리석, 도자기……" [가브릴라 데르자빈, 드미트리 블라고이 엮음 및 감수, 『시집』(JI., 1957), 213쪽.]

그림 3 루카스 푸르테나겔의 〈한스 부르크마이어와 그의 아내 안나〉

신화의 뿌리에는 거울을 저 세계를 향한 창문으로 보는 원초적 관념이 놓여 있다).

거울 모티프의 문학적 대응물은 분신 테마이다. 거울이 일상적 세계의 낯설게 된 모델인 것처럼 분신은 인물의 낯선 반영이다. 거울 반영상의 법칙[거울대칭성(enantiomorphism)]에 따라 인물의 이미지를 변형시키면서, 분신은 불변체적 토대를 확인할 수 있게 하는 몇몇 특징과 뒤바뀜을 하나로 결합한다(좌-우 대칭의 교체는 다양한 방식으로 해석될 수 있는데, 즉 죽은 자는 산 자의, 가짜는 진짜의, 추한 것은 아름다운 것의, 죄인은 성자의, 하찮은 것은 위대한 것의 분신이 되는 식이다). 그리고 이런 결합은 예술적 모델링을 위한 거대한 가능성의 장을 형성한다.

예술 텍스트의 기호적 본성은 근본적으로 이중적이다. 텍스트는 한편으로 그 스스로 현실임을 가장한다. 작가와 무관한 자율적 존재인 양 행세하며 실제 세계의 사물들 중 하나가 되려 하는 것이다.[9] 다른 한편으로, 그것은 자신이 누군가의 창조물이며 무언가를 의미하고 있을 뿐임을 끊임없이 상기시킨다. 이런 이중적 해석이 '현실성·허구성'의 의미장 안에서 유희를 낳는바, 푸시킨이 아래 구절로 의미했던 바가 바로 그것이다.

공상에 눈물짓는다(III, 228)

단일한 텍스트적 총체 속에서 '사물성'과 '사물들의 기호성'을 수사적으로 결합(콜라주)하는 것은 이중의 효과를 낳는다. 그것은 조건적(관례적)인 것의 조건성을 강조하면서 동시에 그것의 무조건적인 실제성을 강조하게 된다. '사물'(그러니까 작가의 손에 의해 만들어진 것이 아니라 외적 세계로부터 직접 떼어내진 현실)의 기능을 수행하는 것들로는 도큐멘트들, 즉 해당 문화의 맥락 속에서 그것의 진품성이 결코 의심받을 수 없는 텍스트들이 있다. 가령 (타르콥스키가 영화 〈거울〉에서 했던 것처럼) 뉴스릴의 일부분을 영화에 삽입한다든지, 푸시킨처럼 소설(「두브롭스키」) 속에 18세기의 실제 법적 기록을 고유명사만 바꾼 채 끼워 넣는 기법 등이 이에 해당할 것이다. 한편 '진품성'의 자질이 하부 텍스트 자체의 본성에서 나오지 않거나 심지어 그에 대립함에도 불구하고, 텍스트의 수사적 총체 안에서 바로 그 하부 텍스트에 진정한 현실성의 기능이 부여되는 경우는 사정이 더욱 복잡해진다.

바로 이런 관점에서 불가코프의 소설 『거장과 마르가리타』를 살펴보기로 하자. 이 소설은 두 개의 독립적인, 그러나 상호 관련된 텍스트의 형

••

9) 데르자빈의 송시 「신」을 보라. "나는 당신의 창조물입니다. 조물주여!"(가브릴라 데르자빈, 『시집』, 116쪽.) 인간, 즉 조물주의 창조물은 물질이라는 거울에 비친 신의 반영이다.

태로 구성되어 있다. 하나는 모스크바에서 펼쳐지는 저자와 동시대의 사건들을 다루고, 다른 하나는 고대 예루살렘에서 펼쳐지는 이야기를 다룬다. 모스크바 텍스트는 '현실성'이라는 기호를 불러일으킨다. 그것은 일상적 감정을 일으킨다. 그것은 독자에게 익숙한 그럴듯한 디테일로 넘쳐나며 동시대 독자들에게 친숙한 모든 것의 직접적 연장으로서 제시된다. 즉 소설 속에서 중립적 차원의 1차적 텍스트 형식으로서 제시되는 것이다. 이와 대조적으로 예루살렘 내러티브는 시종일관 '텍스트 속의 텍스트'의 성격을 유지한다. 첫 번째 텍스트가 불가코프의 창조물이라면, 두 번째 텍스트는 소설 속 인물[거장]의 것이다. 두 번째 텍스트의 비현실성은 그것이 어떻게 씌어져야만 하는지에 대한 메타텍스트적 논의 이후에 제시된다는 점에서 두드러진다. 가령 예수는 "……사실 전혀 존재한 적이 없다. 당신이 정말로 강조해야 할 부분이 바로 거기다"[10]와 같은 구절을 보라. 요컨대, 첫 번째 하부 텍스트가 실재하는 지시물을 갖고 있다는 점을 우리에게 확신시키려 한다면, 두 번째 텍스트는 그런 지시체는 존재하지 않는다는 점을 공공연하게 확신시킨다. 이는 예루살렘에 관한 장의 텍스트적 본성이 끊임없이 부각되고 있다는 점(처음엔 볼란드의 이야기로, 그다음엔 거장의 소설로), 그리고 모스크바 이야기를 다룬 장이 눈으로 볼 수 있는 현실로 제시되는 반면에 예루살렘 장은 들리거나 읽히는 이야기로서 제시된다는 점에서 달성된다. 예루살렘 장은 반드시 모스크바 장의 이어지는 꼬리로 등장하는데, 이는 그것의 2차적 성격을 강조해준다. "그는 크지 않은 목소리로 말하기 시작했다. 그의 말투에서 더 이상 외국인 억양이 느껴지지 않았다.

∵

10) 미하일 불가코프, 『전집』 5, 10쪽. [번역본] 미하일 불가코프, 김혜란 옮김, 『거장과 마르가리타』(문학과지성사, 2008).

'모든 것은 아주 간단합니다. 춘월(春月) 니산 14일 이른 아침, 발을 끄는 기병 특유의 걸음걸이로, 핏빛 안감을 댄 흰 망토를 입은……'" 이것이 첫 장의 끝부분이다. 두 번째 장의 첫 부분이 [똑같이] 이어진다. "핏빛 안감을 댄 흰 망토를 입은 유대 총독 본디오 빌라도가(……) 나왔다." 「처형」 장은 이반의 꿈으로 제시된다.[11] "(……) 그는 꿈을 꾸기 시작했다. 태양은 이미 민둥산 너머로 기울었고[12], 산은 이중 포위선으로 둘러싸여 있었다……" 이것이 15장의 끝부분이다. 16장은 같은 구절로 시작한다. "태양은 이미 민둥산 너머로 기울었고, 산은 이중 포위선으로 둘러싸여 있었다." 이후에 예루살렘에 관한 텍스트는 거장의 작품으로 소개된다. "마르가리타는 새벽이 밝아올 때까지 원고를 한 장 한 장 넘기며 살펴보고 입을 맞추고 되풀이해서 읽을 수 있었다." "지중해에서 몰려온 어둠이 총독이 증오하는 도시를 뒤덮었다……" "그렇다. 어둠이……" 이것이 24장의 끝 부분이며, 25장은 이렇게 시작한다. "지중해에서 몰려온 어둠이 총독이 증오하는 도시를 뒤덮었다."

하지만 현실과 비현실을 배분하는 관성이 확립되자마자, 작가는 이 두 영역을 가르는 경계를 재배치함으로써 관객과의 유희를 시작한다. 무엇보다 먼저 모스크바 세계("현실")가 가장 환상적인 사건들로 채워지는 반면, "창조된 세계"인 거장의 소설은 일상의 있을 법함이라는 엄격한 법칙을 따

∙∙

11) 짧은 이야기의 삽입뿐 아니라 꿈도 텍스트 속에 텍스트를 도입하는 전통적인 기법이다. 레르몬토프의 「꿈」과 같은 작품에서는 더욱 복잡한 경우가 나타난다("정오의 한복판에 다게스탄의 계곡에서……"). 거기서 여주인공은 자신의 꿈속에서 죽어가는 주인공을 본다. 일종의 뫼비우스의 띠를 이루는 첫 구절과 끝 구절의 두음법칙에서 하나의 표면은 꿈을, 다른 하나는 현실을 표지한다.
12) 민둥산은 여기서 예수가 처형당한 가스펠의 골고다 언덕("두개골의 장소")에 대응한다. 불가코프가 태어난 키예프 근방에도 민둥산이 있다.

른다. 이야기를 이루는 상이한 요소들의 응집의 차원에서 보자면 "현실"과 "비현실"의 배치가 정확히 뒤집혀 있는 것이다. 게다가 모스크바 세계의 내러티브 속으로 도입되는 메타텍스트적 요소들은 다음과 같은 도식을 만들어낸다. 작가는 자신의 등장인물의 이야기를 하고, 등장인물은 예수와 빌라도의 이야기를 한다. "독자여, 나를 따르라. 진실하고 영원한 사랑이란 존재하지 않는다고 그 누가 이야기했던가?"[13]

마지막으로 지적할 것은, 철학적이고 이념적인 의미에서 '이야기 속의 이야기'로의 이런 도약이 불가코프에 의해 현실로부터 언어유희의 세계로의 이동(가령 얀 포토츠키의 『사라고사에서 발견된 원고』에서처럼)으로 여겨지지 않는다는 점이다. 그것은 이른바 현실 세계의 왜곡된 외양으로부터 신비적 세계의 진짜 본질로 도약하는 것으로 여겨진다. 두 텍스트 사이에서 거울상이 확립되는바, 즉 실제 대상은 그 자신이 반영에 불과한 것의 왜곡된 반영으로서 나타나는 것이다.**

구성적 프레임(틀) 또한 상이하게 코드화된 텍스트들을 수사적으로 혼

∴

13) 미하일 불가코프, 『전집』 5, 209쪽.*

---

* 작품 속에서 악마 볼란드 일당이 활개 치고 다니는 '모스크바 텍스트'는 동시대 현실임에도 불구하고 각종 흑마술이 판을 치는 환상적 장면들로 가득 채워져 있는 반면, 작품 속 거장의 허구적 창조물인 '예루살렘 텍스트'는 지극히 현실적인 리얼리즘의 색채를 띠고 있다. 즉 로트만의 말대로 '현실'과 '비현실'의 배치가 정확하게 뒤집혀 있는 것이다.
** 『거장과 마르가리타』에서 '텍스트 속의 텍스트(액자소설)'로 등장하는 '빌라도 이야기'와 작품 속 현실을 이루는 '모스크바 이야기'는 주제론적인 측면에서 복잡한 상호 엮임의 관계를 보여준다. 시공간적 거리에도 불구하고 양자는 서로를 거울처럼 비추는 유비적 관계에 놓이며, 각각의 텍스트를 판단하기 위한 해석적 지침의 역할을 한다(가령 그리스도의 무죄를 알면서 그의 죽음을 방기하는 빌라도의 '비겁'의 죄가 소비에트의 억압적 현실과 타협하는 동시대 예술가들의 '비겁'에 대응되는 식이다).

합하기 위한 본질적이고 전통적인 기법이다. '정상적인'(즉, 중립적인) 구성은 특별히 텍스트의 프레임(그림의 틀, 책의 제본이나 책 마지막 페이지의 출판사 광고, 아리아를 시작하기 전 가수의 목 가다듬기, 오케스트라의 악기 튜닝, 구어적 이야기에서 "자, 이제 들어보세요……" 하는 말 등이 그 예이다)에 기초하는데, 이때 그 프레임은 텍스트 속으로 도입되지 않는다. 프레임의 역할은 텍스트의 시작을 알리는 것일 뿐 스스로는 텍스트의 경계 밖에 위치한다. 이런 프레임들을 텍스트 내부로 도입하는 것만으로도 충분히 독자의 주의를 커뮤니케이션에서 코드로 재배치할 수 있다. 텍스트와 프레임이 상호 엮임의 상태로 진입해[14] 각각이 프레임이면서 동시에 틀 지어진 텍스트가 되는 경우에는, 문제가 더욱 복잡해진다.

하나의 텍스트가 연속적인 서술로 제시되고 다른 텍스트가 의도적인 파편의 형태(인용, 주석, 에피그라프 등)[15]로 도입되는 텍스트 구성 역시 가능하다. 이 경우 독자가 텍스트 내에서 상이한 구조적 구성의 입자들을 풀어낼 것이 전제된다. 그와 같은 삽입된 부분은 그것을 둘러싼 텍스트와 동일한 것으로도, 다른 것으로도 읽힐 수 있다. 삽입된 텍스트의 코드와 본래 코드 간의 번역불가능성이 예리하게 드러날수록, 각각의 독자적인 기호학적 특성 역시 더 명백해진다.

전체 텍스트가 두 번 이상 반복해서 코드화되는 경우 역시 마찬가지로 다양한 기능을 수행한다. 우리는 이미 극장(연극)이 사람들의 행위를 '역사적인 것'으로 바꾸면서 코드화하는 경우와, 이런 역사적 행위들이 회화의

••

14) 형상들의 상호 엮임에 대한 더 자세한 논의는 알렉세이 슈브니코프 외, 『과학과 예술에서의 대칭』(M., 1972), 17~18쪽을 보라.

15) 자라 민츠, 「블로크 시학에서 회상의 기능」, 《타르투 대학교 학술지》 제308호(1973), 387~417쪽.

자연스러운 주제로 간주되는 경우들을 살펴보았다.[16) 서로 동떨어져 있으며 상호 번역이 불가능한 코드들이 하나로 수렴되는 경우에 수사적·기호학적 국면은 최고도로 강조되기에 이른다. 가령 비스콘티는 영화 〈벨리시마〉(네오 리얼리즘이 절정을 맞았던 1950년대에 만들어진 영화로 이후 감독 자신이 〈흔들리는 대지〉를 만들었다)에서 계시적인 방식으로 영화 전체에 오페라의 코드를 부여했다. 영화 전체를 아우르는 이와 같은 전반적인 코드의 이중화를 배경으로 하여, 살아 있는 배우(프란츠)가 르네상스 프레스코화를 통해 그려지는 몇몇 몽타주 쇼트들 역시 나타난다.

총체로서의 문화는 텍스트로 간주될 수 있다. 하지만 반드시 강조해야 할 것은 이 텍스트가 '텍스트 속의 텍스트'라는 계층적 위계로 구조화되어 텍스트들 간의 복잡한 교직을 만들어내는 텍스트라는 점이다. 즉 '텍스트'라는 용어 자체가 어원상 짜임을 의미한다는 사실에서 우리는 '텍스트'의 개념을 시원적 의미로 되돌릴 수 있다.

결국 텍스트라는 개념 자체가 일정한 변형의 과정을 겪게 된다. 텍스트를 균일하게 조직화된 의미 공간으로 간주하는 사고는, 다른 텍스트들로

•
••

16) 유리 로트만, 『문화유형학에 관한 논문들』(Paris, 1965), 211~238쪽을 보라.*

---

* 삶과 연극, 회화로 이루어진 삼각형 사이의 흥미로운 코드 변환의 문제는 로트만의 주요한 탐구 영역 중 하나다. 연극은 삶과 그림 사이의 중간 지점에 위치하는데, 바로 그렇기 때문에 삶과도, 또 그림과도 계속적인 몸 섞기('코드 변환')를 수행할 수 있다. 이 문제는 로트만의 특별한 고찰 대상이 되었는데, 삶과 연극 사이의 코드 변환 문제는 「19세기 초반 문화의 지층에서 연극과 연극성」(1973)에서, 연극과 조형예술 사이의 코드 변환 문제는 「19세기 초반 인간들의 문화적 행위의 코드화 기제로서의 극장과 회화」(1973)에서 각각 집중적으로 다룬 바 있다. 이 내용은 국역본, 『러시아 기호학의 이해』와 김성일·방일권 옮김, 『러시아 문화에 관한 담론』(나남, 2011)에서 찾아볼 수 있다.

부터 온 다양한 '우연적' 요소들의 침투라는 관념을 통해 보충되어야만 한다. 이 후자는 기본 구조와 예측 불가능한 유희에 돌입하면서, 이후 발전의 비예측성을 현저히 증대시킨다. 만일 체계가 이와 같은 예측 불가능한 외부의 침투 없이 발전을 계속한다면(즉 폐쇄된 독자적 구조를 형성한다면) 그 발전은 순환적인 것이 된다. 이상적인 경우 그것은 연속적인 반복을 표상하게 될 것이다. 이런 체계가 고립되었을 때, 설사 폭발적 국면들을 갖는다 해도 일정 기간 내에 이를 소진할 수밖에 없다. 체계 외적 요소의 계속적인 도입은 체계에 선형적이면서 비예측적인 성격을 부여한다. 하나의 과정 내에서 원칙상 서로 양립할 수 없는 요소들의 결합은 현실과 그에 대한 우리의 지식 사이의 모순의 원천에 놓여 있다. 그리고 이는 예술적 인지에서 가장 명징하게 드러난다. 플롯으로 변형된 현실에는 시작과 끝, 감각 따위의 개념이 부여된다. 예술 작품을 향한 익숙한 비판, 예컨대 "실제 삶에서는 그런 일이 일어나지 않아" 따위와 같은 언급이 가정하는 것은 현실이 논리 법칙에 의해 엄격하게 제한받는 반면 예술은 자유의 영역이라는 점이다. 그러나 사실 이 요소들의 관계는 훨씬 더 복잡하다. 예술에서의 예측불가능성은 삶에서의 예측불가능성의 원인이자 동시에 그 결과인 것이다.

제10장
뒤집힌 이미지

규칙의 경계 너머에 자리한 공간(즉 규범에 기초하면서 그것을 파괴하는 공간)에서 우리는 가능성의 전 계열과 만나게 된다. 그 가능성은 규칙의 파괴(즉 기형)로부터 규칙을 넘어서는 긍정적 자질의 총체에까지 걸쳐 있다. 하지만 두 경우 모두에서 우리가 염두에 두는 것은 규칙의 소멸이나 단순화, 혹은 응축이 아니다. 오히려 그것은, 루트비히 티크가 쓴 단편소설의 제목을 빌려 말하자면 "흘러넘치는 삶"[1]에 관한 것이다. 예측가능성의 경계 바깥으로 벗어나기 위한 가장 기초적인 기법 중 하나는 (시각 예술에서 특히 자주 발견되는) 문채(文彩, trope)인데, 거기서 두 개의 상반된 대상은 각자의 지배적 특성을 서로 맞바꾼다. 이 기법은 소위 "뒤집힌 세계"[2]라고 불리는 바

··

1) 튜체프에 따르면 바로 이런 삶의 "과잉"(표도르 튜체프, 『서정시』 1, 59쪽)이 낭만주의자나 바로크 예술가들에게서 추한 것이 미학적 사실이 되도록 했다. 빈곤해진 삶(무딤, 어리석음, 불리적 추함) 역시 예술의 대상이 될 수 있다. 다만 그것은 작가의 두드러진 부정적 태도에 의해 보완되어야만 한다. 캐리커처, 가령 고야의 판화에서 우리가 보게 되는 것이 그것이다.
2) 가령 L'image...1979; 특히 다음 논문을 보라. Francois Pelpech, *Aspects des pays de Cocagne*, 35~48쪽; Maurice Lever, *Le Monde reverse dans le ballet de cour*, 107~115쪽.

로크 문학에서 널리 사용된다. 많은 텍스트에서 양은 늑대를 잡아먹고, 말이 인간을 타고 다니며, 장님이 멀쩡한 사람을 이끈다. 이런 뒤집힌 플롯은 늘 그렇듯이 풍자 텍스트에서 사용된다. 가령 스위프트 시학 전체가 바로 이에 기초하는데, 사람과 말의 위치가 뒤바뀌는 것이다.

본래의 특징을 보존한 채로 요소들의 위치를 맞바꾸는 일은 스테레오타입을 고수하려는 청중을 특히 자극하기 마련이다. 그래서 이 기법은 대개 불경한 것으로 받아들여진다. 희극 〈마담 유럽의 여동생〉에 나오는 19세기 말의 풍자 잡지 중 하나는 데카당스에 관한 다분히 전형적인 캐리커처를 보여준다.

우리는 이상한 것들, 금지된 것들의 사제.
내게 무엇보다 향기로운 건 죽은 쥐의 냄새.
소리 중에선 두꺼비가 개굴대는 소리를 최고로 친다네.
물론 여자 중에서 제일 사랑스러운 건 대머리지.[3]

하지만 현재 우리의 흥미를 끄는 것은 재조합의 가능성 자체가 자유로운 상상에 맡겨지는 [위와 같은] 예술 작품의 경우가 아니다. 우리의 흥미는 일상적 행위에서 남녀의 역할 바꾸기를 향해 있다.

뒤집힌 세계는 역동적이지 않은 것의 역동성에 기초한다. 이 과정이 일상에서 실현된 것이 바로 유행이다. 유행은 표면상 부동적인 일상의 영역

..

3) 『캐리커처, 산문, 시에서 100년 동안의 우리의 유머작가들을 보라. 러시아 유머 문학과 저널리즘 개관』(СПб., 1904), 143쪽에서 재인용. 지난 세기 삼류 러시아 풍자작가의 상상력은 이오네스코의 희극 〈대머리 여가수〉의 부조리한 제목을 앞지르고 있다.

에 역동적 단초를 도입한다. 의복의 유형이 전통에 의해 규정되거나, 혹은 계절 변화에 맞춰 엄격하게 정해지는 사회, 그러니까 선형적인 역동성이나 인간의 의지에 따라서는 아무것도 결정되지 않는 사회에서는 비싸거나 싼 옷은 있을지언정 유행은 존재할 수가 없다. 게다가 그런 사회에서는 의복이 높은 가치를 지닐수록 오래 보존된다. 혹은 반대로 오래 보존될수록 높게 평가된다. 국가 수장의 제의적 복장이나 교회의 위계에 대한 사회의 태도가 바로 그러하다.

유행의 주기적 교체는 역동적 사회 구조의 징표이다. 뿐만 아니라 "변덕스러운", "쉽게 변하는", "이상한" 따위의 수식어(이는 움직임의 자의성과 무원칙성을 강조한다)를 동반하는 유행 그 자체는 문화 발전을 계측하는 일종의 메트로놈에 해당한다. 빠르게 변화하는 유행의 성격과 관련된 것이 운동 과정에서 차지하는 개성적 단초의 주도적 성격이다. 의복 문화의 공간 내부에서는 고정성, 곧 부동성을 향한 지향(이 지향은 역사적이고 종교적인 상상에 의해 심리적으로는 전통 및 습관, 도덕성 따위의 정당화로서 경험된다)이 그에 대립하는 혁신 및 상식 밖의 엉뚱함을 향한 지향, 요컨대 유행의 관념에 속하는 모든 것과 투쟁하고 있다.

그렇게 해서 유행은 동기화되지 못한 혁신의 가시적인 구현체가 된다.[4]

••

---

4) 유행의 역사를 살펴보게 되면, 우리는 반드시 동기화의 시도를 만나게 된다. 의복에 이런 저런 변화를 들여오는 것은 도덕적, 종교적, 혹은 의학적 사변들을 통해 설명된다. 하지만 이를 분석해보면 이 모든 동기화가 단지 사후에 외부로부터 도입된 것이라는 점을 확신할 수 있다. 이런 시도는 동기화되지 못한 것들을 뒤늦게 동기화하려는 시도에 불과하다. 1950~1960년대에 여성이 바지를 입는 행위는 불경스러운 것으로 여겨졌다. 한 유명한 작가는 아들의 약혼녀가 치마바지를 입고 왔다는 이유로 집에서 쫓아내기도 했다. 당시 바지를 입은 여성은 식당 출입이 금지되었다. 흥미로운 것은 이런 금지들 역시 도덕적, 문화적, 심지어 의학적 설명들을 동반했다는 점이다. 오늘날에는 아무도 이런 금지와 그 금지의 동기들을 기억하지 못한다.

유행을 추잡한 변덕의 영역과 혁신적 창조의 영역으로 동시에 해석할 수 있는 것은 그 때문이다. 유행의 필수 요소는 엉뚱함이다. 이는 주기적으로 전통의 부활이 곧 유행이 되는 현상과 대립하지 않는데, 왜냐하면 그 경우엔 이 전통 자체가 엉뚱함의 부정이라는 형태를 띤 엉뚱함이 되기 때문이다. 특정 요소를 유행의 공간에 도입하는 것은 그것을 눈에 띄도록 만드는 것, 즉 의미를 덧씌우는 것을 뜻한다. 유행은 언제나 기호학적이다. 유행으로의 진입, 그것은 의미 없는 것을 의미 있는 것으로 바꾸는 부단한 과정인 것이다.

부분적으로 유행의 기호성을 드러내주는 것은 그것이 언제나 관찰자를 전제로 한다는 점이다. 유행의 언어로 말하는 자는 청중이 기대하지 않았던, 그래서 이해할 수 없는 새로운 정보를 만드는 자이다. 청중에게 유행은 이해되지 않아야만 하며, 그로 인해 청중이 언짢아져야만 한다. 바로 여기에 유행의 승리가 놓여 있다. 승리의 다른 형태가 바로 불쾌함과 결부된 몰이해이다. 이런 의미에서 유행은 엘리트적인 동시에 대중적이다. 충격에 빠진 관객이 없다면 유행은 그 의미를 상실한다. 따라서 유행의 심리적 측면은 감지되지 못할지도 모른다는 두려움과 연결돼 있다. 그러므로 그것에 자양분을 공급하는 것은 자기확신이 아니라 자신의 고유한 가치에 대한 회의이다. 바이런이 이끈 혁신적 유행 뒤에는 스스로에 대한 불신이 숨어 있다. 한편 그 반대의 경우도 가능한데, 가령 차다예프가 보여준 유행의 거절, 푸시킨의 표현을 빌리면 "차분한 오만함의 냉기"의 사례가 그러하다. 차다예프의 경우는 세련된 유행의 사례로 볼 수 있다. 그의 댄디즘은 유행의 추종에 기초하는 것이 아니라 유행의 확립이 자신에게 달려 있다는 굳은 확신에 기초한다. 그의 의복이 보여주는 엉뚱함은 엉뚱함의 대담한 부재에 있다. 예컨대 데니스 다비도프가 1812년의 "민족성"의 규범*에 맞춰 "(……)농민복을 입고(이는 물론 민병대에서 벌어진 일이었기에 가능했다—로트만), 수염을 기른 채 성 안나 훈장 대신 성 니콜라스 이콘을 걸고[5] 민중 언어로 이야기했을 때"[6], 그는 의복에 있어서 모든 종류의 일탈을 완전히 거부함으로써 상황의 예외성을 강조했던 것이다.

유행은 행위 형식의 일상적 규범 너머에 있는 다른 모든 것과 마찬가지로, 허용된 것의 경계에 대한 끊임없는 시험을 전제로 한다.

예측불가능성의 영역은 모든 발전 과정에서 복잡하고 역동적인 예비가 된다. 이와 관련해 우리의 특별한 관심을 끄는 것이 바로 러시아 문화의 특수한 현상 중 하나인 폭정(samodurstvo)이다.

러시아 학술원에서 발간한 네 권짜리 러시아어 사전은 도브롤류보프를 인용해 이 단어를 설명한다. "폭군은 그 누구도 자신에게 명령을 내릴 수

••

5) 이 자리에서 다비도프는 자신이 "의복 민주주의"의 특정 전통에 기대고 있다고 언급했다. "전쟁 중인 1807년 마좁스키 연대의 사령관은 작은 이콘들에 둘러싸인 성 니콜라스-기적의 창조자 이콘을 가슴에 걸었다."[데니스 다비도프, 블라디미르 오를로프 엮음, 서문 및 해설, 『글모음』(M., 1962), 536쪽.] 민병대에서 이 성상화를 가슴에 거는 행위는 보충적인 의미를 지닌다. (회고담에 따르면) 당시 농민들은 기병대 복장을 한 민병대의 후방에서 움직이는 프랑스군 약탈자들을 곤란에 빠뜨렸던바, 성 니콜라스 이콘은 민족성에 대한 기호로 여겨졌던 것이다.**

6) 데니스 다비도프, 『전집』, 320쪽.

---

* 1812년 나폴레옹의 러시아 침공은 러시아에서 민족주의가 싹트는 계기가 되었다. '타자'와의 전면적 충돌(전쟁)은 러시아의 민족적 자의식을 일깨우는 계기가 되었으며, 특히 농민 병사들과 전장에서 함께 싸운 경험은 러시아의 민중을 새롭게 발견하는 기회가 되었다. 러시아에서 나폴레옹 전쟁은 '조국전쟁'이라 불리며, 이 전쟁에 참여했던 세대를 '1812년의 아이들'이라고 부른다. 톨스토이의 소설 『전쟁과 평화』는 바로 이 전쟁을 배경으로 삼는다.

** 성 안나 훈장(order of St. Anna)은 표트르 대제의 딸 안나 페트로브나(Anna Petrovna)를 기리기 위해 만든 훈장으로, 1797년부터 러시아 황실에 의해 수여된 공식 훈장 중 하나이다. 성 니콜라스 이콘(icon of St. Nicholas)은 블라디미르 성모상과 더불어 러시아 민중에게 가장 친숙한 이콘이다.

없으며 자신이 원하는 것이라면 무엇이건 행할 수 있다는 점을 온 힘을 다해 증명하려 한다. 도브롤류보프, 「암흑의 왕국」."

하지만 이런 설명은 이 현상에 관한 별다른 설명을 제공하지 못할 뿐 아니라 그것의 역사적·문화적 의미를 선명하게 밝혀주지도 못한다. '폭정'이라는 단어는 어원적 관점에서 볼 때 내재적 모순을 담고 있다. 이 단어의 앞부분인 '자기(sam)'라는 대명사가 과도하게 비대해진 인격의 의미를 내포하고 있다면[가령 전제정치(samoderzhavit), 절대권력(samovlastie), 자기애(samolubie), 자가발전(samorazvitie), 자기충족성(samodostatochnosti) 등], 두 번째 부분은 우둔함의 의미론과 관련되어 있다. 이 두 의미론적 요소의 결합 자체가 일종의 모순형용이자 역설이다. 그것은 자발성과 우둔함 혹은 자발성과 광기의 결합으로 해석될 수 있다([폭정이라는 단어에 포함된]'durnoe'라는 단어는 일상적 용례에서 그 둘을 뜻한다). 이 두 의미론적 그룹의 결합은 상이한 두 의미론적 뉘앙스를 산출한다. 한편으로 그것은 우둔함의 자기확증을 뜻한다. 이런 경우에 그것은 안정성과 우둔함의 결합이 된다. 바보가 특이한 행동을 하는 것은 자기 권위의 경계를 확인하고 그 경계를 공고히 하기 위해서다. 그와 같은 폭정의 고전적인 사례는 오스트롭스키의 인물 "키트 키티치" 브루스코프 같은 경우로, 그를 다음의 명제로 규정할 수 있다. "죽을 먹고 싶으면 먹을 것이고, 싫으면 버터로 휘저을 것이다."

다른 한편 폭정의 행위는 무한정하고 무의미한 혁신, 즉 파괴 자체를 위한 안정성의 파괴로 실현될 수 있다. [이때] 행위는 예측 불가능한데, 낭만적 광인의 행위처럼 행위들 사이의 인과 관계가 존재하지 않는다. 이런 관점에서 폭발은 이미 응고된 체계의 역동성으로 정의될 수 있다. 역동적인 자극을 허용하지 않는, 지나치게 지체된 운동성 역시 비슷한 효과를 야기할 수 있다.

폭정은 백치스러움(urodstvo)과 일맥상통한다. 백치스러운 행위는 그 안에서 무언가를 개시한다. '백치스러운'이라는 단어는 '폭정'과 마찬가지로 유럽어로 번역되지 않는다. 러시아어로는 "그리스도 안의 유로지비"로 번역되는 하웁트만*의 이야기를 독일어로 하면 다음과 같다. 그리스도 안의 바보(Der Narr in Christo Emanuel Quint). 그러니까 번역을 하게 되면 본래 하웁트만에게는 없던 의미론적 뉘앙스가 도입되는 것이다. 하지만 판첸코가 정당하게 지적했듯이, 러시아의 유로지비 중 커다란 자리를 차지하는 것은 독일을 포함한 서구에서 온 것들이다.[7] '백치성'의 사실 자체에 모순이 가로놓여 있다. 즉 이방인, 대개는 외국인이나 '우리 세계가 아닌' 곳으로부터 온 타자의 개입이 전형적으로 러시아적인 것, 즉 타문화의 언어로 쉽게 번역될 수 없는 현상을 만들어내는 것이다.[8]

이와 같은 모순 덩어리를 문화적 역동성의 관점에서 어떻게 볼 것인지를 무엇보다 잘 드러내는 사례가 바로 이반 뇌제(이반 4세)의 경우다. 여기서는 이반 뇌제의 행위의 몇몇 극단적 측면을 언급하는 게 적당할 것이다. 만일 우리가 그의 행위를 문화기호학의 관점에서 연구한다면, 그것은 어떠한 금기를 극복하는 데 정향된 의식적 실험으로 간주할 수 있을 것이다. 그 경우

∴

7) 알렉산드르 판첸코, 『구경거리로서의 웃음』// 드미트리 리하초프 외, 『고대 루시에서의 웃음』(Л., 1984), 73쪽.
8) 이와 비교할 수 있는 것은 어떤 문화에서 외국인이 촉매의 역할을 하거나, 그 독특함으로 인해 특정 자질의 전달자가 되는 경우이다. 가령 18세기 풍자문학에 나타나는 프랑스인으로부터, 톨스토이의 『유년 시절』에 나오는 감동적인 카를 이바노비치에 이르기까지, 지주 가정에서 외국인 교사가 행한 특별한 역할을 떠올릴 수 있다.

———————

* 게르하르트 하웁트만(Gerhart Hauptmann, 1862~1946)은 1912년에 노벨 문학상을 받은 독일의 극작가, 시인, 소설가로 독일 자연주의 문학의 창시자로 알려져 있다.

우리의 관심을 끄는 것은 윤리적 금기와 일상적 행위이다. 이것은 행위의 극단성이 그 어떤 국가적·정치적 혁신의 의도와도 무관하게 나타나는 바로 그 영역이다. 이반 뇌제의 행위 중 이 영역이 차지하는 비중이 너무나도 컸던 나머지 카람진, 클류쳅스키, 플라토노프, 베셀롭스키에 이르는 역사가들은 정치적·사회적 충돌, 국가성의 문제를 연구할 때조차 이반 뇌제의 심리적 수수께끼를 논의하지 않을 수 없었다. 하지만 우리에게 흥미로운 것은 완전히 독특한, 아마도 병리학적 성격을 띤다고 볼 수 있는 이반 뇌제의 인격적·개인적 특성이 아니라 문화적 행위의 메커니즘 자체이다.

이반 뇌제의 인격은 그와 동시대인뿐 아니라 역사가들에게도 1560년을 기점으로 양분된 형태로 받아들여진다. 이 시점은 개혁의 시대가 테러의 시대로 전환되는 국면이다. 이 문제에 관한 수많은 기존 문헌과, 그토록 예리한 행동 방식의 단절을 낳은 원인에 관한 각종 추측을 제쳐두고, 우선 다음 사항을 지적할 수 있다. 이미 이반 3세 때부터 시작된 개혁의 흐름과 유기적으로 결합된 첫 번째 시기는 논리적으로 연쇄적인 점진적 움직임을 특징으로 한다. 이 시기의 국가 통치는 집단성 및 온건한 전통주의의 명백한 특징을 갖고 있었다. 차르의 인격은 그가 일련의 진보적 과정을 따르고 있다는 데서 드러날 뿐이었다. 반면 첫 번째 시기와 뚜렷이 구별되는 두 번째 시기는 차르의 국가적이고 개인적인 행위가 극단적인 예측불가능성에 이르렀다는 특징을 보인다. 앞서 말한 폭정과 백치성이 여기서 정점을 맞이했던 것이다.

그의 이상한 행동(기행)의 원인에 대한 갖가지 추측 ― 쿠릅스키에서 현대의 역사가에 이르는 ― 이 존재해왔다. 하지만 그것들을 평가하기에 앞서 기억해야 할 것은 이반을 둘러싼 현상이 결코 독특한 것이 아니라는 점이다. 절대적인 군주정이 무자비한 전제주의의 전횡으로 변화하는 경우는 비록 매번 고유한 민족적·역사적 색채를 띠고 나타나긴 하지만, 세계사에서 충분히 보편적인 현상이다. 차르를 절대적 권위의 담지자, 즉 신의 수준으로 격상시키는 것은 불가피하게 그를 악마와 동일시하도록 만들며, 다른 한편으로 끊임없는 자기점검의 필요성으로 이끈다. 이반 뇌제는 모든 윤리적 금기를 차례로 깨뜨렸는데, 심지어 이를 독특한 원칙주의와 더불어 실행했기 때문에, 우리로서는 다음과 같은 물음을 제기하지 않을 수 없다. 과연 어떤 쪽이 더 근본적인 동인이었는가? 방종한 욕망을 만족시키려는 의도가 먼저였고 그에 적절히 부응하는 이론이 도입되었던 것인가, 아니면 이론을 실현하려는 실험이 먼저였고 그 실험의 과정에서 이미 통제력을 상실한 열정이 허용 범위를 넘어서버린 것인가? 요컨대 생리학이 그에 합당한 이론을 형성한 것인가, 아니면 기호학이 생리학에 공간을 열어준 것인가?

역사의 실제적 과잉(일탈)은 그 다양성에 있어 무한하지만, 기호학적 체계의 알파벳은 제한적이다(혹은 우리에게 일정하게 제한된 것으로 인식된다). 이는 역사적 사건들의 기술이 그것의 반복성을 현저히 증대시킨다는 결론으로 이끈다. 서로 다른 것들이 기술의 차원에서는 동종의 것으로 그려진다. 이질동상은 흔히 기술의 메커니즘으로부터 만들어진다. 이반 뇌제의 행위에서는 다음의 역할이 명료하게 부각된다.

1. 신의 역할: 뇌제는 전능한 자의 기능을 스스로에게 부여했던바, '무제한의 권력'이라는 은유를 그는 문자 그대로의 의미로 받아들였다(은유를 축자적 의미의 담지체로 받아들이는 것은 그의 특징이다). 권위에 대한 이와 같은 해석은 이 권위의 담지사를 전능한 신으로 바꿔놓았다. 이런 의미에서 "당신은 신과 같습니다"라는 바실리 그랴즈노이의 말은 오늘날 우리가 의심하는 것보다 훨씬 더 직접적인 의미를 갖는 것이었다.

2. 악마의 역할: 절대적인 권위(이 말의 축자적 의미에서)에 대한 생각은 매우 복잡하고 사실상 해결 불가능한 문제를 낳았다. 이 권위는 그리스도에게 부여된 것인가 아니면 악마에게 부여된 것인가? 절대적 권위의 주체 자체가 이 문제(자신의 인격이 신의 것인지 악마의 것인지)에 답할 수 없었으므로, 행위에 있어 급격한 분기(分岐)는 불가피했다. 여러 문헌이 증언하는바, 성스러운 것에서 악행으로 혹은 그 반대로 뒤바뀌는 행위의 예측 불가능하고 혼란스러운 변화는 이반 뇌제의 개인적 심리의 과잉의 결과가 아니라 절대적 권위의 불가피한 결과로 보아야 한다. 이반 뇌제가 행한 처형은 대부분 지옥의 형벌을 재현한 것이었는데, 그에 합당하게끔 이반은 지옥의 통치자와 전능한 신의 역할을 모두 수행하며 살았다. 이에 덧붙일 수 있는 것은 이반의 사고와 행위에서 마니교의 강한 영향이 감지된다는 점인데, 거기서 악마는 죄 많은 인류를 통치하기 위한 신의 적법한 대리인으로 여겨진다.[9]

3. 유로지비의 역할: 신과 악마, 그리고 죄인 역할의 혼합은 이반 뇌제의 행위에서 또 한 가지 부가적 특징을 만들었는데, 백치성이 그것이다. 백치성이라는 개념은 합치 불가능한 것들의 합치를 허용한다. 즉 죄 많고 신실하지 못한 삶의 이미지가 성스러움의 은유로 인식되는 것인데, '평범한 자'에게 이해되지 않는 이것이 '신실한 자'에게는 명백하게 드러나게 된다. 유로지비의 불경한 행위는 그의 겸허함의 결과이므로 백치성의 수수께끼를 이해하려는 사람이라면 그 자신이 유로지비보다 더 겸허해야만 한다. 가령 꼼꼼함이나 청결에 대한 집착 따위의 세속적 감정들을 오만함의 죄

· ·

9) 이와 유사한 행위의 요소를 드라큘라 전설에서 찾아볼 수 있다. 1481~1486년에 드라큘라 전설의 러시아식 버전을 만든 표도르 쿠리친(Fyodor Kuritsyn)이 마니교적 요소의 영향을 많이 받은 이단자였음은 우연이 아니다.

에서 기인한 산물로 보는 사고가 이로부터 나온다. 유로지비는 배설물 위에 뒹굴면서도 최상의 영적 정결함을 볼 수 있다.[10] 그의 행위는 닫혀 있는 동시에 모순적이다. 그것은 언제나 세상에 수수께끼를 던진다. 이반 뇌제의 행위에서는 이 점이 분명하게 확인된다.

4. 추방자의 역할: 무제한의 권력자와 무방비 상태의 추방자. 이반 뇌제는 언제나 이 대립하는 두 가지 행위 모델을 실현했다. 그는 모든 종류의 권력을 자신에게 복속시켰다. 이와 관련된 것이 능력의 영역을 다변화하려는 그의 지향인데, 즉 그는 국가적 이념을 정식화했을 뿐 아니라 종교적 논쟁에도 참여했다. 이 때문에 그는 원칙상 국가의 그 어떤 영역에서도 다른 사람에게 위임하는 것을 인정하지 않았다. 한편 이와 동시에 뇌제는 끊임없이 가련한 추방자의 역할을 연기했다. 여기서 말하는 것은 모스크바에서 쫓겨날 때를 대비해 피난처를 확보하려고 영국 여왕과 혼인하려 했던 그의 계획만이 아니다. 그가 쓴 사제의 마스크와 미래의 안수식에 대한 반복적인 언급을 염두에 둔 것이다. 나아가 과잉으로 유명한 그의 친위부대(oprichinina)* 역시 이중적인 심리를 내포하고 있다. 거기엔 적들에 둘러싸여 안전한 피난처를 구하는 추방자의 심리와, 무제한의 권력을 지니는 전제군주의 심리가 공존하고 있다. 그리고 두 가지 상호 모순된 개념의 이런

∵

10) 플로베르의 「구호 수도사 성 쥘리앙의 전설」을 보면, 죄인에 대한 마지막 시험대는 깐깐함의 감정과 감염의 두려움을 이겨내는 것이다. 쥘리앙은 결국 그리스도로 밝혀지는 문둥병 환자를 끌어안고 자신의 몸으로 덥혀준다.

---

* 이반 뇌제는 자의적 폭정을 특징으로 하는 후반부 통치 시기에 '오프리츠니나'라는 친위부대를 조직했는데 이 조직의 대원을 '오프리츠니키'라 부른다. 사회의 하층부에서 선발된 이들 친위부대원은 검은색 수도승 복장을 하고 말안장에 빗자루와 개의 머리 장식을 달고 다녔는데, 차르의 의지에 따라 잔인한 대규모 학살을 감행하여 악명이 높았다.

공존은 뇌제에게 혼동을 주기는커녕 자연스러운 대립의 공간을 만들어주었다. 이 경향들의 결합을 우리는 안드레이 쿠룹스키에게 보낸 뇌제의 편지들에서 보게 되는데, 거기에는 당하는 가련한 희생자와 무제한적인 권력자가 분리 불가능하게 얽혀 있다.*

이와 같은 공존 불가능한 경향들의 대조는 다음과 같은 결론으로 이끈다. 이반 뇌제의 행위의 근저에는 국가적 규범으로까지 확장된 '폭정'이 놓여 있다. 행위는 내적으로 동기화된 체계적인 정치로서 진행되는 게 아니라 일련의 예측 불가능한 폭발들로 나타난다. 여기서 '예측불가능성'은 내적인 정치 논리[11]의 부재로 이해되어야 하지만, 개인적 행위의 영역에서는 폭발적 잔혹함과 극단적 참회의 순차적인 교체가 오히려 정신병리학의 영역에 해당하는 질서화에 관해 말할 수 있게 한다.

구조 밖으로의 벗어남은 다른 구조로의 예측 불가능한 이동으로 구현될 수 있다. 이 경우 다른 관점에서라면 체계적이고 예측 가능한 것으로 간주될 수 있는 어떤 것이 해당 구조의 경계 내에서는 예측 불가능한 폭발의

••

11) 뇌제의 행동에 '국가주의적 지혜'나 혹은 단순한 논리를 부여하려는 역사가들의 다양한 시도에 대한 비판적인 분석으로는 다음을 참고하라. 스테판 베셀롭스키, 『오프리츠니나의 역사에 관한 연구』(M., 1963), 11~37쪽.

---

* 이반 뇌제의 기이한 행동뿐 아니라 그가 구사했던 독특한 '문체' 역시 흥미로운 연구 대상이 되어왔다. 황제는 일상 행위에서 그랬던 것처럼 자신의 글(「편지」)에서도 동일한 '옷 갈아입기'와 위선의 전략을 사용하는데, 즉 황제와 신하, 절대 군주와 비하적 청원자, 죄 많은 수도승과 정신적 지도자의 마스크를 번갈아 쓰면서 그 사이를 자유롭게 오간다. 쿠룹스키에게 보낸 이반 뇌제의 편지들에서 확인되는 연극성과 반(反)행위의 스타일에 대한 상세한 분석은 리하초프의 논문 「이반 뇌제의 위선」(『러시아 기호학의 이해』, 139~153쪽)을 참조.

결과로서 나타날 수 있다.

이런 관점에서 흥미를 끄는 것이 바로 성 역할의 교체이다. 왜냐하면 거기서 비기호학적 구조가 의도적으로 기호학적 유희의 공간으로 흡수되며, [이에 따라] 인간적 의지와 전적으로 무관한 체계 속으로 예측불가능성의 차원이 도입되기 때문이다. 여기서 우리는 동성애적 의미에서 성 역할의 변경 문제를 다루지는 않을 것이다. 비록 이 현상의 기호학적 기능이 풍부한 논의 대상이 될 수 있겠지만.[12] 우리의 관심은 2차적인 성적 기능의 문화적 역할에 집중된다. 즉 그것은 특정한 문화적 맥락에서 여성이 스스로에게 남성의 역할을 부여하거나 혹은 그 반대인 경우를 말한다. 아니면 더욱 미묘한 상황으로 여성이 아주 뚜렷하게 강조된 방식으로 여성의 역할을 수행하는 경우가 가능하다.

매우 특별한 변이형으로 성 구별의 지배적 역할이 소거되고 그 대신에 '인간', '시민', '동무' 따위의 개념이 도입되는 경우가 있다. 1917년 혁명기에 '여성에 대한 비동지적 태도'라는 특징적인 용어가 출현한 적이 있다. 이 표현은 여성을 사랑이나 성적 욕망의 대상으로 바라보는 것으로 해석되었다. 하지만 이와 같은 '성의 말살'의 진짜 내용은, 이때의 '인간'이란 알고 보면 '남자'에 다름 아니라는 점을 통해 드러난다. 여성은 단지 표면적으로만 남성과 동등해질 뿐이다.

예를 들어 이른바 '혁명적 복장'이라는 것은, 남성의 의복을 남녀 모두의 공용으로 바꾼 것에 불과했다. 이후 1930년대 포스터에서 그것은 무성(無性)

..

---

12) 가령 고대세계에서 널리 퍼져 있던 동성애의 문제나, 이와 명백한 관련성을 갖는 고대 그리스에서 여성의 격하된 위상 문제, 혹은 자신의 성적 만족감을 더하기 위해 여자들에게 남자 옷을 입혔던 황제 네로의 독특한 유희가 있다. 이런 '유희'의 의미는 본질상 다양성을 갖지 못하는 구조 속으로 변이가능성을 도입하려는 것이다.

적 의복의 이상으로 변모해갔다. 이를 1930년대 중반 이후 소비에트 영화에 나타난 '순결성'의 두드러진 강조와도 비교할 수 있다. 혹은 반대로 (베네딕토바가 번역한) 오귀스트 바르비에(Auguste Barbier)의 약강격 시에 나타난 자유로운 여성 이미지의 두드러진 강조와도 비교해볼 수 있을 것이다.

> 자유란 — 여성이다. 단 관대한 성욕으로
> 선택된 자들에게 충실한,
> 오직 강한 자들만을 자신에게 받아들이는
> 강력한 아내![13]

남성이 성 역할을 바꾸는 경우는 그것이 사회적 의식의 규범에 합치하는 한 텍스트에 반영되지 않는다. 그 경우는 남성에게 여성 역할의 수행이 할당된다고 말할 수 없다. 대개 이는 동성애적 심리와 연결되며, 따라서 엄격한 의미에서 기호학의 한계 바깥에 있다. 하지만 명백한 동성애적 경향을 띠지 않는 남성이 '여성의 역할을 연기하는' 경우 역시 가능하다.

예컨대 여기서 떠올릴 수 있는 것은 슈발리에 데옹*의 신비로운 사례이다. 모험가이면서 루이 15세의 스파이이기도 했던 그는, 당대의 외교적 음

••

13) 예핌 에트킨드 엮음 및 주석, 『러시아 시 번역의 대가들』1(Л., 1968), 327쪽.

---

* 프랑스의 외교관으로 왕을 위해 일하는 비밀 스파이 조직의 일원이었던 슈발리에 데옹(Chevalier D'Eon, 1728~1810)은 엘리자베타 여제를 설득하는 임무를 띠고 러시아에 급파되었다. 당시 여자와 어린아이만이 러시아 국경을 넘을 수 있었기 때문에 그는 여자가 되어 임무를 수행했다. 그는 처음 49년은 남자로, 나머지 33년은 여자로 살았는데, 사후 검시를 통해 남자라는 사실이 밝혀졌다. 복장도착증(eonism)이라는 단어가 그에게서 유래한다.

모(특히 러시아와 프랑스의 관계)에서 지대한 역할을 수행했다. 러시아에서 슈발리에 데옹이라 불렸던 그는 수많은 계략에서 남성과 여성으로 가장한 채 등장했기 때문에 사망한 뒤에(그는 1810년에 런던에서 사망했다) 의사가 검안을 통해 이 기사가 실은 정상적인 남성이었음을 확인하기에 이르렀다. 자신의 복잡한 모험적 삶의 특정 국면에서, 슈발리에 데옹은 남성적 행위를 향한 명백한 지향을 보여주었다. 일단 계략을 담당하는 여성, 즉 스파이(마치 뒤마의 밀레이디 같은)의 역할을 떠나자 프랑스 기병대에 들어가 맹렬한 전투를 치르고 큰 부상을 입었으며, 그 공로를 인정받아 포상까지 받았던 것이다. 이런 행위는 그가 오래지 않아 또다시 여성의 복장으로 갈아입고 예의 모험가의 역할로 되돌아가는 것을 막지 못했다.

흥미로운 사실은 이 기사가 루이 15세의 비밀 서한을 엘리자베타 여제에게 전달하면서 그 편지를 몽테스키외의 저서 『법의 정신』의 특별히 준비한 표지 속에 숨겼다는 점이다. 예카테리나 2세였다면 틀림없이 이 상황의 의도치 않은 아이러니를 높이 평가했겠지만, 엘리자베타는 프랑스 남자가 선사한 이 우아한 책에 별다른 주의를 기울이지 않았다.[14] 아마도 그녀는 이 책에서 몇 가지 중요한 사상, 가령 극단적 독재와 민주주의의 흥미로운 비교를 발견할 수도 있었을 것이다. 이 문제에 관한 역사가들의 견해를 지적하면서 몽테스키외는 이렇게 적었던 것이다. "여기에 영국과 러시아의 사례를 덧붙이자면, 우리는 온건한 통치 이미지를 지닌 국가와 전제주의 국가에서 여성들이 각기 성공적으로 통치하고 있는 모습을 볼 수

∴

14) 혹은 프랑스 여자였을까? 데옹에 관한 문헌들에는 그가 페테르부르크에서 여성의 복장을 한 채 비밀스러운 외교적 역학을 수행했다는 이야기가 넘쳐나긴 하지만 이는 근거가 충분하지 않아 보인다. 여제의 침실로 용이하게 침투하기 위해서 여성 복장이 필요했다는 동기는 꼭 그럴 필요가 전혀 없었다는 사실을 무시하고 있다.

있다." 과연 이 언급이 엘리자베타에게 아첨으로 들렸을지는 말하기 어렵다. 대신에 그녀는 다음의 구절에 대해서는 숙고해볼 기회를 가질 수 있었을 것이다. "모스크바에서 황제는 자신을 이을 후계자를 가족 중에서, 혹은 가족 밖에서도 자유롭게 고른다. 그와 같은 승계의 방식은 수많은 반란을 낳았던바, 승계가 자의적인 지경에 이를 정도로 왕권을 위태롭게 만들었다."[15)

슈발리에는 끊임없이 남성과 여성의 이미지를 바꿔 살다가 말년에 이르러 아주 이상한 방식으로 행동했다. 스스로 성별에 혼동이 온 것인지 아니면 양극단을 자신 속에 실현하기를 원했던 것인지는 몰라도, 그는 모험가적 활동을 통한 수입의 가능성이 완전히 차단된 상태에서 뛰어난 검술을 연마해 런던에서 펜싱 선생이 되었다. 그런데 이 수업을 그는 여성 복장을 한 채 진행했던 것이다.

이런 행위 유형과 거울상을 이루는 사례로 덧붙일 수 있는 것은 여성이 남성의 복장을 전유한 사례이다. 여성이 남성 복장을 채택(남성으로의 전환)하는 것은 전투적 행위와 관련된다. 그런 복장이 잔 다르크에게 행했던 비극적 역할은 잘 알려져 있다. 잔 다르크가 어쩔 수 없이, 혹은 속이기 위해 입었던 남성 복장은 재판 과정에서 불리하게 작용했다. 그런 행위는 신이 만든 역할 구분을 해치는 불경스러운 일로 간주되었기 때문이다. 이는 배우라는 직업을 사악한 것으로 간주하던 중세적 사고와도 관련이 있다(이런 사고는 중세 이후로도 오랫동안 지속되었다). 의복을 자의적으로 바꾼다는 사실 자체가 표현과 내용을 구별하지 않는 [중세적] 의식의 관점에서 볼 때

••

15) 샤를 루이 드 몽테스키외, 아론 루빈 옮김, 마르크 바스킨 감수 및 서문, 『작품선집』(M., 1955), 254, 214쪽.

의심스러운 것으로 받아들여졌다. 중세적 의식의 관점에서 외양의 변화는 곧 본질의 타락으로 간주되었던 것이다.

무대 위에서 성의 교체는 더욱더 엄격하게 금지되었다. 무대 위에 여성이 출연하는 것을 금지하는 널리 퍼진 관례에 따라 여성의 역할을 맡을 수밖에 없는 [남성] 배우는 [여자 옷으로] 갈아입어야만 했기 때문에, 무대 위에서 진퇴양난의 불경한 상황이 야기되었다. [실제] 여성-배우의 출연은 문제를 해결하기보다는 그에 더욱더 미묘한 성격을 부여했다. 이제는 성의 교체가 아니라 성에 대한 기호의 교체가 불경한 어떤 것이 되었다. 여배우를 여왕으로, 남자 배우를 왕으로 바꿔놓는 의복의 변경이 무대뿐 아니라 무대 밖의 현실까지를 기호들의 세계로 바꿔놓게 된 것이다. 이로부터 연극과 삶을 가르는 경계의 소멸에 관한 수많은 플롯이 나오게 되었다.

의복의 기호적 기능에 변화를 불러온 것은 비단 연극만이 아니었다. 언제나 여성에 의해 주도되었던 18세기 러시아의 궁정 쿠데타는 제의적인 옷 갈아입기를 동반했다. 즉 왕위 찬탈자인 여성이 처음에는 남성복을, 그다음엔 근위병 제복을, 마지막으로는 쿠데타를 주도한 바로 그 연대의 제복을 입었던 것이다. 남성복과 말을 타는 습관은 찬탈자를 여제로 바꾸는 제의적 변화를 위해 꼭 필요한 장식물이 되었다. 데카브리스트 봉기 하루 전날 릴레예프와 베스투제프는 다음과 같은 선동적 노래를 적었다.

말하라, 이야기하라.
러시아에서 황제들이 어떻게
다스리는지를.

어서 당장 말하라.

러시아에서 황제들을 어떻게
죽였는지를.

어떻게 선임하사가 표트르를
궁정에서 조용히
쫓아내버렸는지를.

그리고 그의 아내가 어떻게 궁 앞에서
대담하게
말을 타고 도약했는지를.[16)]

시인이 묘사한 풍경은 완전히 신화적인 것이다. 쿠데타는 페테르부르크
가 아니라 페테르고프로 가는 도중에 일어났고, 예카테리나가 말을 탄 채
부대에 동행했다는 에피소드는 와전에 불과하다. 하지만 이런 실제 사실
은 역사적인 에피소드를 신화로 바꿔놓는 위 시 텍스트의 가치를 강조해
줄 뿐이다. 이런 신화화된 풍경은 사실 남성 기병대 제복으로 갈아입은 왕
위 찬탈자의 형상에 잘 어울린다. 이 제스처의 제의적 성격은 명백하다. 다
시코바의 묘사에 따르면 쿠데타의 시작은 정확히 바로 이런 식의 의복 교
체로서 유표화되었던 것이다. "(……) 나는 지체 없이 남성복으로 갈아입었

∵

16) 콘드라티 릴레예프, 『시 전집』(Л., 1934), 310쪽.[*]

---

* 러시아로 시집온 독일 출신의 황후였던 예카테리나 여제가 남편 표트르 3세를 독살하고 궁
  정 쿠데타를 통해 왕위에 오른 사실을 가리킨다.

다." 예카테리나가 스스로를 여제로 공표하는 과정 자체가 일련의 옷 갈아입기로 나타났다. "갑자기 나는 그녀가 여전히 성 예카테리나의 리본을 달고 있으며, 아직 성 안드레이 훈장[17]의 푸른 리본을 달지 않았다는 사실을 깨달았다(……) 나는 파닌 경에게 푸른 리본을 벗어줄 것을 요청해 그것을 여제의 어깨에 달아주었다."[18] 마지막 구절은 많은 의미를 담고 있다. '어깨에 달아주었다'라는 표현은 단순한 치장을 뜻하는 것이 아니라 제의적인 자격 수여를 가리킨다. 다시코바는 이를 통해 예카테리나가 왕위에 올라야만 했음을 암시하고 있다. "가벼운 저녁 식사 후에 우리는 연대와 함께 페테르고프로 향했다. 왕비와 나는 연대의 제복을 입기로 결정했다. 그녀는 탈진 대위의 제복을, 나는 푸시킨 상사의 제복을 빌렸는데, 그 두 사람이 우리와 체격이 비슷했기 때문이다(……) 나는 옷을 갈아입기 위해 서둘러 집으로 갔다."[19]

풍자극 〈보편적인 궁정 문법〉에서 폰비진은 공공연하게 '여성이라는 성별'과 '여성적 본질'을 구별했다.

질문: 궁정의 성은 무엇입니까?

대답: 남성적 영혼과 여성적 영혼은 차이가 있습니다. 이것은 성과는 관련이 없는 것인데, 왜냐하면 때로 궁정에서 여성이 남성보다 더 낫고, 반대로 남성이 여인네만 못한 경우가 있기 때문입니다.

∵

17) 파벨 1세 전까지 왕비(황제의 부인)는 성 안드레이 훈장(이 훈장은 파벨 시대에 만들어졌다)을 달지 않았고 단지 성 예카테리나의 여성용 훈장만을 달았다. 예카테리나 훈장에서 안드레이 훈장으로의 변경은 예카테리나가 황제의 부인에서 여제가 되었음을 뜻한다. 성과 직위의 변경이 동시에 일어나는 것이다.

18) 다시코바의 아저씨인 파닌은 그녀에 의해 이야기에 도입되었다.

19) 예카테리나 다시코바, 『메모. 러시아에서 온 빌모트 자매의 편지』(M., 1987), 67, 69쪽.

폰비진이 문법적 성을 사용하는 방식을 검토해보자. "정직한 인간(남성형 어미)의 군주정(여성형 어미)을 가진······"[20] 이는 셰르바토프가 엘리자베타에 대해 논하면서 문법적 성을 변경했던 것과 유사하다. "그렇습니다. 군주(남성형)가 자신을 꾸미는 일에 열중하고, 매일같이 새 옷을, 그것도 때로는 하루에 두세 벌을 갈아입을 경우는 아마 그런 것(도덕의 타락─유리 로트만)일 수도 있겠지요. 물론 아닐 수도 있겠지만. 그녀가 죽은 후 수만 벌의 옷이 남겨졌다는 사실을 차마 제 입으로 말하기가 부끄럽군요."[21] 남성형 동사를 옷 갈아입기에 관한 여성적 에피소드와 결합하는 것은 특별히 흥미로운 효과를 낳는다. 몇 줄 지나서 셰르바토프는 이런 수사적 스타일을 중립적인 것으로 바꾸면서 엘리자베타를 문법상 여성형으로 지칭한다.

남성 가명을 쓰고 남성복을 입었던 조르주 상드나, '기병대의 처녀'라는 칭호를 얻은 유명한 두로바[**]의 사례는 19세기의 여성 해방이 실은 남성복을 채택함으로써 남성의 역할을 부여한 것에 불과했다는 점을 보여준다. 두로바의 회상기는 푸시킨을 열광시켰는데, 그녀가 자신의 노트에서 '남성으로의 변화'를 남성복을 걸치는 것뿐 아니라 남성의 운명을 채택하는 것, 즉 자유의 발견으로 묘사했기 때문이었다. "나는 자유롭다. 자유! 독립! 나

[**]

20) 데니스 폰비진, 게오르기 마코고넨코 엮음, 서문 및 해설, 『전집』(전 2권) 2(М.; Л., 1959), 50, 274쪽.[*]
21) 미하일 셰르바토프, 『셰르바토프 공작의 글모음』(전 6권) 2(СПб., 1898), 219쪽.

[*] 여기서 '정직한 인간'은 문법상 남성형이며 '군주정'은 여성형이다.
[**] 두로바(N. A. Durova, 1783~1866)는 1812년 조국전쟁에 참전했던 전설적인 여성 장교로, 1806년 카자크 군대에 입대했으며 줄곧 남장을 한 채 살았다. 퇴역 후 문학 활동에도 관심을 두어 『여자 기병대원』(1839)을 출간했다.

는 정당하게 내 것이 된 자유를 획득했다. 하늘이 부여한 귀중한 선물, 모든 인류에게 부여된 양도할 수 없는 특권이다! 나는 그것을 차지할 수 있는 길을 찾았고 그것을 막는 모든 미래의 주장으로부터 그것을 지켜냈다. 지금부터 무덤까지, 그것은 나의 몫이고 나의 포상이 될 것이다."[22]

다소간 애처로운 음조에도 불구하고 이 절규는 의심할 바 없이 진실한 것이다.

남성이 여성복으로 갈아입는 상황을 동반하게 되면 여성의 남성복 입기는 또 다른 의미를 지닐 수 있다. 그것은 해방의 한 양태로 간주될 수 있다. 만일 남성복이 젊고 잘빠진 미남자의 멋진 외모만을 강조하면서(남성용 의복을 향한 엘리자베타의 애착은 이와 관련된다) 그에 모종의 이중성의 뉘앙스를 부여하게 되면[23], 여성복으로 갈아입기는 위계의 하락, 즉 코믹한 인물로의 변화를 뜻하게 된다. 18세기 소설과 희극에서 남성이 어쩔 수 없이 여성복으로 갈아입어야만 하는 수많은 상황을 떠올려보라. 현대의 독자들은 다르타냥이 밀레이디의 침실에서 도망치는 장면이나[뒤마의 소설 『삼총사』], 혹은 「콜롬나의 작은 집」에 나오는 아래 장면을 떠올릴 수 있을 것이다.

"마브루샤는 어디에 있지?" — "어이쿠, 불한당 같은 여자!
그녀가 여기서 면도를 했답니다! 내 죽은 남편과 똑같아요!"(V, 92)

∴

22) 나데즈다 두로바, 『선집』(M., 1983), 43~44쪽.
23) 이와 비교할 수 있는 것이 젊은 귀족 처녀가 농민복으로 갈아입는 경우이다. 이는 그녀에게 훨씬 더 격이 없는 행동 패턴을 허용하는 동시에 남성들로 하여금 더 편하게 접근할 수 있도록 한다. 가령 푸시킨의 「귀족 아가씨-농사꾼 처녀」를 보라.

예카테리나의 서류 중에는 에르미타주를 방문한 소규모 그룹을 위한 여흥 계획이 담긴 종이가 있다. 16세기 말~17세기 초의 프랑스식 '뒤바뀐 발레'의 분위기에 따라 예카테리나가 기획한 소극(笑劇) 마스카라드에서 여자는 남자 옷을, 남자는 여자 옷을 입어야만 했다. 오를로프 형제(자그랴시스카야에 따르면, 뺨에 흉터가 있는 그리고리 오를로프는 강도 복장을 했다)나 애꾸눈 포템킨*이 여성복을 입고 등장하는 장면은 웃음을 유발했을 뿐 아니라 그들의 사회적 역할의 우스꽝스러운 격하를 야기했다.

여성에 의한 '여성적 역할'의 보유 역시 기행(奇行)의 요소를 띨 수 있다. 하지만 이 경우는 특별한 사회적·문화적 입지가 필요한데, 그것은 평균적 여성의 스테레오타입과 명백하게 구별된다. 19세기 초반 러시아에서 이에 대한 사례는 두 가지 극단적인 대립항, 안나 알렉세예브나 오를로바 체스멘스카야와 소피야 드미트리예브나 포노마레바의 예에서 확인된다.

오를로바 체스멘스카야는 예카테리나의 고위급 인사였던 알렉세이 오를로프 백작의 외동딸이었다. 오를로프 백작은 형과 함께 표트르 3세 폐위 혁명에 참여했으며, 황제 살해의 가담자 중 한 명이었다. 백작영애는 어린 시절을 아버지의 집에서 보냈다. 알렉세이 오를로프의 동화와 같은 엄청난 부(오를로프는 웬만한 유럽의 왕들보다 더 부자였다)와 진실로 귀족다운 삶의 방식은 평범한 민중적 일상의 영위와 연결되어 있다.

나는 그네 아래로 산책을 하지
나는 선술집에 한잔하러 들르지

---

* 그리고리 알렉산드로비치 포템킨(Grigory Aleksandrovich Potemkin)은 예카테리나 여제의 최측근으로 당시 '가장 영향력 있는 인물'로 간주되었다.

혹은 지루해질 때면

내 기질은 변화를 바라지 —

난 모자를 비스듬히 쓰고서

날랜 말을 타고 날아간다네.[24)]

이 시에 데르자빈은 이렇게 덧붙인다. "이것은 그[포템킨]에게도 해당된다. 하지만 무엇보다도 오를로프 백작에게 어울린다."[25)]

오를로바 체스멘스카야는 좋은 교육을 받았다. 그녀는 유럽 3개 국어를 자유롭게 구사했다. 외국인 여가정교사는 그녀에게 세속적 행위의 문법을 주입시켰다. 그녀의 어린 시절은 그녀를 매우 아끼던 아버지의 친구들과, 모스크바 상류 사회의 가장 고귀한 무리에 해당하는 어른들 속에서 펼쳐졌고, 이는 궁정의 삶에 대한 그녀의 인상을 일찍이 풍부하게 해주었다. 예카테리나의 죽음과 파벨 1세의 즉위는 오를로프의 입지를 위협했고 심지어 위험한 지경에 빠트렸다. 알렉세이 오를로프는 안전을 위해 딸과 함께 외국으로 여행을 떠났다. 당시 오를로프 형제의 분위기는 훗날 푸시킨이 기록한 자그랴시스카야와의 대화가 잘 보여준다. "Orloff était régicide dans l'âme, c'etait comme une mauvaise habitude. 나는 그를 드레스덴의 교외 공원에서 만났다. 그는 벤치 내 옆자리에 앉았다. 우리는 파벨 1세에 대해 떠들었다. '그 멍청이! 어떻게들 그를 참아내는 거지?' — '어이구, 아저씨, 그럼 저보고 어쩌라는 말씀이세요? 어쨌든 그를 목 졸라 죽일 수는 없는, 일 아니에요.' — '그렇게 하면 왜 안 된다는 거지?' — '뭐라구요? 당

∷

24) 가브릴라 데르자빈, 『시집』, 99쪽.
25) 가브릴라 데르자빈, 『전집』(전 9권) 3(СПб., 1863~1883), 598쪽.

신 따님이 그런 일에 연루될 수도 있어요, 알고 계시죠?' — '알고 있다마다. 아마 난 아주 기뻐할 걸세.' 그는 그런 사람이었다."(XII, 177)

아버지 영지에서의 삶은 매우 긴장되고 모순된 방식으로 흘러갔다. 전기 작가의 증언에 따르면 오를로바 체스멘스카야는 아버지의 영지에서 열리는 온갖 파티에서 벗어나 종종 교회에서 홀로 기도를 하곤 했다. 하지만 회상기 특유의 미화하는 스타일을 교정해주는 또 다른 증거들도 없지는 않다. "아버지가 원해서, 또 손님들의 여흥을 위해 그녀는 어깨에 숄을 걸치고 탬버린을 든 채 코사크 춤이나 집시 춤, 혹은 러시아 민속 춤 따위를 추곤 했다. 이때 하녀 두 명이 그녀 대신에 어린 백작영애로서는 그다지 점잖다고 할 수 없는 동작을 취하곤 했고, 손님들이 그녀를 둘러싸고 경건한 원을 그렸다."[26] 이 시기 오를로바의 삶은 거의 기록으로 남아 있지 않다. 그녀에 관한 귀중한 사료는 베셀로프가 출판한 빌모트 자매(마르타와 캐더린)의 편지이다. 이 편지와 마르타의 일기에는 오를로바의 겉치레 없는 소박한 행동이 언급되어 있다. 1804년 3월 16일 자 일기에 그녀는 교외

∴

26) 미하일 플랴예프, 『옛 모스크바: 수도의 옛날 삶의 이야기들』(M., 1990), 148쪽. 하지만 위에 묘사된 이미지는 아마도 과장이나 헛소문의 결과일 것이다. 최소한 다분히 고지식한 영국 여자였던 빌모트 자매는 백작영애의 춤에서 아무런 비난받을 만한 점을 발견하지 못했던 것이다. 아버지에게 보낸 편지에서 마르타 빌모트는 이렇게 적고 있다. "엄마에게 보낸 마지막 편지에 우리를 둘러싼 삶의 사건들에 대해 전부 이야기했어요. 여전히 우린 오를로프 백작의 멋진 파티에 다니고 있답니다. 러시아 스타일이라 무엇보다 마음에 들어요. 파티는 언제나 '긴' 폴로네즈로 시작되는데(그건 음악에 맞춘 산책 같답니다), 그러고 나면 우리는 컨트리 댄스를 시작하곤 해요. 그 중간중간에 백작영애가 춤을 추는데, 이제껏 제가 본 것 중(그림을 포함해서) 그 어떤 것도 그보다 더 우아하고 아름답진 못합니다. 오를로바의 날렵한 아름다움에 비한다면 해밀턴 여사의 모습은 저속해 보일 지경이에요. 정말이에요. 매력적인 백작영애의 자연스러움과 신선함을 화폭에 담고 싶을 지경이었다니까요. 숄을 두르고 추는 그녀의 춤사위는 빼어난 아름다움 그 자체였어요."(예카테리나 다시코바, 『메모』, 240쪽.)

소풍에 관해 적고 있다. "오를로프가(家)의 매력적인 백작영애는 말을 몰줄 아는 유일한 여성이었기에 아버지의 마부 역할을 했다. 그들의 마차 앞에는 마부 두 명이 있었다. 좌마 기수는 말 두 필을, 그녀는 말 네 필을 끌었다. 그것은 벌집 모양으로 생긴 높고 가볍고 지극히 아름다운 사륜 쌍두마차였다."[27]

아버지가 사망한 후 그녀는 후견인의 보호를 받는 삶을 원치 않았고[이 때문에 그녀는 오를로프가 막내인 삼촌과 다투었다], 후원자나 남성 보호자 없는 독립된 젊은 여성의 사치스러운 삶을 영위했다. 엄청난 부로 인해 가능해진 호화로운 삶은 그녀를 겁주지 못했다. 그녀는 청혼자들을 거절했고, 비극적으로 끝난 단 한 번의 사랑 이후에, 틀림없이 독신으로 살기로 결심했다. 아마도 여기서 그녀는 가장 오를로프가 사람다운 기질을 보인 듯하다. 무제한의 자유를 향한 추구가 바로 그것이다. 1808년 1월 9일 자 마르타 빌모트의 일기에는 백작영애의 삶에서 운명적 사건에 관한 언급이 적혀 있다. "오늘 아침 오를로프 백작의 장례식이 있었다." 뒤이어 덧붙이기를, "젊고 매력적인 오를로프의 딸은 참을 수 없을 정도로 비통해했다. 하지만 그녀는 흔히 그런 것처럼 슬픔을 전시하듯 내보이지는 않았다. 다른 친척들은 인사차 잠시 들를 뿐이었지만, 그녀는 매일같이 아버지의 관 옆을 지켰다. 오를로바의 모든 삶은 평범한 이성을 파괴할 만한 상황 속에 있었지만, 그녀는 영혼의 순수함을 지켜냈고 그 모든 유혹보다 더 높이 서 있었다."[28] 누구나 부러워할 만한 이 러시아 신부의 재산은 그녀 자신을 포함해 동시대인 그 누구도 정확히 계산할 수 없을 정도였다. 영국 여인은

∴

27) 예카테리나 다시코바, 『메모』, 251쪽.
28) 예카테리나 다시코바, 『메모』, 368쪽.

토지를 제외하고 30만 루블(40만 파운드)을 추정했지만, 여기에다가 지하실에 쌓인 다이아몬드와 진주 등 각종 보석류와 다카트 금화가 담긴 커다란 트렁크 세 개를 추가해야만 한다. 더 신뢰할 만한 러시아 기록에 따르면, "상속 재산의 연 수입은 100만 루블에 달했으며, 2,000만 루블에 해당하는 보석류를 제외한 부동산의 가치는 4,500만 루블에 이르렀다."[29]

아버지의 장례식 이후 그녀는 지출과 행동에 있어 조심스럽고 조용한 삶을 살았고, 그래서 가십의 먹잇감이 되지 않았다. 이 시기 동안 그녀의 삶에 대한 동시대인들의 침묵이 그에 대한 명백한 증거이다. 그녀가 경험했던 불행한 사랑, 그리고 아마도 다른 사람을 따르지 않는 오를로프 가문의 기질이 독신으로 살기로 한 결심의 원인이었을 것이다. 그렇다고 당시 그녀가 신비적 충동을 보인 것도 아니었다. 가령 성지로의 여행은 대규모 편의시설을 동반했다. "그들은 마차 아홉 대에 더해 부엌 차, 음식 차, 곡물 차를 대동했다."[30] 동시에 그녀는, 푸시킨의 표현을 빌리면 포상과 직위가 줄을 이었다. 1817년에 그녀는 궁녀에 임명되었고 이후엔 알렉산드르 1세가 다이아몬드로 장식한 여제의 초상화를 수여했다. 또한 니콜라이 황제 때는 예카테리나 여제 훈장을 받았다. 1828년에 그녀는 러시아와 유럽을 순방하는 긴 여행에 여제를 수행했다. 그러나 이 모든 것은 외부에 비친 그녀 삶의 외적 측면일 뿐이었다. 모든 것을 소유한 백작영애는 남몰래 그 모든 것을 내던져버릴 꿈을 꾸었던 것이다. 무제한의 자유를 지녔던 그녀는 무한한 복종에 목말라했다. 상식과 중용은 [그녀를] 유혹할 수 없었던바, 오를로바는 준엄한 리더를 찾고 있었다. 이 극단주의 너

∵

29) 미하일 플랴예프, 『옛 모스크바』, 147쪽.
30) 예카테리나 다시코바, 『메모』, 402쪽.

머에는 위업을 향한 갈망이 어른거리고 있다. 다른 세기였다면, 그녀는 이 비타협성에 걸맞은 전혀 다른, 아마도 반항적인 표현을 찾아낼 수 있었을 것이다.

정신적 비호자로서 그녀가 선택한 사람은 수도사제 안필로피이야였다.[31] 노인은 곧 사망했고, 그 이후 오를로바의 삶은 포티와 엮이게 된다. 포티*는 1792년 가난한 집에서 태어났다. 구세주 공동묘지 부속 교회의 관리자였던 아버지는 아들을 심하게 때렸다. 그는 다니던 사범학교에서 공부를 잘하지 못했고, 그곳에서도 매를 맞곤 했다. 사범학교를 졸업하고 상트페테르부르크 종교 아카데미에 입학했지만 그곳에서도 공부를 게을리해 1년 만에 제적되었다. 이후 그는 알렉산드르 넵스키 종교 학교에서 교사로 일했다. 그에게는 불운에 시달리는 영원한 일꾼, 곧 정신적인 아카키 아카키예비치[고골의 소설 「외투」의 주인공]의 운명이 드리운 듯했다.

사범학교에서 그는 엄격한 고행자였던 대수도원장 이노켄티의 신임을 얻게 되었다. 포티 자신이 훗날 이노켄티의 모든 말과 행동, 모습과 행위를 열심히 기록했다고 인정했다. 1817년에 그는 수도사의 지위를 얻었고, 유년사관학교의 정식교사로 임명되었다. 사관학교에는 이제껏 그가 다가갈 수 없었던 사회 계층 출신의 아이들이 공부하고 있었다. 즉 접근할 수 없었던 것이 접근 가능해진 것이다. 이후 그의 행동은 공공연히 사치스러

••

31) 미하일 플랴예프, 『옛 모스크바』, 148쪽을 보라.

---

* 포티(속세명: 표트르 니키티치 스파스키)는 알렉산드르 1세 시기에 각종 연줄과 독특한 신비주의적 전략을 통해 권력의 정점에까지 오른 인물로, 황제와의 특별한 관계, 오를로바 백작영애와의 스캔들, 눈에 띄는 금욕주의적 행동 등으로 페테르부르크 사회와 민중들에게 화제가 되었다.

워졌다. 고행의 수련이나 쇠사슬, 신경 경련의 지경에까지 이르는 금식을 통해 그가 정말로 신비적 비전을 경험했을 수도 있다. 하지만 분명한 것은 그의 신비 체험의 일부는 거친 모방에 불과했으며, 더욱 중요한 것은 그가 이것들을 노련하고 노회하게 이용했다는 사실이다.

그의 야망은 끝이 없었다. 페테르부르크에 정착한 이후 그는, 남몰래 모함을 준비하고 있었던 골리친*의 도움으로 군주에게 접근하여 강한 인상을 남기는 데 성공했다. 이후 포티는 광신자의 행위와 계략가의 행위를 결합시켰다. 마스크를 바꿔 써가면서 그는 다양한 힘에 의존했다. 궁중 부인네들의 모임에서는 준엄한 폭로자와 고행자의 마스크를 쓰고 나타났고, 거친 행위를 뽐내며 신의 신비한 중개자 역을 자임했다. 알렉산드르 시대의 여타 종교적 위계를 배경으로 그의 뻔뻔함은 현저히 눈에 띄는 것이었다. 그는 심지어 사도적인 단순함의 후광을 드리우는 불경스러운 비난까지 서슴지 않았다. 포티의 행동은 궁중 여인들에게 영향을 끼쳤고, 거기서 그는 한편으로는 자신을 두려워하는 궁정 사회에, 다른 한편으로는 충성을 바치는 다른 교회 계층에 자신이 끼친 대조적인 영향을 잘 활용했다. 불경스러운 폭로를 포함한 포티의 행동에 황제마저도 영향을 받았을 정도였다.

오래지 않아 포티는 알렉산드르의 사적인 대담자의 위치에까지 올랐고, 이를 이용할 수 있었다. 하지만 포티의 '용기'(그에게 영광을 가져다준 에피소드, 즉 자신의 상관 및 당시 그의 완전한 비호자였던 골리친의 추방을 선포한 일을 포함한다)는 치밀한 계산에 따른 것이었다. 포티가 노브고르드 유리옙스키

---

* 알렉산드르 니콜라예비치 골리친(Aleksandr Nikolaevich Golistyn, 1773~1844)은 알렉산드르 1세 시기 최고 종무원의 검사장으로, 포티가 황제를 알현할 수 있도록 힘쓰고 그를 적극 추천했으나, 포티의 비밀스러운 모함으로 인해 파문당하게 된다.

수도원을 선택한 것은 우연이 아니었다. 이 수도원은 아락체예프*와 가장 가까운 곳에 위치했던 것이다. 수도원은 둔전병제**의 정신적 요새가 된 듯 했다. 아락체예프가 적수 골리친을 제거하기 위해 포티를 이용한 것인지, 아니면 포티가 자신의 지위를 공고히 하기 위해 아락체예프를 이용한 것인지는 말하기 어렵다. 하지만 그들이 서로의 이득을 위해 공고히 뭉쳤다는 사실은 논쟁의 여지가 없다. 아락체예프는 감상적인 사람이었지만 특별히 종교적이지는 않았다. 파벨 황제의 흉상으로 봉헌와인을 마신 행위는 황제의 이교 숭배를 떠올리게 한다. 그와 교제할 때 포티는 주저 없이 자신의 신비적 가면을 벗곤 했다.

포티는 그런 사람이었다. 그의 영향으로 인해 백작영애 오를로바 체스멘스카야는 1820년대에 거의 노예의 지경에 이르렀다. 그의 권력의 고분고분한 수행자가 되어 그녀는 엄청난 돈을 포티의 수도원에 쏟아부었다(포티는 자신의 사심 없음과 일상의 사도적 엄격함을 공공연히 강조했지만, 열성적으로 수도원의 부를 축적했다). 오를로바 가문 특유의 전횡과 오만함, 무한의 크기를 향한 열망은 심리적으로 자발적 복종을 통한 영혼의 구원이라는 관념을 북돋았다. 이는 자기 자신에 대한 폭력이었다.

오를로바와 포티가 연인 관계라는 소문이 돌았다. 젊은 푸시킨은 다음과 같은 에피그라프를 붙였다.

---

* 알렉세이 안드레예비치 아락체예프(Aleksei Andreyevich Arakcheev, 1769~1834)는 알렉산드르 1세 시기, 특히 집권 후반기에 엄청난 신임을 얻었던 육군장관으로, 러시아 포병의 개혁자이자 둔전병제의 최고 책임자로서 자유주의를 억압하는 반동정치를 폈다. 황제 알렉산드르는 집권 말기에 사실상 그에게 국내 정치를 일임하다시피 하고 국제 정치에 몰두하면서 신비주의에 탐닉한 것으로 흔히 이해된다. 하지만 로트만은 이런 일반적 견해를 의문시하고 그 모든 것 뒤에는 황제 자신의 노련한 의도가 깔려 있었다고 본다.
** 알렉산드르 1세 시대 때 군사복무가 농사일과 결부되던 제도.

포티와 백작영애 오를로바 사이의 대화

"내가 네게 알리는 바에 주목하라

나는 몸으로는 내시이고, 영혼으로는 남편이니라."

— 그럼 제게 무엇을 하실 건지요?

"나는 내 몸을 영혼으로 바꿀 것이다."

백작영애 오를로바 체스멘스카야에게

독실한 아내

영혼을 신에게 바친,

하지만 죄 많은 육신은

대수도원장 포티에게 바친.(II, 496, 497)

그러나 여기서 오를로바와 포티의 실제 관계는 볼테르식 풍자의 언어로 번역되면서 왜곡되고 있다. 포티를 향한 자발적 복종은 백작영애가 포티와 포티나의 음탕한 이야기마저 참아 넘기도록 했다. 모스크바의 옛 거주자는 이 스캔들을 다음과 같이 회고하고 있다. 언젠가 수도원 병동에 "페테르부르크 발레단 무용수였던 포티나라는 젊은 여자가 나타났다. 극장에서 성공할 것 같지 않자 그녀는 다른 장소에서 눈에 띄는 역할을 하기로 결심했다. 병동에 도착하자 그녀는 자신이 나쁜 혼에 사로잡혔다고 선언했고 포티가 그녀를 치유하기 시작했다. 경련을 동반한 주문 기도가 끝나자 외침이 울려 퍼졌다. '나갈게, 나갈게!' — 그리고 나서 여인은 의식을 잃고 쓰러졌다. 의식을 회복하자 그녀는 악마에서 벗어났다고 선언했다.

그녀에게 수도원 근처에 묵을 곳이 제공되었다. 포티는 그녀를 보살폈다."

새롭게 출현한 이 성자는 이후 방탕한 생활을 시작했다. 이와 관련된 스캔들이 끊이지 않았는데, 아마도 금욕주의와 미심쩍은 행동의 이 결합이 포티를 사로잡았던 듯하다. 수도원에서는 "수도원 근방에 거주하는 여인들이 수도원의 저녁 예배 자리에 모이되, 모두 수도승과 같은 옷을 입고 기도를 해야만 한다"[32]는 규칙이 생겼다. 오를로바 백작영애는 이 마녀의 밤 연회에 참여했고 아마도 그것을 또 하나의 복종 시련으로 받아들였던 듯하다. 이렇듯 독립성을 향한 충동은 자발적 노예 상태로 뒤집혔던 것이다.

마지막으로 생각해볼 것은, 결국 최종적으로 독단의 죄악에 대한 신비적인 거절이 백작영애를 누구의 손으로 이끌었는가 하는 점이다. 이에 대한 다분히 피상적인 대답은, 포티이다. 그러나 포티 자신이 그런 의미를 지닐 수 있었던 것은 오직 그가 아락체예프의 패를 연기할 수 있었기 때문이었다.

그런데 의식적으로 강요된 이런 논리적 행보를 따라가서는 안 된다. 크릴로프의 우화를 떠올릴 필요가 있다.

이 문제에 대해 맹수들은 어떤 생각에 이르게 되었나?

모든 악행을 늑대에게 미루면, 사자에게는 좋겠지.[33]

∴

32) 미하일 퍄예프, 『옛 모스크바』, 150쪽.
33) 이반 크릴로프, 『전집』 3, 175쪽.*

---

* 크릴로프의 우화는 다음과 같다. 백수의 왕인 사자는 양을 싫어했는데, 공공연하게 그들을 없애기는 꺼림칙했다. 이에 여우가 충고하길 양의 보호를 늑대에게 맡기라고 했다. 그 계획은 너무나 잘 이루어져, 며칠 지나지 않아 양은 거의 다 사라졌다.

이 시기에 알렉산드르 황제가 모든 권한을 아락체예프에게 양도하고 자신은 신비주의의 안개 속으로 침잠했다는 많은 역사가들의 확신은 다만 부분적으로 옳을 뿐이다. 왜냐하면 더 중요한 사실은 이것이 황제의 일관된 전략에 부합한다는 점이기 때문이다. 그것은 현 상태에서 '총애를 받는 자'의 등 뒤로 숨는 것, 즉 그의 머리 위로 사회의 모든 불만을 던져버리는 것이다.

무엇보다 미몽에서 깨어나야 할 사람은 포티였다. 골리친의 자리에 시시코프가 지명되었던 것이다. 아주 성공적인 선택이었다. 그는 종교 및 정치 영역의 의고주의자 그룹의 일원이었지만 동시에 '대담(Beseda)' 그룹[러시아어를 사랑하는 사람들의 회합]의 정직한 수장이기도 했다. 그는 '사원에서 장사를 하는' 포티를 둘러싼 그룹에는 낯선 사람이었다. 시시코프의 지명과 그 뒤를 이은 골리친을 향한 공격이 자유주의 진영에서 동조적 반응을 이끌어냈던 것에 주목하라.

> 그의 선한 의도를 마침내 숙고한 후
> 우리의 차르는 정직한 수도원장을 선택했다.
> 시시코프는 이미 학문 통치를 떠맡았고
> 그는 20년의 영광에 의해 영예를 얻었다······(III, 368)

골리친의 몰락과 그 당시의 모든 변화 뒤에서, 그러니까 아락체예프의 뒤에서 우리는 알렉산드르 황제 자신의 모습을 명확하게 볼 수 있다. 메테르니히는 자신이 황제의 눈을 양털로 가렸다고 믿었고, 포티는 신비적인 볼거리로 알렉산드르를 속여 넘겼다고 여겼으며, 러시아 사람들은 실제로는 아락체예프가 나라를 통치하고 차르는 정치에서 수동적 역할만 할 뿐이라 생각했다.

하지만 언제나처럼 알렉산드르는 자신이 지명한 인물의 등 뒤에 숨어서 마지막 순간 권력을 자신의 손안에 쥔 것이라고 가정할 수 있다. 알렉산드르는 자신의 유토피아, 즉 무장한 러시아의 실현을 향한 길로 나아갔다. 그렇게 되면 자신은 이 모든 치욕적인 끈을 벗어던지고 다시금 러시아와 유럽의 구원자가 되어 자유와 신의 의지를 화해시킬 수 있으리라 믿었던 것이다. 안나 오를로바는 이 거대하고 환상적인 계획을 위한 작은 계단에 불과했던 것이다.

당대의 재능 있는 여성이 자신의 개별성을 드러낼 수 있는 또 다른 방법은 문학 살롱이었다. 살롱 문화는 17~18세기 프랑스에서 꽃피었다. 원칙상 그것은 격의 없는 비공식 모임이었다. 이 점에서 살롱은 아카데미에 대립한다. 마담 랑부예의 살롱에서 비공식적 정치와 문학의 경향들이 합류했다. 이 전통은 계몽주의 철학 살롱으로 이어졌다. 철학 살롱의 모델은 유명인, 곧 지성과 취향을 가진 사람들의 회합으로서 구축되었다. 그들은 토론의 가능성을 없애버릴 정도로 동일한 생각을 가져서도 안 되지만 이 토론이 친구들, 최소한 동료들 사이의 대화가 될 수 있을 정도의 인물들이어야만 했다. 지적인 담화의 예술은 이 살롱에서 계발되었다. 그것은 계몽을 엘리트주의와 결합하는 지성의 세련된 유희였다. 이 모든 행성을 위한 태양은 단연 살롱의 여주인, 즉 마담이었다. 그녀는 반드시 연애 사건에 휘말리지 않을 정도의 연령대여야만 했다. 사회적 신분상 그녀는 대개 자신의 추종자들보다 높은 지위였다. 철학자들이 몰두하는 세계가 그녀 속에 구현되어 있었고, 그들은 열성을 다해 그 세계를 흔들어놓았다. 백과사전주의자들은 이 세계의 몰락을 서둘렀고, 그들에게 다행스럽게도 살롱

그림 4 레핀의 〈광활한 공간!〉

대부분은 갈망하던 그 시대까지 살아남지 못했다.

　바로 이로부터 자크 카조트*에 관한 유명한 플롯이 나왔다. 그는 살롱의 모든 멤버에게 철학적 미래와, 그들이 꿈꾸는 그 미래의 도래에 관해 예언을 했다. 예언적 영감 속에서 그는 아직까지 만들어지지 않은 단두대와 그들 모두를 기다리는 테러에 관해 이야기했던 것이다.

　이 모든 에피소드는 물론 전설의 색채를 띠고 있고 회고적으로 만들어진 것이다. 그와 비교할 수 있는 것이 레핀의 그림 〈광활한 공간!(Kakoi prostor!)〉(그림 4)이다. 화가의 화폭에는 파도가 일렁이는 유빙과, 그 위에 서로 손을 꽉 잡은 남녀 대학생이 그려져 있다. 그들은 팔을 벌려 유빙의 흐

---

* 　자크 카조트(Jaeques Cazotte, 1719~1792)는 1772년 『사랑에 빠진 악마』를 출간해 프랑스 환상문학의 시작을 알린 작가로, 예수회와 단절한 후 신비주의에 빠져들었다. 1788년 저명 인사들과의 저녁 식사에서 자신의 죽음을 예언한 것으로 유명하다. 4년 뒤 예언대로 단두대에서 처형되었다.

름과 그들 아래 끝없이 펼쳐진 공간을 반기고 있다. 예술가는 분명 그들의 행복감을 함께 나누고 있다. 프랑스 계몽주의 활동가들은, 19세기 초반 러시아의 인텔리겐치아처럼, 새로운 세기의 황혼을 기쁘게 환영했던 것이다.

1820년대 러시아의 살롱은 혁명 전 파리 살롱을 지향하기는 하지만 그와 본질적으로 구별되는 독특한 현상이다. 파리에서처럼 살롱은 선택된 마담들을 중심으로 돌아가는 특별한 태양계였다. [하지만] 안주인이 살롱의 삶에 연애의 뉘앙스를 도입하는 매력적인 여성이 되는 경우가 파리에서는 예외에 불과했다면, 러시아의 살롱에서는 필수가 되었다. 살롱의 안주인은 자신의 아름다움과 매력을 예술적 재능 및 기지와 결합시켰다. 러시아에서 살롱의 방문객들을 안주인에게 붙잡아둔 고리는 백과사전주의자들을 이런저런 살롱에 연결시켰던 끈이 아니라 선택된 여성을 향한 집단적인 기사도 정신이었다. 1820~1823년 소피야 포노마레바의 살롱이나 1820년대 후반 지나이다 볼콘스카야의 살롱이 바로 그러했다.

소피야 드미트리예브나 포노마레바의 살롱은 바추로에 의해 연구되었는데, 그의 매력적인 분석은 일상을 예술의 차원으로까지 고양시킨 이 뛰어난 여인의 '삶의 소설'을 잘 보여주었다.[34] 우리는 포노마레바의 살롱을 예술 작품이라 부를 수 있는데, 왜냐하면 그것은 반복 불가능한 어떤 것이기 때문이다. 그것은 어떤 것도 모방하지 않았고 연장될 수도 없었다.

소피야 포노마레바에 관한 일반적인 시적 재현에서 드러나듯이, 그녀의 행위는 예측불가능성과 변덕스러움을 특징으로 한다.[35]

••

34) 바딤 바추로, 『푸시킨 시대의 러시아 문학적 일상사로부터』(M., 1989)를 보라.
35) 에르미타주에 있는 와토의 그림 〈변덕스러운 여인(La Boudeuse)〉과 비교하라. 이 그림은 여인의 변덕스러운 행위의 완결된 '프로그램'을 구현한다. 변덕, 그것은 개인성의 권리를 향한 투쟁의 초기 형태이다.

오 제멋대로인 소피야여! —

라고 시인 바라틴스키는 적었다.[36] 그녀에게 바쳐진 수많은 시와 훗날 헌정된 비문은 집요하게 어린아이-여성의 이미지를 반복해 보여준다. 그녀의 포즈는 삶을 가지고 노는 장난꾸러기 아이의 그것이다.

꽃피고 빛났다
기쁨에 넘치는 눈빛으로.
어린아이처럼 삶을 유희했다……[37]

마치 아이가 장난감을 가지고 놀듯이 지상의 삶을 가지고 놀다가
금방 그것을 부숴버렸다. 틀림없이 거기서 위안을 얻었다.[38]

성인 여성의 '아이 같은' 행동은 미숙함을 일종의 개인적 규범, 즉 특별한 경우에만 허용되는 규범으로 확증한다. 이는 '오직 그녀에게만' 허용되는 것으로서, 따라 해서도 안 되고 반복될 수도 없다. 이런 미숙함의 특징은 그것이 특수한 재능이나 여성적 매력과 뒤섞여 있다는 데서 결정된다. 이 예측 불가능한 어린아이-여성은 여성과 어린아이의 위격으로 번갈아 나타난다. 그녀의 추종자들은, 그들이 지금 상대하고 있는 것이 순진하게 스스로를 애매모호한 상황으로 (그것의 애매성을 인식도 못 한 채로) 몰고

••

36) 예브게니 바라틴스키, 『시 전집』(전 2권) 1, 98쪽.
37) 니콜라이 그네디치, 『시집』(JI., 1956), 135쪽.
38) 안톤 델비그, 보리스 토마솁스키 엮음, 서문 및 해설, 『시 전집』(JI., 1959, '시인의 도서관' 대형 시리즈 2판), 180쪽.

가는 어린아이인지, 아니면 나방이 불꽃으로 뛰어들듯이 몰두하는 대상에 몸을 던지는 열정에 찬 여인인지를 고통스럽게 가늠해야만 했다.

예측불가능성의 상황은, 이와 같은 소설의 여주인공이 예리한 지성과 언어를 지녔다는 사실에 의해 보충된다. 예측할 수 없는 일들로 직조된 그녀의 삶은 예술 작품의 구성적 완결성과 합쳐져, 젊음과 성공의 절정에서 맞이하는 갑작스러운 죽음으로 완결된다. 만일 소피야 포노마레바의 삶이 행위로 실현된 시라면, 이 창작적 활동에 참여한 모든 시인들―알렉산드르 예피모비치 이즈마일로프와 오레스트 소모프, 블라디미르 파나예프, 보리스 표도로프(악명 높은 '보르키들'), 야코블레프, 오스톨로포프에서 그네디치, 델비그, 바라틴스키에 이른다―은 이 시적인 삶을 시 텍스트로 바꾸어놓았다. 소피야 포노마레바의 살롱에서 시험을 거치고, 그다음엔 이즈마일로프의 문학계를 통과한 이 텍스트들은 조금씩 잡지와 연감의 지면에 등장하게 되었고, 결국은 문학사의 사실로 변해갔다. 바추로가 설득력 있게 보여주었듯이, 오직 소피야 포노마레바와의 합일만이, 그녀의 추종자들이 예술의 사실을 자신들의 사랑 고백으로 바꿔놓았을 때와 같은 그런 재능을 통해서, 삶을 예술로 바꿔놓을 수 있었다.

1820년대 중반 지나이다 볼콘스카야의 살롱은 이와는 다른 분위기가 지배하고 있었다. 경박함과 문학적 딜레탕티슴으로 유명했던 벨로셀스키 벨로제르스키 공작 가문에서 태어나, 최상의 교육을 받고 다섯 개의 언어를 구사할 줄 알았던 부유하고 걱정 없는 공작영애 볼콘스카야는 유럽 살롱의 스타일을 약간의 보헤미안 기질, 그리고 숨길 수 없는 정치적 독립성과 결합시켰다. 심지어 그녀가 훗날 자신의 로마식 궁전에 푸시킨과 베네비티노프에게 바쳐진 고대 대리석 소품과 나란히 알렉산드르 1세의 흉상을 놓아두었다는 사실마저도 혁명적 뉘앙스를 지닌다. 선왕에 대한 이런 존경의 제스처는 당대의 황제[니콜라이 1세]를 향한 그녀의 반대를 강조해줄 뿐이었다.

니콜라이 1세는 공작영애가 러시아를 떠나도록 만들었다. 이로써 황제는 가톨릭으로의 '의심스러운' 전향에 대해 벌을 내렸지만, 동시에 그것은 공공연히 강조된 그녀의 불만에 대한 징벌이었을 것이다. 그녀의 살롱은 실제로는 정치적 성격을 띠지 않았다. 하지만 아름다움에 대한 숭배의 예술적 분위기로 채워진 그 섬은, 예기치 않게도, 니콜라이식 질서를 배경으로 전혀 중립적이지 않은 성격을 얻게 되었다. 진정한 자유에 관한 푸시킨의 훗날의 언급을 떠올려보라.

권력에 의존하는 것과 민중에 의존하는 것……
죄송하지만 다 마찬가지가 아닌가?
　　　　　　그 누구의 눈치도 보지 않고
오직 나 자신만을 기쁘게 섬겨
고관이든 하인이든 누구에게든
양심과 사상과 긍지를 굽히지 않아
마음 내키는 대로 여기저기 돌아다니고
조물주가 만드신 자연의 아름다움에 감탄하며
예술과 영감의 창조물 앞에서
환희에 찬 감격으로 전율하는 것
— 바로 이것이 행복이다! 이것이 권리다……(III, 420)

공작영애의 '미학화된' 독립성은 시베리아로 징역형을 떠나는 남편을 따라나선 마리아 볼콘스카야*를 배웅했던 것에서도 잘 드러난다. 여기서 기억할 것은 미망인이 된 황후의 궁녀였던 볼콘스키의 어머니가 징역형을 떠나게 된 아들의 배웅을 마다하고, 니콜라이 1세의 즉위식에 참석하기 위해 모스크바로 떠났다는 사실이다. 이런 상황에서 지나이다 니콜라예브나 볼콘스카야는 모스크바에서 올케를 위한 떠들썩한 배웅의 자리를 마련했던 것이다. 그 자리에는 이탈리아의 유명한 음악인과 가수, 그리고 푸시킨을 포함한 지식 사회의 핵심 멤버들이 참석했다. 마리아 볼콘스카야는 이렇게 적었다. "모스크바에서 나는 내 셋째 시누이인 지나이다 볼콘스카야에게 들렀다. 그녀는 내가 결코 잊지 못할 따뜻함과 인자함으로 나를 맞아주었다. 그녀는 염려와 관심, 사랑과 연민으로 나를 안아주었다. 음악을 향한 내 열정을 알고 그녀는 당시 모스크바에 있던 모든 이탈리아 가수들과 몇몇 재능 있는 여인들을 초대했다. 아름다운 이탈리아 음악은 나를 환희에 가득 차도록 했고, 이것이 내게 마지막이 될 수도 있다는 생각에 더욱 아름답게 느껴졌다(……) 나는 그들에게 말했다. '좀 더, 좀 더 해주세요. 내가 음악을 더 이상 듣지 못하리라는 걸 생각해주세요!' 우리의 위대한 시인 푸시킨도 그 자리에 있었다."[39]

지나이다 볼콘스카야가 올케를 위해 조직한 연회는 데카브리스트들에 대한 정치적 동조의 표시가 아니었다. 그녀가 시위한 것은 다른 것이었다. 그것은 권력으로부터의 **예술의 독립성**이었다. 하지만 당시는 비정치적인 것이 정치적인 입장으로 바뀔 수 있는 상황이었다.

∴

[39] 알레브티나 쿠드랴브체바 옮김, 파벨 쉐골레프 전기 및 주석, 『마리아 니콜라예브나 볼콘스카야 공작영애의 메모』(СПб., 1914), 61쪽.

---

* 데카브리스트의 핵심 멤버였던 세르게이 볼콘스키 공작의 부인으로 1812년 조국전쟁의 영웅인 라옙스키 장군의 딸이기도 하다.

그림 5 먀소예도프의 〈볼콘스카야의 살롱〉

　'예술의 사제들'의 신화적인 연회 장면을 묘사한 먀소예도프의 그림(그림 5)은 예술에 대한 다양한 견해와 재능을 지닌 추종자들이 모여드는 '마법의 섬'인 볼콘스카야의 살롱 이미지를 잘 보여준다. 먀소예도프의 화폭에는 지나이다 볼콘스카야가 밀로의 비너스상 발치에 앉아 있고 그녀를 둘러싸고 베네비티노프, 푸시킨, 호먀코프, 뱌젬스키, 포고딘이 앉아 있는 모습이 그려져 있다. 그녀의 양 끝에 앉아 있는 차다예프와 미츠키에비치의 형상이 그림의 구성적 중심에 해당한다. 차다예프는 생각에 잠긴 포즈를 취하고 있고, 미츠키에비치는 열정적으로 시를 읊고 있다.

　예술가가 모아놓은 이 거장들의 회합의 사실 여부와 관계없이, 그림은 볼콘스카야 살롱에 관한 역사적 신화를 아주 정확하게 재현한다. 뱌젬스키는 미츠키에비치에 대한 회상기에서 이렇게 적고 있다. "모스크바의 지나이다 볼콘스카야의 집은 당대 사회의 모든 뛰어난 인물들이 모이는 세련된 회합의 장이었다. 사교계의 별들, 고관대작과 미녀, 청년, 노인, 지식인, 교수, 작가, 언론인, 시인, 예술가들이 그곳에 모였다. 거기에선 독회, 콘서트, 딜레탕트와 애호가들에 의한 이탈리아 오페라 공연이 벌어졌다. 예술가들 가운데 그들의 우두머리 격으로 안주인이 서 있었다. 그녀의 목소리를 들은 사람이라면 꽉 차고 울림이 풍부한 콘트랄토 음성과, 로시니 오페라의 탄크레디 역을 맡은 그녀의 생생한 연기가 주는 강렬한 인상을 잊을 수 없을 것이다. 나는 지금도 생생하게 기억한다. 그녀가 푸시킨을 처음 만난 날, 게니시타가 곡을 붙인 그의 엘레지를 불렀던 장면을.

한낮의 천등(天燈) 꺼지고
푸른 바다 위로 저녁 안개가 내려앉았네.

푸시킨은 이 섬세하고 예술적인 애교의 유혹에 완전히 감동했다. 그의 얼굴이 여지없이 붉어졌다. 미츠키에비치는 모스크바에 온 첫날부터 볼콘스카야 저택의 열성적인 참여자이자 가장 고명한 손님이 되었다. 그는 그리스 방(Pokoj Grecki)이라 불리는 시를 그녀에게 헌정했다."[40]

볼콘스카야의 살롱은 이런 유형의 모임이 흔히 그렇듯이 고유한 전설을 갖고 있다. 이 전설은 안주인을 향한 베네비티노프의 짝사랑에 관한 것인데, 그 사랑은 젊은 천재의 요절로 인해 비극적으로 중단되었다. 그런 식의 전설은 살롱의 분위기를 위한 필수적인 장식이었다. 하지만 지나이다 볼콘스카야의 회합을 통합하는 힘은 사랑의 감정이 아니라 예술에 대한

40) 표트르 뱌젬스키, 『미츠키에비치에 관한 회상 // 전집』(전 12권) 7(СП6., 1878~1896), 329쪽.

숭배였다. 뚜렷하게 강조된 미학주의는 그녀의 살롱에 다소 차가운 성격을 부여했다. 이는 특히 그녀의 살롱에 바쳐진 푸시킨의 세련된 시에 나타난 전형적인 살롱 묘사에서 확인된다.

> 방탕한 모스크바 가운데서
> 휘스트와 보스턴[카드놀이] 중에,
> 무도회 가십의 헛소리 중에도
> 너는 아폴론의 교리를 사랑한다.
> 뮤즈와 미의 여왕
> 너는 부드러운 손으로 부여잡는다.
> 영감의 마법 같은 홀(笏)을
> 그리고 생각에 잠긴 네 눈썹 위로
> 이중의 화관으로
> 천재의 불꽃이 요동치고 번뜩인다.
> 너에게 붙잡힌 시인을,
> 평화로운 부족을 내치지 말라.
> 나의 목소리를 웃으면서 듣기를.
> 카탈로니아 사람들이 지나가듯이
> 방랑하는 유목민에 귀 기울여라.(III, 54)

포노마례바(혼인 전 성으로는 포즈냐)와 볼콘스카야(혼인 전 성으로는 벨로셀스카야-벨로제르스카야)라는 두 여인의 성 사이에는 시기적으로 그렇게 비슷했던 두 살롱 사이에 가로놓인 그들의 상이한 사회적 지위와 분위기를 말해주는 의미심장한 차이가 나타난다. 하지만 이보다 더 눈에 띄는 것은 삶의 실제 현실과 대립하려는 그들의 공통된 지향이다. 두 살롱 모두에서 우리는 일상적인 것(저속한 것) 너머(au dessus de vulgaire)로 나아가려는 시도를 목도하게 된다.

파스테르나크의 표현을 빌리면 치욕적인 삶 너머로 상승하기 위한 그 길은 사회에 의해 비난받을 만한 것으로 간주되었다. 시에서 (가령 레르몬토프의 펜 아래서) 이것은 창녀의 낭만적 이미지를 형성했다.

세상이 우리에게 멸시의 딱지를 붙이도록 내버려두라.
우리의 예기치 않은 연대.
세속의 편견으로
네가 가족을 잃는다 해도 내버려두라.

그러나 세상의 우상들 앞에
나는 내 무릎을 꿇지 않으리라.
너처럼, 그 안에 담긴 대상을 모른다.
강렬한 악의도 아닌, 사랑도 아닌.[41]

일상적 현실에서 이 이미지는 낭만적 색채를 잃었고, 문학에서는 '학대받고 모욕받은' 이미지로만 되돌아왔다. 가령 네크라소프는 그것의 사회적 차원을, 도스토옙스키는 그것의 종교적 차원을 연구한 바 있다.

19세기 초반 러시아에서 여성의 낭만적 항거는 낭만주의적 여주인공의 이미지 속에서 실현되었다. '예의 바름'이라는 단어는 낭만주의의 언어에서

∴

41) 미하일 레르몬토프, 『전집』(전 6권) 2, 190쪽.

'관례성'으로 번역되었고, 그에 반하는 항거는 두 가지 얼굴을 지녔다. 하나는 문학에서의 시적 자유이고, 다른 하나는 실제 삶 속에서 사랑의 자유였다. 전자는 '자연스럽게' 남성 행위의 옷을 입고 종이 위에서 구현되었고, 후자는 '여성'의 옷을 입고 일상적 삶에서 실현되었다. 자크렙스카야*의 이미지가 보여주는 이중적 본질이 바로 그와 같았다. 푸시킨의 시에서 그녀는 다음과 같이 그려진다.

자신의 불타는 혼으로,
자신의 열렬한 열정으로,
오 북방의 아내들이여, 당신들 사이에
그녀는 때로 나타난다.
세상의 모든 조건을 지나서
힘이 다할 때까지 투쟁한다.
마치 불법적인 혜성처럼
계산된 행성들 사이에서(III, 112)

시적 세계 속에서 자크렙스카야의 대화는 푸시킨의 시 「벗」에 반영되어 있다. 거기서 '광인과 반항자의 열정'을 담은 '환희의 언어'는 그 자유분방함으로 시인을 놀라게 한다.

---

* 자크렙스카야(A. F. Zakrevskaya, 1799~1879)는 내무대신을 역임했던 핀란드 군무지사 자크렙스키의 부인이었다. 다소 기묘한 남자관계로 유명했던 그녀는 당대의 '악마적' 여성 (상류 사회의 고상한 행동규범의 파괴자) 이미지의 대표적 인물이었다. 푸시킨은 「초상화」와 「벗(Napersnik)」에서 그녀를 묘사했고, 바라틴스키는 서사시 「무도회」의 공작부인 나나의 형상을 그녀에게서 가져왔다.

너의 이야기를 멈추어라

숨겨라, 너의 공상을 숨겨라

그것의 불타는 전염병이 나는 두렵다

네가 안 것을 아는 게 나는 두렵다!(III. 113)

하지만 그 열정이 얼마나 진실했던 간에[42], 남성의 행위에서 그것은 여전히 문학이었다. 당대의 남성 행위에서 문학과 삶의 관계는 복잡한 것이었고 지극히 다양한 해석 가능성을 낳았다. 푸시킨의 시는 진정 어린 것이었지만, 뱌젬스키에게 보낸 편지에서 그가 '청동 비너스'(푸시킨과 뱌젬스키의 편지에서 자크렙스카야는 이렇게 불렸다)에 관한 애매한 농담을 첨가했을 때도, 혹은 편지에서 뱌젬스키와 함께 열정과 질투의 유희를 벌였을 때 역시도 그는 진심이었던 것이다.

심지어 푸시킨이 자크렙스카야에 대한 사랑의 지배자의 마스크를 썼을 때조차 그녀의 이미지를 떨어뜨리지 않았다. 그는 1828년 9월 1일 페테르부르크에서 뱌젬스키에게 보낸 편지에서 이렇게 썼다. "자네의 청동 비너스가 없었다면 난 아마 따분해서 죽어버렸을 걸세. 그녀는 재미있고 사랑스럽다네. 난 그녀에게 시를 써 주었지. 그런데 그녀는 나를 자신의 뚜쟁이로 만들었다네(계속된 호의와 작금의 내 선의로 그렇게 했는데, 아마도 이에 대해선 동명의 출판물*과 똑같은 말을 할 수 있을 걸세. '의도는 좋았으나, 결과는 좋지 않군.')."(XIV. 26)

∵

42) 가령 자크렙스카야를 향한 바라틴스키의 사랑은 심오하고 비극적이었다.

---

* '선한 의도'는 우화작가 이즈마일로프가 발행한 문학잡지의 이름이다.

19세기 초반 러시아에서는 '예술적'이고 '연애-낭만적'인 여성 행위에 대립하는 것으로 "적절한 예절(comme il faut)"이라는 귀족적 개념이 존재했다. 이것의 중요한 특성은 세속적인 익명성이었다. 두 개의 놀랍도록 비슷한 묘사—그중 하나는 일상적 장면을 스케치하고 다른 하나는 문학에 속한다—를 예로 들어보자. 두 텍스트는 둘 다 상류사회를 그리고 있는데, 그들의 공통점은 독특함이 곧 무례함과 동일시된다는 점에 있다.

첫 번째 예는 튜체바의 회상기에 등장한다. 거기엔 소피야 카람지나의 살롱이 묘사되어 있다. 예카테리나 안드레예브나와 니콜라이 미하일로비치 카람진가(家)의 살롱은 1810년대 페테르부르크의 문화적 중심지의 하나였다. 그 살롱의 독특함은 그 건물 3층에 있는 니키타 무라비예프의 사무실에 데카브리스트들이 모이곤 했다는 사실에 있었다.* 하지만 1830년대에는 상황이 현저하게 달라졌는데, 살롱의 안주인이 아버지의 전통을 고수하고 있다고 믿었기에 그 차이점은 더욱 눈에 띌 수밖에 없었다(튜체바의 회상기는 카람진 가문 첫째 딸의 살롱을 묘사하고 있다). 소피야 카람지나의 살롱은 문화적이고 지적인 중심성을 잃어버렸다. 그것은 익명의 세속적 교제를 위한 매끈한 기계에 불과했다. "영감에 찬 현명한 리더이자 환대하는 살롱의 영혼은 물론 소피야 니콜라예브나였다. 소피야는 엘리자베타 이바노브나 프로타소바와의 첫 결혼에서 얻은 카람진의 딸이었다. 그녀의 어머니는 소피야를 낳다가 사망했다. 연회가 시작되기 전 그녀는 마치 싸움터의 노련한 장군처럼, 혹은 전략을 짜는 학자처럼 방에 커다랗고 붉은 소파를 배치하고,

---

* 시인 니키타 미하일로비치 무라비예프(Nikita Mikhailovich Muravyev, 1757~1807)가 살던 페테르부르크의 판탄카 35번지는 당시 수도의 문화적 중심지 역할을 했다. 그 집 2층에 1818년부터 니콜라이 카람진이 가족과 함께 세 들어 살고 있었다. 푸시킨의 『예브게니 오네긴』에 이 집에서 열린 비밀회합을 회고하는 장면이 나온다.

그 사이사이에 가벼운 의자를 놓았다. 이는 대담을 위한 편안한 그룹을 만들기 위한 것이었다. 그녀는 모든 손님이 완전히 자연스럽게 혹은 우연히 자신에게 제일 잘 맞는 말동무 곁에 자리한 것처럼 느끼게끔 만드는 재주를 갖고 있었다. 이 점에 관해서라면 그녀는 완벽한 조직력을 지녔다. "가련하고 사랑스러운 소피야, 나는 지금도 눈앞에서 보는 듯하다. 그녀가 마치 분주한 꿀벌마냥 한 그룹에서 다른 그룹으로 옮겨 다니면서, 그들을 묶어주거나 떼어놓는 모습을. 재기에 찬 언변이나 일화를 재빨리 포착하고, 멋진 화장을 알아보고, 늙은이와 젊은이들의 카드 그룹을 만들어주고, 외로운 노부인의 말상대가 되어주는가 하면, 수줍어하는 신참자의 용기를 북돋아주는 등, 한마디로 교제의 자리를 예술과 덕의 경지로까지 끌어올리기 위한 최상의 기예를 발휘하는 모습을 말이다."[43]

튜체바의 회상기에 묘사된 장면은 톨스토이의 『전쟁과 평화』를 너무도 생생하게 연상시키는 나머지 당시 아직 출판되지 않았던 튜체바의 회상기를 톨스토이가 읽은 것이 아닌가 하는 생각을 떨칠 수 없을 정도다. 물론 톨스토이의 소설에 나타난 작가의 감정적 뉘앙스는 정반대이지만 이로써 오히려 해당 장면의 닮은 점이 강조될 뿐이다. 이 유사성의 뿌리에는 살롱 최상의 이데아로서 비독특성을 추구하는 원칙적인 지향이 놓여 있다. 카람지나의 살롱은 1830년대에 알려졌고 안나 파블로브나 셰레르의 살롱은 1800년대에 알려졌지만, 두 살롱을 지배하고 있는 것은 완전히 동일한 분위기였다.

∴

43) 안나 튜체바, 『두 황제의 뜰에서. 니콜라이 1세와 알렉산드르 2세에 관한 단편과 회상들』 4(M., 1979), 17쪽.

……엄격한 질서

과두정치적인 환담들

그리고 고요한 오만함의 냉기,

관등과 나이의 이 결합(VI, 168)

"안나 파블로브나의 야회는 바야흐로 무르익어갔다. 북은 사방에서 규칙 바르게 끊임없이 소리를 냈다. '백모님' 옆에는 오직 한 사람, 실컷 울고 난 듯 볼이 푹 꺼진 얼굴을 한 중년 부인이 앉아 있었는데, 그녀는 이 화려한 자리에는 조금도 어울리지 않았다. 이 둘을 제외한 나머지 사람들은 세 패로 나뉘어 있었다. 비교적 남자가 많은 패에는 주교가 중심이 되어 있었고, 또 젊은 사람들이 모인 패에는 바실리 공작의 딸인 미모의 엘렌과 조촐하고 뺨이 발그레한, 나이에 비해 약간 뚱뚱한 볼콘스키 공작의 젊은 부인이 섞여 있었고, 마지막 셋째 번 패에는 모르테마르 자작과 안나 파블로브나가 끼어 있었다." 야회의 중심은 망명한 자작이었다. "안나 파블로브나도 분명 이 사람을 손님들에게 대접하려는 속셈인 것 같았다. 솜씨가 뛰어난 요리사가 지저분한 부엌에서, 보면 먹고 싶은 생각이 나지 않는 쇠고기 한 조각을 아주 훌륭하게 만들어서 식탁에다 내놓은 것처럼, 이 야회에서도 안나 파블로브나는 처음엔 자작을, 그다음엔 주교를 무엇인가 초자연적인 공을 들여 요리해내어 손님들에게 권하는 것이었다."[44]

낭만적인 살롱과 세속적인 살롱은 그 시대 여성적 행위의 두 가지 상반된 관점을 구현하는 듯하다. 만일 낭만주의 시대에 여성의 자유가 **여성적**

..

44) 레프 톨스토이, 『전집』 4(M., 1979), 17쪽. [번역본] 톨스또이, 박형규 옮김, 『전쟁과 평화』 1 (삼성출판사, 1989), 27~28쪽.

자유로 여겨졌다면, 19세기 중반 이후 민주적 부흥의 시기에는 여성에게서 인간이 강조되었다. 속물화된 일상 행위에서 이것은 남성의 머리 모양, 남성의 직업, 남성적 제스처와 언술을 따라 하는 것으로 표현되었다(이미 살펴봤듯이 남성복을 전유하는 경험은 조르주 상드의 경우가 그렇듯이 아직까지는 지나친 낭비로 여겨졌다). 이 대립은 가령 통이 넓은 스커트[45] 따위의 유행하는 세속적 무도회복과 '일하는 여성'의 소박한 의복 사이의 투쟁으로 실현되었다.

예를 들어 A. K. 톨스토이의 풍자는 니힐리스트 언어의 스테레오타입적인 성격, 즉 폭발이 한순간에 스테레오타입으로 변해버리는 모습을 모방한다.

급류(유행)에 놀라, 아름다움으로부터 도망친다.
그리고 그들은 독살스럽게 외친다.
"아, 그는 얼마나 속물인지! 아, 그는 얼마나 덜떨어졌는지!
현대성이라곤 전혀 찾아볼 수가 없구나!"
그러나 마당으로 뛰쳐나가며 급류는 말한다.
"우리 민둥산에서도 마찬가지였지.
오직 마녀들만이 벌거벗은 채 맨발로 다녔지.

∴

45) 수호보 카블린(Sukhovo-Kobylin)의 〈타렐킨의 죽음(The Death of Tarelkin)〉에 나오는 다음 구절을 참고하라. "……진보를 천명했을 때, 그는 진보보다 더 앞서갔다. 그렇게 해서 타렐킨은 앞에 서고 진보는 뒤에 남겨졌다! 여성 해방이 유행했을 때, 타렐킨은 그가 여성이 아님을 한탄했다. 군중들 앞에서 스커트를 벗어 보여주면서, 해방되려면 어떻게 해야 하는지를 몸소 보여줄 수 있었을 텐데"[알렉산드르 수호보 카블린, 『과거의 장면들』(M., 1869), 400~401쪽.]

하지만 최소한 그들에겐 긴 머리채는 있었다네!"[46]

이미 살펴봤듯이, 여성과 남성의 동등한 권리라는 구호 아래 진행된 여성 해방의 지난한 과정은 사실상 '남성'의 사회적 역할과 직업을 여성 또한 차지할 권리가 있다는 식으로 해석돼왔다. 19세기 중반에 이르러서야 '남성'이 되기 위한 투쟁이 아니라 '인간'이라는 단일한 개념 속에서 남성과 여성이 동등하게 받아들여지기 위한 투쟁이 시작되었다. 이를 위해서는 단한 사람의 여성일지라도 전통적으로 남성이 독점해온 영역에서 자신의 능력을 증명할 필요가 있었다. 이런 의미에서 러시아뿐 아니라 유럽 문화사 전체에서 진정한 역사적 전환점에 해당하는 것이 바로 소피야 바실리예브나 코발렙스카야 같은 여성의 출현이다. 이에 비견될 수 있는 것은 인민주의자들의 정치 투쟁에 나타난 남성과 여성 역할의 동등화뿐이다.

코르빈 크루콥스키 자매(결혼 후 성은 자클라르와 코발렙스카야)는 두 가지 가능성을 실현한 것처럼 보인다. [언니] 안나 바실리예브나 코르빈 크루콥스카야는 도스토옙스키의 사랑을 거절했다. 도스토옙스키는 그녀에게 구애했지만 거절당했다. 그녀가 선택한 사람은 사형선고를 받고 탈옥한 파리 코뮌의 참여자였다. 작가의 아내에 따르면 도스토옙스키는 그녀에 대해 이렇게 말했다. "안나 바실리예브나는 내 삶에서 만났던 가장 훌륭한 여성 중 한 명이었다. 그녀는 대단히 현명하고 문학적 소양이 풍부했으며 아름답고 선량한 마음을 갖고 있었다. 그녀는 높은 도덕적 자질을 갖춘 여자였다. 하지만 그녀의 신념은 나의 것과 완전히 반대였고, 그녀는 이를 포기할 수 없었다. 그녀는 지나치게 올곧은 사람이었다. 때문에 우리의 결혼

∙∙

46) 알렉세이 톨스토이, 『시 전집』1(Л., 1984), 177쪽.

생활은 아마도 절대 행복할 수 없었을 것이다. 나는 진심으로 그녀가 신념을 공유하는 사람을 만나 그와 함께 행복하길 바란다!"[47] 그녀의 여동생인 소피야 코발렙스카야는 문화의 격변기에 숙성되곤 하는 바로 그런 종류의 인격이었다.

르네상스가 다방면의 재능을 지닌 사람들, 그들의 재능이 문화의 특정 영역에 국한될 수 없는 인간들을 만들어내는 것은 물론 우연이 아니다. 이어지는 격변, 즉 17세기 말에서 18세기 초반의 시기가 프랑스에서는 백과사전주의자들을, 러시아에서는 로모노소프를 탄생시킨 것 역시도 물론 우연이 아닐 것이다. 폭발은 다면적 재능을 만들어낸다. 여성의 문화적 역할에서 그와 같은 폭발은 19세기 후반에 일어났다. 요컨대 그것은 소피야 코발렙스카야 같은 여인을 탄생시켰던 것이다.

수학자이자 교수였으며, 다국어로 작품을 쓰기도 한 작가 코발렙스카야는 바로 그와 같은 문화적 활동의 다면성으로 인해 주목을 끌었다. 그녀가 1884년에 교수직에 취임하고 그로부터 1년 후 스톡홀름 대학교 기계과의 학과장에 부임한 사실은, 소피야 페롭스카야를 남성 인민주의자들[*]과 함께 처형하도록 명령한 알렉산드르 3세의 조치와 비교할 수 있을 것이다. 여성은 더 이상 학문적인, 그리고 정치적인 할인을 받지 않게 되었던 것이다. 알렉산드르 3세의 경우, 그는 예기치 않게 로베스피에르처럼 행동했던 바, 알다시피 후자는 단두대가 여성과 남성의 차이를 알지 못한다는 사실

∴

47) 『동시대인이 회상한 도스토옙스키』(전 2권) 2(M., 1964), 37쪽.

---

* 제정 러시아 말기 활동했던 '인민의 의지'(People's Will) 당원들을 말한다. 알렉산드르 2세 암살을 포함한 다수의 테러를 조직했다.

을 증명한 바 있다. 푸시킨은 '마지막 무서운 순간'의 평등, '위엄 있는 수난자'와 그의 살해자들, 샤를로트 코르데 다르몽*과 매력적인 뒤바리**, 그리고 광인 루벨과 반역자 베르통에 대해 쓴 적이 있다.(XI, 94~95)

교수직과 페테르부르크의 단두대는 남성과 여성의 절대적 평등을 상징했다. 단지 전자를 위해서는 스톡홀름으로 가야 했고, 후자는 국내에서 실현 가능했을 뿐이다. '자신의' 땅과 외국의 이 역설적인 동등화는 일찍이 사제장 아바쿰이 지적한 바 있다. 그는 수난자가 과업을 완성하기 위해서는 "페르시아로 가야만 한다"고 말했으며, 쓰디쓴 아이러니를 담아 우리에겐 '자신의 바빌론'이 있다고 덧붙였다.[48]

평등은 확립되었다. 이제 여성은 남성의 역할을 가장할 필요가 없어졌다. 이는 전대미문의 효과를 불러왔다. 20세기 초반 러시아 시에는 일련의 천재적인 거장 여류 시인들이 출현했다. 아흐마토바와 츠베타예바는 자신들의 뮤즈의 여성적 본질을 감추기는커녕 외려 강조했다. 하지만 그럼에도 그들의 시는 더 이상 '여성적인' 시가 아니었다. 그들은 여류 시인이 아닌 그냥 시인으로서 문학에 등장했던 것이다.

여성이 보편 인류적 위상을 획득해가는 과정에서 그 정점을 담당한 것은 '여권 신장'을 위한 전사들(Valkyrie)도, 여성 동성애의 전도사들도 아니

∵

48) 『고대 루시 문학의 기념비들: 17세기』, 388쪽.

---

* 　마리 안 샤를로트 코르데 다르몽(Marie-Anne Charlotte de Corday d'Armont, 1768~
　　1793)은 프랑스 혁명 당시 좌파 정치가인 장 폴 마라를 암살했던 스물다섯 살의 소녀로 단
　　두대에서 처형되었다.
** 전직 창녀였던 뒤바리 백작부인(Madame du Barry)은 루이 15세의 후궁이 되었으나 황제
　　의 사후 단두대에서 처형되었다.

었다. 그것은 정치와 국무에서 남성을 대체했던 여성들, 즉 20세기 정치와 과학에서의 '대처 여사(Lady Thatcher)'들이었다. 하지만 우리 앞에 제시된 그 무엇보다 선명한, 거의 상징적인 장면은 마리나 츠베타예바와 보리스 파스테르나크의 대립이었다. 핵심은 츠베타예바가 사적인 관계에서 남성성을 보였고, 파스테르나크는 '여성성'을 보여주었다는 점에 있지 않다. 더 중요한 것은 남겨진 서한 및 작품들과 더불어 이 점이 그들의 시 속에 어떻게 반영되었는가 하는 점이다.

비대화된 여성적 열정으로 점철된 츠베타예바의 서정시에서 여성적 '자아'는 전통적인 남성의 자질을 부여받는다. 공격적 충동이나 시를 노동과 수공예, 그리고 용기로 간주하는 것 따위가 그러하다. 여기서 남성에게 부여된 역할은 시적이지 않은 보충적인 것들뿐이다.

끝없는 속물성을 갖고서
가련한 자여, 도대체 어쩌려는 것인가?[49]

츠베타예바를 특징짓는 속성은 '남성복 옷소매'와 업무용 책상이다. 아마 그녀 이외의 그 어떤 시인에게서도 사랑이 일할 시간을 빼앗는다는 불평[50]을 찾아볼 수 없을 것이다. 사랑이란 유일한 진짜 존재임에도 불구하고 말이다.

∴

49) 마리나 츠베타예바, 『작품 선집』(M. : Л., 1965), 262쪽.
50) 젊은 푸시킨의 대담한 시와 비교하라. "하지만 노동은 차갑고 공허하다. / 시는 결코 가장 육감적인 입술의 미소만 못하다."(II, 41)

젊음 — 사랑

노년 — 온기

존재할 시간이 없다

갈 곳도 없다.[51]

비겼다. 나는 당신들에게 먹혔고

당신들은 나에 의해 그려졌다.

당신들은 저녁 식탁에,

나는 작업용 책상에 놓이게 될 것이다.

왜냐하면 나는 이오타(iota)*만으로 행복하므로

그 밖의 음식을 알지 못하므로.[52]

여성성이 이토록 경멸에 젖어 있는 다른 시를 찾아보기는 어려울 것이다. '재잘거림'과 그 대가가 나란히 있다.

아마도 재잘거림과 계산서 가운데서

이 영원한 여성성에 지쳐버렸다.

권리 없는 내 손을 기억하는가

그리고 남성복의 소매를[53]

∙∙

51) 마리나 츠베타예바, 『작품 선집』, 275쪽.
52) 마리나 츠베타예바, 『작품 선집』, 302쪽.
53) 마리나 츠베타예바, 『작품 선집』, 194쪽.

---

* 그리스어 알파벳 L에 해당하는 것으로 문학(Literature)을 뜻한다.

이것은 푸시킨의 시대를 건너뛰어 18세기로, 그러니까 시를 "가련한 각운 맞추기"[54]로 여겼던 로모노소프나 혹은 시를 "신성한 과업"으로 명명했던 메르즐랴코프(아흐마토바의 "신성한 공예"[55]와 비교)에게로 되돌아가는 것과 같다.

이런 시를 배경으로 할 때, 파스테르나크의 본질적인 여성성, '여성적 운명과 같았던' 그의 입장은 대조적 의미를 얻는다. 그의 시의 여성성은 심지어 플롯에 있는 것이 아니라 근본적인 감수성과 '피동성'에 있다. 이 시는 취하지도 않고 지배하지도 않으며 강요하지도 않는다. 대신에 그것은 초자연적이고 초인간적인 것에 자신을 내어준다. 그것의 승리는 '모든 것에 패배함'에 있다. 츠베타예바가 자신의 언어를 통해 세계를 향해 분출한다면, 파스테르나크는 세계를 자신 속에 빨아들인다. 츠베타예바는 그녀 '자신'에게 침잠한다. 파스테르나크는, 닥터 지바고가 그렇듯이 언제나 한결같은데, 왜냐하면 언제나 '타자' 속으로 개방되기 때문이다. 하지만 이는 이후 러시아에서 다름 아닌 남녀평등의 이념이 여성을 탄압하는 형식으로 바뀌었다는 [또 다른] 사실을 없애지는 못한다. 자연적 차이는 실현 불가능한 유토피아의 희생물이 되었고, 사실상의 착취로 바뀌었던 것이다.

이미 살펴보았듯이 우리의 관심을 끈 문제는 생리학과 기호학의 경계지대에 자리한다. 여기서 무게중심은 언제나 어느 한쪽 영역으로 기울게 되어 있다. 기호학적 문제로서 그것은 다른 사회문화적 코드들, 가령 생리학적 측면과 문화적 측면의 대립으로부터 인위적으로 분리될 수 없다. 예를 들어 일본에서 그것은 가족을 위한 여인과 쾌락을 위한 여인(게이샤)의

∵

54) 미하일 로모노소프, 『전집』(전 10권)(M.; Л., 1953), 545쪽.
55) 안나 아흐마토바, 『시와 서사시』(Л., 1976), 207쪽.

대립으로 이끌었다. 중세 유럽에서는—왕족의 사생활에서—출산의 임무를 맡은 부인과 쾌락을 제공하는 연인 사이의 합법화된 대립으로 이끌었다. 이 두 가지 문화적 기능의 분리는 전체적으로 '정상적인' 사랑과 동성애적 사랑 사이의 대립으로 나아갔다.

페테르부르크 사관학교에서 유행한 동성애는 필시 생리학적 뿌리를 갖고 있을 터인데, 왜냐하면 그들은 특별히 선발된 다수의 청소년 및 젊은이들이었기 때문이다. 하지만 동성애가 연대의 독특한 전통으로 바뀌게 되는 경우, 이미 그와는 다른 성격을 획득하게 된다. 고골은 기병대의 차별적 특수성을 아이러니적으로 강조한 바 있다. "P 보병 연대는 다른 많은 보병 연대와는 전혀 다른 종류의 것이었다. 비록 대부분 시골에 주둔했지만 어떤 기병대에도 뒤떨어지지 않을 편제를 자랑했다. 장교들 대부분은 독주를 마셨고, 어느 경기병 못지않게 유대인의 머리채를 잡아당길 줄 알았다. 몇몇은 심지어 마주르카를 췄는데, P 보병 연대의 사령관은 사회에서 누군가와 이야기를 할 때면 그에 관해 언급할 기회를 절대로 놓치지 않았다. 그는 대개 말끝마다 배를 가볍게 두드리며 이렇게 말했다. '나한테는 마주르카를 출 줄 아는 병사가 아주 많답니다. 아주아주 많지요.' 독자들에게 P 보병 연대의 교양 정도를 더 잘 보여주기 위해서 덧붙여야 할 것은 장교 두 명이 끔찍한 내기 도박 트럼프를 해서 결국 제복과 모자, 외투, 칼끈, 그리고 속옷까지 잃어버렸다는 사실이다. 이건 근위기병대에서도 좀처럼 보기 힘든 일이다."[56]

일상적 관점에서는 과오로 간주될 만한 것이 기호학적 관점에서는 사회적 제의의 기호가 될 수 있다. 니콜라이 시대의 동성애는 근위기병대의 제

∵

56) 니콜라이 고골, 『전집』 1, 286쪽.

의적 과오였는데, 이는 경기병에게 무절제한 만취가 지니는 의미와 같은 것이었다.[57] 예컨대 타지에 흩뿌려진 오래된 귀족정의 온갖 결점을 자신 안에 끌어모은 왕정주의자·망명가이자 미남자였던 단테스와 판 헤이케런 간의 떠들썩한 관계는, 만일 그것이 근위기병대의 제의적 결함(동성애)의 일부가 아니었다면 페테르부르크 사회의 침착하고 완고한 도덕을 배경으로 절대 불가능했을 것이다. 공식적인 페테르부르크에서는 마치 이 '결점' 이 존재하지 않는 것처럼 구는 것이 관례였다. 푸시킨이 말했듯이, 세상은

......과오를 벌하지 않는다,
다만 그것이 비밀이 되길 요구할 뿐이다.

하지만 비공식적으로는 이 제의적 결함들이 헌신의 기호로서 받아들여 졌다. 이 경우 세기말의 섬세함이 동성애에 부여되었다. 러시아 비평에서 '데카당스'라는 말이 회자되기 한참 전에 이미 이 프랑스 이민자들은 자극 적인 '세기말'의 정신을 페테르부르크 살롱에 들여왔던 셈이다.

..

57) 벌린바호프의 흥미로운 관찰에 따르면, 근위대의 제의적 과오의 독특한 예는 〈주라 주라-주라블(Zhura, zhura-zhuravel)〉이라는 선동적 노래였다.

제11장
폭발의 논리

우리는 언어의 공간에 잠겨 있다. 가장 근본적인 추상적 조건하에서조차 우리는 이 공간으로부터 벗어날 수 없다. 이 공간은 우리를 둘러싸고 있을 뿐이지만, 우리 자신이 그 공간의 부분인 동시에, 그 공간이 우리의 한 부분을 이룬다. 그런가 하면 우리가 언어와 맺는 관계는 이상적인 것과는 거리가 멀다. 그로부터 벗어나기 위해 우리는 엄청난 노력을 기울여야만 하는바, 즉 우리의 온갖 거짓과 일탈, 과오와 왜곡을 바로 그 언어들의 탓으로 돌려버리는 것이다. 언어와의 투쟁의 시도는 언어 자체만큼이나 오래된 것이다. 하지만 역사는 한편으로 그 시도의 가망 없음을, 다른 한편으로 그 시도의 영속성을 확신시켜준다.

기호계의 기초 중 하나는 비단종성이다. 시간축상에는 상이한 순환 속도를 지니는 다양한 하부 체계들이 이웃하고 있다. 가령 우리 시대 유럽에서 여성복 패션이 1년 주기로 바뀐다면, 언어의 음운 구조는 우리의 일상적 지각으로 보기엔 너무도 느린 나머지 마치 불변하는 것처럼 여겨지기도 한다.

다수의 체계는 다른 체계들과 부딪히게 되며, 비행 중에 자신의 외양을 바꾸고 궤도를 변경한다. 기호학적 공간은 자유롭게 움직이는 다양한 구조의 파편들로 가득 차 있는데, 그것들은 전체에 관한 기억을 자신 속에 담지한 채로 낯선 공간 속에 떨어져서 갑작스럽게 맹렬히 재생될 수 있다. 기호계 속에서 충돌하는 기호학적 체계는 생존하고 변형될 수 있는 능력을 드러내는데, 말하자면 마치 프로테우스(Proteus)처럼 그 자신으로 남아 있으면서 '다른 것'이 될 수 있다. 따라서 이 공간 안에서 무언가의 완전한 소멸을 말하는 것은 대단히 경계해야 한다.

완전히 정적인 구조, 전혀 변화하지 않는 기호학적 구조란 있을 수 없다. 그런 테제를 허용한다 할지라도, 그것들의 가능한 결합이 (설사 이론적 차원에서라도) 제한되어 있음을 인정하지 않을 수 없다.[1] 다음과 같은 레르몬토프의 에피그라프가 문자 그대로 받아들여져야만 하는 것이다. "시인은 자기 앞발을 핥아 먹으려 애쓰는 곰을 닮았다."

하지만 강조해야 할 것은 세미오시스의 닫힌 세계를 기호 외적 현실과 분리하는 경계선은 삼투 가능하다는 점이다. 그 경계는 기호 외적 영역으로부터의 침투로 인해 끊임없이 위반되고 있는바, 침투의 과정에서 새로운 역동성을 도입하는 기호 외적 영역은 경계의 내부 공간을 변형시키는 동시에 그 공간의 법칙에 따라 그 자신 또한 변형된다. 더불어 기호학적 공간은 언제나 문화의 전 지층을 자신의 바깥으로 내몬다. 그것들은 문화의 경계 외부에 축적된 층을 형성하며, 다시금 닫힌 공간 속으로 들어갈 날을 기다린다. 새로운 것으로 받아들여지기 위해 얼마간 망각된 상태로 말이

∴

1) 다양한 닫힌 체계들의 교차는 닫힌 체계를 풍부하게 만들기 위한 원천의 하나이다. 음운 체계는 가장 안정된 체계에 속한다. 하지만 18세기 러시아어의 멋쟁이식 방언은 프랑스어로부터 새로운 모음의 차용을 허용하기도 했다. 푸시킨의 여주인공은 "러시아어 H을 프랑스어 N처럼 발음한다. 비음을 섞어가면서……."(VI, 46)

다. 기호 외적 영역과의 교환은 역동성을 위한 고갈되지 않는 저장고이다.

이 '영원한 운동'은 소진될 수 없다. 그 운동은 체계의 개방성을 통해 자신의 다양성을 끊임없이 경신하기 때문에 엔트로피 법칙의 지배를 받지 않는다.

하지만 다양성의 원천은, 그에 대립하는 구조들에 접속되지 않을 때 다만 카오스의 생성기로 변해버릴 수도 있다.

형식주의나 초기 구조주의 연구들을 현대적인 구조 분석과 구별하는 본질적인 차이점은 분석 대상의 고립에 있다. 전자의 학파들을 위한 시금석은 자족적으로 고립된 정태적 개별자로서의 텍스트라는 개념이다. 텍스트는 연구의 항수이며, 처음이자 끝이다. 텍스트의 개념은 본질상 선험적으로(a priori) 주어진다.

현대의 기호학적 연구 또한 텍스트를 가장 근본적인 개념의 하나로 간주하지만, 텍스트 자체는 고정된 자질을 지닌 모종의 정태적 대상이 아니라 일종의 기능으로 여겨진다. 텍스트는 개별 작품이나 그 부분, 혹은 구성적 그룹이나 장르, 최종적으로는 전체로서의 문학의 자격으로 등장할 수 있다. 문제는 텍스트의 개념에 확장가능성이 도입된다는 데 있지 않다. 차별성은 훨씬 더 원칙적인 성격을 띤다. 텍스트의 개념 속으로 창조자와 관객의 추정이 도입되는바, 이때 그것들은 실제 작가나 관객과 반드시 일치하지 않을 수도 있다.

몇 해 전 러시아문학연구 진영을 들끓게 했던, 하지만 거의 생산적이지 못했던 이른바 텍스트 "정본(canon)" 편집 논쟁을 떠올려보자. 이 빈약한 이념의 지지자들이 학문적 영역보다는 행정 영역에서 더 큰 성공을 거둔 바 있는 모스크바의 문학연구자들이었다는 점은 특징적이다. 이 이념은 언제나 상식적 견해를 견지해왔던 텍스트학자(tekstolog) 토마솁스키로

부터 부정적 반응을 이끌어냈다.[2]

현대의 관점은 텍스트를 창조자와 관객의 관점이 교차하는 장소로 본다. [여기서] 제3의 구성소는 텍스트의 시그널로 간주되는 일정한 구조적 자질의 현전이다. 이 세 가지 요소의 교직이 특정 대상을 텍스트로 받아들이게 하는 최적의 조건을 구성한다. 그러나 이 요소들 중 어떤 것의 두드러진 표현이 나머지의 수축을 동반할 수 있다.

즉 작가의 입장에서 볼 때 텍스트는 역동적 상태에 놓인 종결되지 않은 것으로 나타나는 반면, (독자, 편집자, 출판가의) 외적 관점은 텍스트에 종결성을 부여하려 애쓰게 된다. 바로 이를 기초로 작가와 편집자 간의 다양한 충돌이 발생한다. 레프 톨스토이는 교정지를 종결된 텍스트로 보는 것에 반대하면서, 그것을 중단 없는 과정의 한 단계로 간주했다. 푸시킨은 「청동 기마상」의 재작업에 착수했는데, 검열에 의해 강제된 반절의 작업을 끝낸 이후에야 결국 그것이 이후 포기되어야 할 예술적 과정임이 판명되었다. 그렇게 해서 푸시킨의 가장 중요한 이 작품은 이른바 최후의 작가적 의지를 결여한 작품이 되고 말았다. 독자를 지향하는 편집자는 개작의 두 단계를 결합하면서 타협의 길로 나아가야만 한다. 연구자의 입장은 생성의 과정 중에 파악된 텍스트를 우리에게 제시한다. 최종적인 작가적 의지란 것은 허상임이 판명된다. 추다코바의 연구는 소설 『거장과 마르가리타』에 대한 불가코프의 작업의 다차원적 과정을 드러내 보였다. 이 과정 역시 최종 완결을 얻지 못했는데, 우리 앞에는 연구자(작가)적 관점과 편집자(독자)적 관점 사이의 투쟁이 놓여 있는 것이다.

∙∙

2) 보리스 에이헨바움, 『토마셉스키의 텍스톨로지 작업들』 // 보리스 토마셉스키, 『작가와 책. 텍스톨로지 스케치』(M., 1959, 2판), 3~22쪽.

문제의 근본에 놓인 바로 이 모순이 다(多)판본 출판의 불가피성을 낳는다. 학술원(Academy) 출판은 그것을 준비한 연구자의 권위나 형태의 호화로움이 아니라 작가적 인식을 향한 원칙적인 지향으로 특징지어진다.[3] 예술적 과정 중의 한 요소로서 텍스트를 받아들이는 것은 연구자적 입장의 내적 모순을 전제한다.

텍스트가 제기하는 근본 질문 중 하나를 다음과 같이 정식화할 수 있다. 유럽어에는 관사라는 범주가 있는데, 그것은 화자에게 친숙한 사적인 사물 세계에 국한된 이름들을 모국어에 반영된 추상적 일반화의 대상으로부터 구별한다. 러시아어에 관사가 존재하지 않는다는 사실은 이 범주 자체의 부재를 뜻하지 않는다. 그것은 다른 수단들을 통해 표현되고 있을 뿐이다.

사적 경험의 (3차원) 공간 영역에 전적으로 국한된 유아의 세계는 고유한 대상들로 가득 차 있다고 볼 수 있다. 이 [유아적] 언어[의 세계]에서는 고유명사의 지배와, 모든 어휘를 이 (고유명사의) 프리즘을 통해 받아들이려는 경향이 나타난다. 우리는 이미 블라디미르 솔로비요프의 유아어에서 이에 대한 사례를 끌어온 바 있다.* 세계를 고유명사들의 공간으로 바꿔놓으려는 지향은 여기서 특히 명백하게 드러난다. 다수의 민족 서사시에서

∵

3) 여기서 관점을 염두에 두는 것이 본질적이다. 이에 관해서는 보리스 우스펜스키, 『구성의 시학』(M., 1970)을 보라. 또한 그의 『(11~17세기) 러시아 문학어의 역사』(München, 1987)를 참조하라.

---

* 블라디미르 세르게이비치 솔로비요프(Vladimir Sergeyevich Solovyov, 1853~1900)가 어린 시절 자기가 가진 연필 한 자루 한 자루에 고유한 이름을 따로 붙였다는 에피소드로, 앞서 「고유명사들의 세계」 장에서 언급한 바 있다.

확인되는 것처럼, 세계를 명명하려는 서사시적 모티프는 언제나 한 가지 기능으로 수렴될 수 있다. 혼돈을 질서로 바꾸는 기능이 그것이다.

사적인 친숙함을 띤 고유명사의 세계(이는 엄마 품에 대응되는 언어학적 범주이다)와 객관성의 이념을 담지하는 보통명사의 세계는 서로 대립되는 두 개의 축이다. 실제의 발화는 하나의 영역에서 다른 영역으로 자유롭게 옮겨가는데, 이는 둘을 서로 섞어놓는 대신 반대로 그들의 대립을 더욱 두드러지게 할 뿐이다.

이 두 가지 언어 메커니즘 간의 관계는 우리가 예술 텍스트로 들어서는 순간 전적으로 새로운 것이 된다. 여기서 특별히 흥미로운 것이 바로 소설이다. 소설은 '제3자'의 공간을 창조한다. 언어적 구조의 측면에서 볼 때 그것은 작가와 독자의 세계 너머에 자리한 객관적 세계로서 주어진다. 그러나 동시에 그 공간을 작가는 친밀하게 채색된 어떤 것으로서 경험하며, 독자는 사적인 것으로 받아들인다. 제3자의 세계가 1인칭의 감정적 광휘에 의해 풍부해지는 것이다. 여기서 말하는 것은 작가가 주인공의 운명을 서정적으로 체험하거나 혹은 독자가 작가적 내러티브의 음조나 일탈에 반응할 수 있는 가능성이 아니다. 텍스트의 객관적 구성 자체가 독자에 의한 체험의 주관성과 모순되지 않는다. 잠재적으로 바로 그와 같은 가능성이 언어 속에 내장되어 있다는 것이다.

지구 반대편에서 일어난 자연재해에 관한 신문 보도를 우리는 가까운 지역에서 일어난 동일한 사건과 다르게 경험한다. 물론 우리 자신이나 지인에게 일어난 사건이라면 더 말할 나위가 없다. 핵심은 여기서 이 보도가 보통명사의 세계에서 고유명사의 세계로 이동한다는 사실이다. 후자의 세계에서 이 보도는 원칙상 사적인 것으로서 경험된다.

예술 텍스트는 이 경향을 가장 중요한 구조적 요소 중 하나로 바꿔놓는다. 그것은 우리로 하여금 모든 공간을 고유명사의 공간으로서 경험하도록 강제한다. 우리는 우리에게 사적으로 친숙한 주관적 세계와 그 안티테제 사이에서 동요한다. 예술적 세계에서 '낯선 것'은 언제나 '나의 것'이 되는 동시에 '나의 것'은 언제나 '낯선 것'이 된다. 그렇기 때문에 시인은 개인적 감정으로 침윤된 작품을 창조하면서 동시에 그것을 비극에서 벗어난 감정의 카타르시스로서 경험할 수 있다. 가령 레르몬토프는 자신의 서사시 「악마」에 관해 이렇게 말했다. "시를 통해 그로부터 벗어났다."[4] 하지만 자기로부터의 예술적 해방은 폭발이 배태한 일회적 모순의 끝이 아니라 다른 것의 시작을 통해 생겨나는 것이다.

예컨대 찰리 채플린의 모든 예술적 공간은 단일한 작품으로 간주될 수 있다. 배우의 전적으로 개성적인 재능과, 그의 모든 영화가 스크린 밖의 특정 공간과 맺는 직접적인 관련성이 그와 같은 인식을 정당화한다.

하지만 채플린의 유산을 독립된 자족적 텍스트들의 교체 과정으로 바라보는 견해 역시 마찬가지로 정당하다. 채플린의 초기작들[가령, 〈생계(Making a living)〉(1914)]은 당대 영화의 전통적인 스테레오타입과 서커스 기술 사이의 모순에 기초해 구축되었다. 제스처와 팬터마임 언어의 절묘한 구사는 스크린 위에 예측불가능성의 효과를 창출했고, 완전히 새로운 영화 언어를 만들어냈다. 이어지는 단계는 첫 번째 단계를 잇는 한편, 예술 언어의 새로운 체계를 향한 예기치 않은 전이에 기초했다. 〈방랑자(Tramp)〉, 〈징집(Conscript)〉(1915), 〈개의 삶(A dog's life)〉·〈어깨총(To Arms!)〉(1917~1918)과 같은 작품들은 서커스의 모티프를 도입함으로써 관객을 완전히 다른 장르의 세계로 데려가는 경지에 이르렀다. 제스처의 테

••

4) 미하일 레르몬토프, 『전집』 4, 174쪽.

크닉과 주제론적 충돌들 사이의 모순은 (이는 주인공이 1차 세계대전에서 참호 속 삶의 상황으로 옮아가 〈어깨총〉에서 가장 극명하게 드러난다) 전혀 다른 영화 언어의 체계로 날카롭게 이전하는 상황을 창조한다. 이 전이는 이전 과정의 단순한 논리적 연장이 아니다. 그것은 이후 채플린식 진화의 전형이 된 방식, 즉 관객의 입장에서 예기치 못한 항시적 변화의 길이었다. 매번 결정적 국면이 관객의 당혹감과 더불어 '새로운' 채플린의 탄생을 동반했던 것은 우연이 아니다.

〈황금광 시대(Gold Rush)〉에서 분기(razdvoenie)는 주요한 예술적 원칙이 되었다. 이는 멋을 부린 상의와 누더기 하의 사이의 대조를 통해 강화되었다. 의복과 제스처 사이의 모순 역시 능동적 역할을 수행한다. 황금을 좇는 부랑자의 누더기를 걸치고 있는 동안 그의 제스처는 나무랄 데 없는 신사의 모습을 띤다. 그러나 그가 백만장자가 되어 고급 옷을 걸치는 순간 그는 부랑자로 변한다. 몸의 구석구석을 저속하게 긁고 꼴사나운 제스처를 취하는 등, 모든 것이 의복과 역할의 부조화를 드러낸다. 여기서 이후 영화에서 매우 중요해지는 기법이 등장하는데, 주인공이 하는 역할에 따라 기억이 상실되고 획득되는 기법이 그것이다.

채플린이 빵 두 조각으로 다양한 동작을 보여주며 빼어난 인형 춤을 추는 에피소드*는 슈제트와 직접적인 관련성을 갖고 있지 않은 것처럼 보인다(이 장면은 불쌍한 주인공이 여주인공을 기다리는 장면에서 재미를 위해 삽입된 것이다). 하지만 사실 이 에피소드는 전체 영화의 열쇠에 해당한다. 그것을 통해서 '내면의' 찰리가 관객 앞에 제시되는바, 즉 거친 희극적 구조를 활성

---

* 일명 two bread dance 혹은 table ballet으로 불리는 유명한 장면으로 채플린은 빵을 찍은 포크를 양손에 쥐고 테이블 위에서 춤 스텝을 보여준다.

화시키면서 빼어난 예술성과 세련됨이 드러나는 것이다. 에피소드 전체는 외양에 대한 본질의 승리를 드러낸다. 그것 없이는 영화의 해피엔딩은 영화적 관례성이 부여한 원시적인 것이 되고 말았을 것이다. 그것은 영화의 결론에 행복의 가능성을 향한 유토피아적 희망의 뉘앙스를 부여해준다.

바로 이 도약으로부터 이전 단계들에서 일의적으로 예견될 수 없는 채플린 영화 언어의 완전히 새로운 단계, 보다 심각하고 절박한 영화들로의 이동이 가능해진다. 영화 〈위대한 독재자(The Great Dictator)〉(1940)는 형상의 내적 모순을 극단의 지경까지 몰고 가는데, 주인공은 두 개의 대립하는 인물, 서로를 거울처럼 반영하는 두 개의 형상으로 분리되기에 이른다. 풍자의 의미는 위대한 겉모습의 마스크를 벗겨버리는 것이다. 바로 이를 통해 언어 조직화의 기술적 장치에 불과했던 광대놀음이 그것의 내용으로 변모되는 것이다.

위대한 위기의 시절에 만들어진 두 편의 사회적·철학적 영화인 〈시티 라이트(City Lights)〉(1931)와 〈모던 타임스(Modern Times)〉(1935)는 외면과 본질의 모순에 기초한 새로운 언어의 발생을 마무리한다. 코미디 영화의 언어가 비극을 창조하는 수단이 됨으로써 철학적 보편성을 획득하는 것이다. 1947년에서 1950년대 초반까지의 영화 사이클은 또다시 전형적인 몰이해에 직면했다. 비평가들은 채플린의 쇠락을 이야기했다. 콧수염 없이, 샬럿*의 전형적인 마스크 없이, 관례적인 가면무도회의 의상 없이 등장하는 그의 모습은 과거의 위대한 시기와 단절되는 것처럼 보였다. 하지만 사실 〈라임

---

* 채플린이 창조한 전형적 캐릭터인 방랑자/부랑자의 형상(Tramp)으로 불어권에서는 샬럿 (Charlot), 이탈리아권에서는 칼리토스(Carlitos), 독일어권에서는 베가본드(Vegabond)로 불린다. 방랑자 캐릭터는 전통적인 신사를 변형한 형태로, 몸에 꼭 끼는 코트에 과도하게 큰 신발과 바지, 작은 모자를 쓰고 지팡이를 든 콧수염의 인물 캐릭터이다.

라이트(Limelight)〉(1952)나 〈뉴욕의 왕(A King of New York)〉(1957) 같은 영화는 새로운 도약이었다.

샬럿의 마스크는 이제 채플린의 형상과 너무나도 밀접하게 결합했기 때문에, 그리고 관객의 기대에 부합했기 때문에 버려도 좋은 것이었다. 게다가 〈라임 라이트〉에서 채플린은 자기인용을 과감하게 도입했다. 영화에서 싸구려 무대에서 돈을 벌어야만 하는 늙은 배우는 완전한 실패를 경험한다. 그것은 마스크 없이 등장한 채플린 자신이었다. 탈출구는 채플린 자신과, 오래전에 잊힌 또 한 명의 영화천재 버스터 키튼이 분장 없이 무대 위에 등장해 그들 자신을 연기하는 것이었다. 그들은 자신들의 삶과 실패를 주제와 역할로 바꾸어 관객들 앞에서 실제 경험의 희비극을 공연했다. 언어였던 것이 플롯이 되었고, 채플린과 샬럿의 모순은 '배우와 인간'이라는 오래된 드라마를 비극적으로 재생하도록 만들었다. 마스크가 살아남아 자율적 삶을 살았던바, 마치 안데르센의 동화 「그림자」에서처럼 그것이 인간을 대체했던 것이다.

폭발은 연쇄적인 폭발들로 실현될 수 있다. 그 폭발들은 서로를 변화시키면서 역동적이고 다차원적인 예측불가능성을 창조한다.

예측가능성과 예측불가능성의 문제는 가령 진짜 예술과 가짜 예술을 구별하는 문제를 해명하는 데 핵심적이다. 예술 창작은 모조품들의 넓은 공간 안에 포함되기 마련이다. 하지만 이를 후자에 대한 일방적 단죄로 받아들일 필요가 없다. 예술의 모조품들은 자신의 공격성 때문에 유해하다. 그들은 진정한 예술을 뒤덮고 그것을 옥죄는 경향이 있다. 상업적 경쟁이 문제되는 곳에서 그들은 반드시 승리한다.

그러나 일정한 한계와 더불어 그것들은 불가피할 뿐 아니라 유익하기도 하다. 그들은 광범위한 교육적 역할을 담당하며, 언어예술의 습득을 향한 길의 첫 번째 계단과 같다. 그들을 소멸시키는 것은 불가능한데, 아마 그와 같은 소멸은 모조품들이 진짜 예술의 자리를 잠식하는 것과 마찬가지의 재앙이 될 것이다. 그들은 예술에는 고유하지 않은, 하지만 사회가 강제로 예술가에게 부과하곤 하는 과제들을 수행한다. 계몽, 선전, 도덕적 훈련 따위가 그것이다.

유사(quasi) 예술 작품들은 독특한 위상을 지니는데, 그것들은 원칙상 해결 가능한 과제를 제시한다. 민담에서의 수수께끼가 그러하고, 근대 예술에서는 탐정소설의 넓은 지대가 이에 해당한다. 탐정소설은 예술인 척하는 과제를 제시한다. 탐정소설의 플롯은 외견상 소설이나 단편을 떠올리게 한다. 독자 앞에 사건들의 연쇄가 펼쳐지며, 독자는 예술적 산문에 전형적인 상황, 그러니까 플롯에 의미를 부여하기 위한 선택의 불가피성으로 이끌리게 된다.

체스터턴의 소설 『목요일이었던 남자』에는 두 명의 시인이 등장한다. 그 중 한 명은 아나키스트이고 다른 한 명은 비밀경찰이다. 두 사람이 신분을 위장하게 되면서 사건은 복잡해진다. 비밀경찰은 거의 신사의 모습으로 그려지지만, 아나키스트의 마스크는 더욱 복잡하다. 그는 의심을 피하기 위해 이미 협회에 잘 알려져 있는 잔혹한 수다쟁이의 역할을 연기한다. 두 사람의 본질을 드러내는 것은 예술적 취향이다. 아나키스트는 기차역의 순서가 적혀 있는 기차 시간표를 저주한다. 그는 예측 불가능한 것에서 시(詩)를 보는 자로, [그에 따르면] 예측 불가능한 것이 폭발을 불러온다. 이에 반대하여 비밀경찰은 "매번 기차가 역에 들어올 때마다 나는 그것이 매복을 돌파했으며 혼돈과의 투쟁에서 승리했다고 느낍니다. 당신은 슬론 광장에서 출발한 사람은 빅토리아 역에 도착하게 된다고 경멸적으로 불평을 하지요. 오, 그렇지 않습니다. 그것 말고도 다른 수천 가지가 가능했지요. 도착하고 나서 나는 가까스로 파멸을 벗어났다고 느낍니다. 승무원이 '빅토리아'라고 외치는 소리를 들을 때, 그것은 그저 의미 없는 말이 아닙니다. 내게 그것은 승리를 알리는 의기양양한 외침과 같습니다. 내게 그것은 진짜 빅토리아, 아담의 후예들의 승리입니다."[5] 여기서 가장 흥미로운 부분은 안정된 삶이 살인보다도 더욱 있음직하지 않은 세계에 우리가 놓여 있다는 점이다. 결과적으로 사건의 부재가 그것의 현존보다도 더 큰 정보를 갖게 되는 것이다.

이런 식으로 체스터턴은 우리를 예측불가능성의 세계로 데려가고, 예술적 법칙에 의해 지배되는 텍스트를 만드는 것처럼 보인다. 하지만 실제로 이는 천재적으로 구축된 신비화에 불과하다. 모든 임무가 단 하나의 정당한 해결만을 지니고, 독자의 예술은 이 해답의 발견에 있다는 듯이, 체스터턴의 플롯은 우리를 단 하나의 일의적 진리로 이끈다. 플롯의 복잡한 실타래는 이 길을 감추기 위해서, 즉 유일한 해답의 비밀을 소유한 자에게만 그것이 허용되도록 하기 위해 동원되고 있을 뿐이다.

이런 상황은 원칙적으로 예술에 대립한다. 예술의 직접적인 발현이건 간접적인 발현이건 사정은 마찬가지다.

이런 관점에서 에드거 앨런 포의 단편은 흥미롭다. 독자에게는 무시무시한 수수께끼가 제시되고, 그에 대한 단 하나의 '정당한' 해답만이 가정되는 듯하다. 단편의 구성은 견고한 체계에 따라 구축된다. 풀 수 있고, 또 풀어야만 하는 수수께끼가 환상적인 공포의 프레임 속에 담긴다. 바로 그와 같은 체계에 따라 클라이브 바커의 현대 소설이 구축된다. [그런데] 사실 포 창작의 예술적 힘은 그가 독자들 앞에 풀 수 없는 수수께끼를 제시

••

5) 길버트 키스 체스터턴, 『작품 선집』(전 3권) 1(M., 1990), 152쪽.

한다는 데 있다. 이것은 환상적인 플롯의 껍데기에 싸인 현대성의 문제일 뿐 아니라, 그 자체로 해결 불가능한 환상성이다. 포는 독자들 앞에 결말 없는 길, 즉 논리와 경험의 바깥에 놓인 예측 불가능한 세계를 향한 창을 제시한다. 그의 단편은 교활하고 일의적인 '해명'을 전제하지 않는다.

예술 텍스트는 하나의 해답을 갖지 않는다. 이 특징은 일련의 외적 특징들을 통해 잘 드러난다. 예술 작품은 무수히 반복해 사용될 수 있다. 이미 한 번 보았기 때문에 렘브란트 전시회를 가지 않겠다거나, 시와 음악을 이미 들었기 때문에 다시 듣지 않겠다는 말은 어불성설이다. 하지만 어떤 문제를 이미 풀었다거나, 그 과제를 이미 해결했다는 말은 자연스럽다. 이 두 번째 유형의 텍스트는 다시 사용될 수 없다. 우리는 체스터턴을 재독(再讀)하는데, 그건 그의 산문이 탐정소설의 과제를 제시하고 있을 뿐 아니라 플롯의 해답 맞히기로 환원될 수 없는 예술적 산문이기 때문이다. 거기선 다른 평면이 떠오르는데, 역설의 시학이 그것이다. 그리고 역설은 예측불가능성에서 자라난다. 20세기 후반의 가장 뛰어난 환상성의 대표자는 일상적 경험과 너무나 동떨어진 나머지 기술 발전의 얄팍한 예측을 예측불가능성의 바다에 침몰시켜버리는 그런 세계로 우리를 이끌려고 시도한다.

요컨대 예술은 예측불가능성의 공간, 곧 정보의 공간을 확장한다. 그와 동시에 예술은 이 공간을 가지고 실험을 하며, 그에 대한 승리를 선포하는 조건적 세계를 창조한다.

제12장
예측불가능성의 국면

폭발의 국면은 예측불가능성의 국면이다. 예측불가능성을 하나의 상태에서 다른 상태로 이동하기 위한 아무런 제약도 없고 한계도 없는 가능성으로 이해해서는 안 된다. 폭발의 매 국면은 다음 상태로 이동하기 위한 동등한 가능성을 갖는 고유한 세트를 지닌다. 이 국면 너머에는 분명 변화의 불가능성이 놓여 있지만, 그것은 논의의 대상이 아니다. 예측불가능성을 이야기할 때 우리가 염두에 두는 것은 동등한 가능성으로 이루어진 일정한 다발, 그중 하나만이 실현될 수 있는 가능성의 덩어리이다. 이때 모든 구조적 입장은 변체들의 세트를 나타낸다. 일정한 순간에 이를 때까지 그것들은 서로 구별되지 않은 동의어로서 나타나지만, 폭발 이후의 움직임은 의미론적 공간에서 그것들을 점점 더 분화시킨다. 그리고 마침내 그것들이 의미론적 차이의 담지체가 되는 순간이 도래한다. 그렇게 해서 의미론적 차이들의 세트 전체가 새로운 의미론적 뉘앙스 덕택에 점점 더 풍부해진다. 하지만 이 과정은 정반대의 지향에 의해 조절되기도 하는데, 차별화를 제한하려는 경향, 즉 문화적 반의어를 동의어로 만들려는 경향이 그것이다.

앞서 이미 언급한 대로, 푸시킨이 렌스키의 앞길에 놓인 미래의 가능성을 묘사하는 장면을 보면, 그는 오네긴과 렌스키가 가까워지고 권총을 들게 되는 바로 그 순간에 이미 독자들 앞에 사건의 이후 전개를 위한 잠재적 궤도의 전 세트를 제시한다. 여기서 고려할 점은 렌스키가 독일 대학의 학생이며 권총을 아주 잘 쏠 줄 알았다는 점이다.[1] 그 순간에 이후 사태를 단의적으로 예측하는 것은 불가능했다.

결투의 참여자들이 이 명예의 제의를 치르고 난 후 화해를 위해 총알 한 발씩을 주고받으려 하지 않고 정말로 상대방을 파멸에 이르게 하려는 의도를 지녔을 경우, 이를 위한 자연스러운 전략은 첫 발사를 서두르지 않는 것이다. 특히 걸으면서 쏘는 것은 두말할 나위가 없다. 보행 중 발사를 하게 되면 상대를 맞출 확률이 두 배 이상 줄어든다. 결투자가 상대방의 다리나 어깨를 맞춰 중상을 입히려 하거나, 혹은 머리나 심장을 관통시켜 그 자리에서 즉사시키려는 의도를 가졌을 때는 더욱 그러하다. 따라서 경험이 많은 냉혹하고 계산적인 결투자는 상대방이 자신이 움직이는 동안 쏘도록 만든다. 그런 다음에 경계선으로 다가가서 상대방이 그쪽으로 다가오도록 한 다음 자기 식대로 실수 없이 상대방의 운명을 결정짓는 것이다. 비슷한 상황이 푸시킨과 단테스의 결투에서 벌어졌다.

단테스를 죽이거나 중상을 입히려 결심했던 푸시킨의 전략이 바로 그러했는데, 왜냐하면 그것만이 그를 옥죄고 있는 그물에서 벗어날 수 있는 유일한 방법이었기 때문이다. 그와 같은 결투의 결과로 아마도 그는 미하일

:.

1) 『자유소설의 거리』(M., 1959)에서 보리스 이바노프는 바로 이 점을 지적했는데, 상식에 비춰볼 때 범상치 않았던 이 언급은 당대에 많은 비판을 받았지만 일련의 문제에서 큰 의미를 지니는 주목할 만한 것이었다. 또한 나보코프의 주석 역시 참고하라. 블라디미르 나보코프, 『예브게니 오네긴. 시로 된 소설』(London, 1964).

롭스코예 지방으로 유형을 가게 될 것이었다(그는 군인 신분이 아니었기 때문에 병사로 강등될 일은 없었다. 시골로 유형 가기에 앞서 정교식의 참회가 필요했을 뿐이다). 나탈리야는 물론 그와 함께 떠나야 했을 테지만, 그건 푸시킨 자신이 바라던 바였다! 단테스는 푸시킨에게 다른 선택을 남겨두지 않았다. 경솔한 세속적 타락자였던 단테스는 자신의 상대자를 (코미디의 전통적 형상인 미녀의 못난 남편인 양) 경멸했는데, 이 결투를 또 하나의 유희적 사건으로 여겼던 그는 이 사건이 페테르부르크 근무의 빠른 성공과 결부된 그토록 재미있는 자신의 삶을 끝장내야만 할 계기가 될 거라고는 결코 짐작하지 못했을 것이다.

푸시킨은 렌스키가 그랬듯이 첫 발을 서두르지 않았다. 하지만 피를 부르는 결말을 원치 않았던 오네긴[2]이 훨씬 더 먼 거리에서 첫 발을 쏘았다면, 단테스의 전략은 달랐다. 경험 많은 결투자로서 그는 푸시킨의 전략을 눈치채고 먼저 쏘았다. 이는 보행 중 총탄으로 그를 죽이기 위해 상대방의 발사를 앞지르려는 것이었다. 여기서 지적할 것은 분명 명사수였던 단테스조차도 자신을 겨누는 푸시킨의 총구를 바라보며 보행 중 발사를 했지만 그의 가슴이 아니라 복부를 맞추었다는 사실이다. 이는 중상을 입힐 가능성은 있지만 죽음에 이르게 하지는 못했는데, 이는 둘 모두가 바라던 바가 아니었다.

이런 사실들의 검토는, 오네긴의 총알이 아직 탄창에 남아 있던 순간에 과연 어떤 실현되지 못한 잠재적 가능성들이 존재했는지를, 푸시킨을 따라 우리도 생각해보기 위해 필요하다. 푸시킨은 결투의 비극적인 결말이,

⁘

2) 『전쟁과 평화』에서 피에르는 바로 이런 식으로, 즉 아무런 살해 의도 없이 첫 발을 쏘았지만 우연히 돌로호프를 중상에 이르게 했다.

비록 실현되지는 못했지만 분명 그럼에도 불구하고 실현될 수도 있었던 가능성들을 그 배경으로 깔고 있음을 보여주려 한다. 그러나 오네긴이 발사하자마자,

예정된 시계가

울렸다.(VI, 130)

소설에서는 렌스키의 죽음이 시인의 구상에 의해 예정되었지만, 현실의 삶 속에서는 발사의 순간 미리 예정되어 있는 미래란 존재하지 않는다. 다만 존재하는 것은 동등한 가능성을 지니는 '미래들'의 세트일 뿐이다. 그것들 중 어느 것이 실현될 것인지를 미리 예측하는 일은 불가능하다. 우연성이란 모종의 다른 체계로부터 온 사건의 개입이다. 예를 들어 단테스나 푸시킨이 방아쇠에 손을 대는 바로 그 순간에, 눈길에 미끄러지는 바람에 미세한, 어쩌면 거의 눈에 띄지 않는 손의 떨림을 야기했을 가능성 또한 완전히 배제할 순 없다. [그랬다면] 살인자의 총알이 비껴갔을 것이다. 그리고 나서 푸시킨의 (혹은 독일 대학생 렌스키의) 완벽하게 조준한 총탄이 결정타가 되었을 것이다. 그랬다면 렌스키는 사랑하는 친구를 애도했을 것이고, 푸시킨의 삶 또한 예측 불가능한 방식으로 다르게 전개되었을 것이다.

요컨대 폭발의 순간은 예측불가능성을 만든다.[3] 그 순간이 지나고 나면

··

3) 푸시킨의 운명은 이미 결정되어 있었다는 견해, 가령 단테스와의 결투가 아니었어도 무언가 다른 상황이 그를 비극적 최후로 몰고 갔을 것이기에 이 사례를 우연으로 볼 수 없다는 견해는 현상의 바꿔치기에 기인한다. 실제로 푸시킨의 운명을 그의 마지막 2년이라는 거대 관점에서 바라보게 되면, 그것은 일반적인 견지에서 예측 가능하며 우연이 아닌 것으로 보일

매우 흥미로운 과정이 이어진다. 이미 완결된 사건은 회고적 성격의 결산을 투사한다. 이 과정에서 이미 발생한 것의 성격이 결정적으로 변화된다. 한편으로는 과거에서 미래를 향한 시선이, 다른 한편으로는 미래에서 과거를 향한 시선이 관찰 대상을 결정적으로 바꾼다는 점을 강조해야 한다. 과거에서 미래를 바라볼 때 우리는 현재를 동등한 가능성으로 이루어진 전체 계열의 세트로 여긴다. 반면 [현재에서] 과거를 바라볼 때 사실의 위상을 얻는 것은 우리에게 실재하는 것으로, 우리는 그 속에서 어떤 단일한 가능성만을 보게 되는 것이다. 그때 실현되지 못한 가능성들은 운명적으로 결코 실현될 수 없었던 것들로 바뀐다. 가령 헤겔 철학이 뿌리를 두고 있는 것은 바로 이와 같은 생각이다.

파스테르나크는 슐레겔의 아래와 같은 언급을 헤겔의 것으로 착각해 인용했는데,[4] 이 부정확함 자체가 시사적이다.

언젠가 헤겔은 뜻하지 않게

아마도 어림짐작으로

역사가를 지난 일의

∴

수도 있다. 하지만 잊지 말아야 할 것은 여기서 우리가 관점의 크기를 바꾸었으며 그럼으로써 관찰 대상을 변경했다는 사실이다. 그런 거대 관점에서는 훨씬 더 큰 규모의 계열들을 평가하며, 거기선 실제로 사건이 예측 가능한 것으로 받아들여질 수도 있다. 하지만 만일 우리가 결투와 같은 개별 사건을 보게 되면 예측 가능한 것과 예측 불가능한 것의 성격은 현저하게 달라진다. 1830년대 페테르부르크에서 푸시킨의 삶 전체는 예정되어 있었을지 모른다. 하지만 그가 방아쇠를 손에 쥔 순간 그의 운명이 이미 결정되었다고 말해서는 안 된다. 동일한 사건도 그것이 어느 계열에 속하는지에 따라서 예측가능성의 정도를 바꿀 수 있다.

4) 이 사실은 푸스트이기나(N. Pustygina)에 의해 최초로 지적되었다.

예언가라고 부른 바 있다.[5]

파스테르나크의 관심을 끈 이 명민한 구절은 실제로 역사를 대하는 헤겔의 개념 및 태도의 본질을 매우 심오하게 반영하고 있다.

회고적 관점은 역사가로 하여금 지난 일을 두 가지 관점에서 바라볼 수 있게 한다. 기술되는 사건에 비해 미래에 위치한 그는, 실제로 완결된 모든 행위의 사슬을 눈앞에 보고 있다. 자기 자신을 정신적으로 과거로 보내 과거에서 미래를 바라보는 그는 이미 그 과정의 결과들을 알고 있다. 하지만 이 결과들은 마치 아직 완결되지 않았다는 듯이, 마치 예언처럼 독자에게 제시된다. 이 과정에서 우연성은 역사로부터 완벽하게 제거된다. 이런 역사가에 비견될 수 있는 것은 두 번째로 연극을 관람하는 관객이다. 한편으로 그는 그 연극이 어떻게 끝나는지 잘 알고 있기에 해당 플롯에서 그에게 예측 불가능한 것이란 존재하지 않는다. 그에게 연극은 과거에 위치하며, 그는 거기서 플롯에 대한 지식을 끌어낸다. 하지만 이와 동시에 그는 무대를 바라보는 관객으로서 현재를 살고 있는바, 미지의 감정, 그러니까 이 연극이 어떻게 끝나는지에 대한 일종의 '무지'를 새롭게 체험한다. 이 상호 배제적 체험이 역설적이게도 모종의 동시적 감정으로 합쳐지는 것이다.

이렇게 해서 과거의 사건은 다층적 조명 아래 놓이게 된다. 한편으로 방금 전에 발생한 폭발에 대한 기억을 지닌 그것은, 다른 한편으로는 불가피하게 예정된 성격을 띤다. 다시 과거로 되돌아가서 그것을 자신의 기억이나 이야기 속에서 '교정'하려는 심리적 경향은 후자와 관련된 것이다. 이런

••

5) 보리스 파스테르나크, 『전집』 1, 561쪽. 인용된 구절은 초기 판본(1924)에 해당한다.

점에서 회상기, 더 넓게는 역사 텍스트의 심리적 기반에 더 세심한 주의를 기울일 필요가 있다.

문화로 하여금 자신의 고유한 과거를 정립하도록 자극하는 요인은 다양하고 복잡하다. 여기서는 지금껏 별다른 주목을 받지 못한 한 가지 측면을 살펴보기로 하자. 과거를 바꾸는 것, 즉 그에 수정을 가해 이 교정된 과정을 진짜 현실로서 다시 체험하려는 심리적 필요가 그것이다. 요컨대 기억의 변형에 관한 이야기이다.

청중을 속여 넘긴 몽상가와 거짓말쟁이에 관한 이야기는 무수히 많다. 문화적·심리적 동기의 관점에서 볼 때 이런 행위는 사건을 복제하고 그것을 기억의 언어로 번역하려는 것으로 이해될 수 있다. 다만 그것은 기억 속에 현실을 고정시키려는 의도가 아니라 더 받아들이기 쉬운 형태로 그 현실을 재생할 목적을 띤 행위인 것이다. 그와 같은 경향은 기억의 개념 자체, 그러니까 일반적으로 사실들의 주관적인 취사선택이라고 잘못 지칭되는 어떤 것과 뗄 수 없이 연결되어 있다. 그런데 어떤 경우에서는 이 기억의 영역이 과도하게 확장될 수도 있다. 이에 대한 사례가 바로 데카브리스트 자발리신의 잘 알려진 회고록이다.

드미트리 이리나르호비치 자발리신*은 비극적 삶을 살았다. 그는 의심할 바 없이 다방면의 지식을 지닌 재능 있는 인간이었으며, 이 점은 심지어 데카브리스트들 사이에서도 그를 돋보이게 했다. 1819년 자발리신은 군사

---

* 드미트리 자발리신(D. I. Zavalishin, 1804~1892)은 데카브리스트 북방결사의 일원으로, 종신형을 받고 강제노역 및 유형 생활을 했으며 이후 『데카브리스트의 수기』라는 회고록을 출간했다. 로트만은 고골이 창조한 독특한 인물형인 흘레스타코프에 관한 한 논문에서 심리학적으로 흘레스타코프와 같은 유형에 속하는 대표적인 경우로 자발리신의 사례를 든다. 이에 관해서는 로트만 외, 「흘레스타코프에 대하여(О Хлестакове)」, 『러시아 기호학의 이해』, 397~457쪽 참조.

학교를 우수한 성적으로 졸업하고 대양을 휘젓는 여행을 마치고 나서 일찍부터 수학을 비롯한 특별한 재능으로 상부의 관심을 끌었다. 그는 장군의 아들이었지만 충분한 연줄도 재산도 없었다. 그럼에도 교육과 재능은 그에게 관직의 서열을 따르는 성공적인 출셋길을 향한 가장 낙관적인 전망을 제공했다. 그런데 자발리신은 자신의 운명을 완전히 바꾸어놓을 한 가지 자질을 소유했던바, 그는 거짓말쟁이였던 것이다. 푸시킨이 언젠가 최소한 유년 시절에는 "거짓말을 향한 열정이 진실함과 솔직함을 방해하지 않는다"(XI, 273)고 언급한 적이 있다. 이 점에서 자발리신은 평생을 어린아이로 남아 있었다고 말할 수 있다. 그의 삶은 충분히 화려하게 시작되었지만, 그에게 그것은 여전히 부족한 것이었다. 비상하는 환상과 비교했을 때, 그것은 투박하고 따분할 뿐이었다. 그래서 그는 거짓말로 그걸 장식하기로 마음먹었던 것이다.

그는 알렉산드르 1세에게 편지를 보냈다. 거기서 그는 국왕에게 전 세계적 군주정 협약 조직의 청사진을 그리는가 하면(알렉산드르는 시시코프를 통해 이 계획의 실현가능성이 없음을 분명히 했다), 북아메리카 서부에 수도를 둔 확장된 식민지 개발 계획을 제안하기도 했다. 데카브리스트 봉기가 있기 얼마 전에 그는 모종의 비밀 결사가 존재한다는 소식을 듣고 가입하려 했지만, 그를 믿지 못했던 릴레예프가 데카브리스트 그룹으로의 접근을 막았다. 비밀 결사에 자발리신이 받아들여졌는지의 문제는 여전한 논쟁거리이다. 그가 북방 협회의 실제 활동에 참여하지 못했던 것만큼은 분명하다. 하지만 이는 자발리신이 극도로 결단력 있는 강렬한 조직으로 묘사한 '자신의' 환상적 협회에 몇 명의 젊은이를 끌어들이는 사태를 막지는 못했다. 자신의 말에 귀 기울이는 사람들 앞에서, 그가 도취된 상태로 피바람 부는 스토리로 이루어진 완벽하게 환상적인 장면을 떠들어대는 모습을 상상하는 건 어렵지 않다.

허풍스러운 자기 자랑은 처벌을 피해가지 못했다. 데카브리스트 운동에 사실상 거의 참여하지 않았음에도 불구하고, 자발리신은 가장 위험한 주동자 중 한 사람으로 지목되어 종신형에 처해졌다. 환상적인 계획은 심지어 징역살이 중에도 그를 떠나지 않았다. 자신의 회상기에서 그는 유형을 간 데카브리스트들이 민주주의자들(이 진영의 수장은 물론 그 자신이다)과 귀족주의자들로 갈라졌다고 전하는가 하면, 시베리아에서 도망쳐 중국을 거쳐 태평양으로 나가려는 시도에 대해 말하기도 했다. 유형지의 데카브리스트들 사이에서 그와 같은 이야기가 있었을지는 모르나, 그것의 실행은 당연히 판타지의 영역에 속하는 것이었다. 하지만 자발리신의 의식 속에선 그것들이 철저하게 준비된, 단지 우연에 의해 실현되지 못했을 뿐인 계획으로 바뀌었다.

그의 판타지의 정점은 생의 말년에 쓴 회상기이다. 거기서 자발리신은 진짜 현실이었던, 불행으로 점철된 비극적 생애 대신에 그가 상상한 삶, 성공으로 빛나는 눈부신 삶을 '회상한다.' 그는 평생을 경탄과 인정에 둘러싸여 살았다. 그의 어린 시절 이야기[가령 베르나도트*와의 에피소드]는 도스토옙스키의 『백치』에 나오는 이볼긴 장군의 이야기를 생생하게 떠올리게 한다. 그의 이야기에 따르면, 자발리신은 비밀 결사에 들어간 직후 조직의 수장이 되었다. 그는 오직 "그의 이야기를 듣기 위해" 모인 구성원들로 이루어진 수차례에 걸친 격렬한 회의석상의 환상적 장면에 관해 "회상한다." [그 회상에 따르면] 릴레예프는 그를 시기했다. 페테르부르크에서 릴레예프

---

* 장 밥티스트 쥘 베르나도트(Jean Baptiste Jules Bernadotte, 1763~1844)는 나폴레옹을 섬긴 프랑스의 원수(元帥)이며, 나중에 스웨덴 국왕(카를 14세)으로 추대받는다.

의 통치가 불쌍한 지경에 처해진 반면, 자발리신은 지방 도시들에 거대한 지하조직의 중심을 건설할 수 있었기 때문이다. 그는 봉기 전날의 심비르스크 여행을 지방 도시들의 봉기 준비 상황을 점검하려는 목적을 띤 비밀 결사의 출장으로 묘사한다. 심비르스크로 다가가자 벌써 기쁨에 찬 조직원들이 자신들의 활동을 보고하기 위해 그를 맞이한다.

자발리신의 회고록은 그의 심리뿐 아니라 데카브리스트 정치사를 연구하기 위해서도 매우 가치 있는 자료이다. 다만 현실을 재구축하기 위해 그에 수정을 가할 필요가 있을 뿐이다.

그와 같은 거짓말의 기념비를 연구하는 일은 비단 심리학적인 관점에서만 흥미로운 것이 아니다. 카람진은 언젠가 시에 대해 말하며 이렇게 썼다.

시인이란 무엇인가? 노련한 거짓말쟁이.
그에게 영광과 왕관 있으라![6]

또 다른 곳에서는

거짓말, 비진실, 진리의 유령!
이제부터 나의 여신이 되길……[7]

"진리의 유령"이라는 공식은 특히 중요하다. 자발리신의 거짓말과 시를

•••

6) 니콜라이 카람진, 유리 로트만 서문, 엮음 및 주석, 『시 전집』(M.; Л., 1966, '시인의 도서관' 대형 시리즈), 195쪽.
7) 니콜라이 카람진, 『시 전집』 151쪽.

연결하는 다리가 바로 그것이다.

"진리의 유령"이라는 카람진의 표현은 외견상 상호 대립적 개념을 하나로 묶는다. 우선 거짓말은 진리와 연결되지만, 두 번째로 그것은 그냥 진리가 아니라 진리의 유령, 즉 외견상의 복제가 된다. 이미 거짓말과 진리의 이런 예기치 않은 관계가 두 가지 질문을 숙고하도록 만든다. 거짓말은 그저 악일 뿐일까, 만일 그것이 서로를 속이려는 인간의 욕구를 통해 어떤 본질적인 기능을 수행한다면, 그 기능은 무엇일까?

사냥을 하거나 위험을 피하고자 할 때 동물들은 기만의 전략을 취할 수 있다. 그러나 거짓말, 그러니까 동기화되지 않은 사심 없는 비진실은 그들에게 낯설다. 흘레스타코프[고골의 희곡 〈검찰관〉의 등장인물]의 형상을 창조하면서 고골은 거짓말의 온전한 서사시를 만들어냈다. 그것은 그 자신 속에서 만족을 발견하고 스스로의 고유한 시에 흠뻑 취한 순수 예술로서의 거짓말이다. 흘레스타코프는 자기 거짓말의 결과를 사심을 갖고 이용할 수도 있다(사실 이는 하인 오십이 훨씬 더 잘한다). 하지만 그는 이해타산을 위해 거짓을 말하는 게 아니다. 그는 "비범한 사유의 경박함"[8]을 갖고 있기 때문에, 거짓말을 한다.

그의 사유는 현실로부터 떨어져 나와 그 어떤 한계도 모르고, 그 무엇에 의해서도 통제받지 않는 세계를 구축할 수 있는 능력을 갖고 있다. 거짓말은 흘레스타코프에게 하찮은 페테르부르크 관료라는 비천한 현실 너머로 비약할 수 있게 하는 일정한 자유를 제공한다. 그리고 거짓말이 예기치 않게 자유와 결합될 수 있다는 사실이 우리로 하여금 그에 관해 숙고하도록 강제한다.

∙∙

8) 니콜라이 고골, 『전집』 4, 49쪽.

푸시킨 시대의 동시대인들은 특별한 예술의 거장으로서 위대한 거짓말 쟁이들에 대한 기억을 갖고 있었다. 19세기 초에 자기 시대의 전설이 된 유명한 거짓말쟁이로는 티티아노프 공작이 있다. 뱌젬스키가 그에 관해 회상하길, "폭우가 내리던 날 그가 친구에게 나타났다. '당신은 마차를 타고 왔소?' 그에게 물었다. '아니오, 난 걸어왔소이다.' '그렇다면 어째서 전혀 젖지 않은 게요?' 그가 대답하길 '아, 난 빗방울 사이로 재주 좋게 지나다닐 수 있다네.'" 티티아노프는 또 이렇게 말했다. "시골에서 한 농부의 아낙이 오랜 임신 끝에 일곱 살짜리 사내아이를 낳았다. 태어날 때 그가 한 첫 마디는 '보드카를 주세요'였다."[9] 뱌젬스키는 여기서 이야기의 독특한 '시(詩)'를 보았던 것이다.

푸시킨은 사담(私談) 자리에서 자신이 셰익스피어의 폴스타프*에 빗댄 거짓말쟁이 형상(아마도 표도로프를 염두에 두었을 것이다)을 올려놓았다. "내 친애하는 친구의 가정사의 단면이 여기에 있소이다. 아빠를 쏙 빼닮은 그의 네 살 먹은 아들, 작은 폴스타프 3세가 어느 날 아버지가 없을 때 이렇게 중얼거렸다고 하오. '아버지를 얼마나 칭찬했는지! 황제께서 아버지를 얼마나 사랑하시는지!' 소년의 말을 듣고 사람들이 물었지. '발로댜야, 누가 네게 그런 말을 하던?' 발로댜가 대답하길, '아버지가요.'"(XII, 160~161)

『백치』에서 도스토옙스키는 예사롭지 않은 장면을 그리고 있다. 거짓말쟁이에다 몽상가인 이볼긴 장군은 나폴레옹과의 가공의 친분에 관한 이야기를 뻔뻔스럽게 꾸며댄다. 이 이야기는 신빙성이 없을 뿐 아니라 완전히

∵

9) 표트르 뱌젬스키, 『오래된 메모 노트』(Л., 1929), 111, 223쪽.

---

* 셰익스피어의 희곡 〈헨리 4세〉와 〈헨리 5세〉에 나오는 쾌활한 기사.

불가능한 것이다. 이볼긴과 이야기를 나누던 므이시킨 공작은 이것이 거짓말이라는 것을 이해하고 상대방을 향한 수치심과 동정심에 괴로워하며 그의 이야기 속에서 무언가 특별한 비현실적인 현실성을 찾아낸다.

"모든 게 정말로 흥미롭군요." 공작은 아주 작은 소리로 말했다. "만약 모든 게 사실이라면…… 그러니까, 내가 말하고자 하는 건……" 공작은 황급히 덧붙여 말했다.

"오 공작!" 장군은 너무나 자신의 얘기에 도취한 나머지 자신의 경솔한 행동을 알아차릴 겨를조차 없었다. "당신은 '모든 게 사실이라면!' 하고 말했지만, 당신을 믿게 할 만한 훨씬 더 많은 일이, 보다 많은 사건이 일어났었소! 하지만 그런 것들은 단순한 정치적 사실에 지나지 않소. 다시 한 번 말해두지만, 나는 그 위대한 인물이 흘리는 눈물과 한밤중에 내는 신음소리를 목격한 사람이오. 나 외에 누가 그런 장면을 볼 수 있었겠소! 종전이 가까워지자 그는 더 이상 흐느끼지 않았으며 이따금 신음소리를 내다 말았소. 하지만 그의 얼굴은 점점 더 칠흑 같은 어둠으로 덮여갔소. 영원할 것 같던 그의 권세는 괴로운 날갯짓을 하며 추락하고 있었소. 이따금 우리는 아무 말 없이 밤을 지새우기도 했는데, 마침 옆방에 있던 근위병 루스탕은 얄궂게 코까지 골면서 단잠에 빠져들곤 했소. 그럴 때마다 나폴레옹은 '그래도 녀석은 나와 우리 왕조에 충성을 다해.' 하고 혼잣말을 내뱉었소. 내가 몹시 슬퍼하던 어느 날, 나폴레옹은 내 눈가에 얼룩진 눈물을 발견하고 감동한 눈길로 나를 바라보며 이렇게 외쳤소. '나를 동정하고 있는 게로구나. 아가야, 너 말고도 아마 다른 아이가, 내 아들 로마 왕(le roi de Rome)이 나를 동정해주겠지. 그러나 나머지 사람들은 모두 나를 증오하고 있다. 형제들이 제일 먼저 나를 배반할 것이다!' 나는 흐느끼면서 그의 품에 안겼소. 나폴레옹 역시 복받쳐 오르는 감정을 이기지 못했고, 우리는 눈물이 범벅이 되어 서로 부둥켜안고 있었소. '조세핀 황후에게 편지를 쓰세요!' 나는 훌쩍거리며 간청했소. 나폴레옹은 흠칫 몸을 떨며 잠시 생각에 잠기더니 내게 이렇게 말했소. '애야, 너는 내가 잊고 있던, 나를 사랑하는 또 다른 사람을 깨우쳐줬다. 고맙구나. 사랑스러운 친구야!' 그는 즉시 자리에 앉아 조세핀에게 편지를 썼고 이튿날 콩스탕을 시켜 편지를 보냈소."

"정말 훌륭한 일을 하셨습니다." 공작이 말했다. "적개심으로 가득 차 있는 그에게 선한 마음을 불러일으켰군요."[10]

이렇듯 거짓말은 진정한 현실의 왜곡일 뿐만 아니라 발화의 완전히 독립적인 자유의 영역이기도 하다. 이는 거짓말을 '말을 위한 말'이라는 다분히 보편적인 공간, 즉 나름의 '순수 예술'의 공간에 접근시킨다. 정보를 목적으로 한 발화가 우리 담론의 전부를 차지하지 않는다는 것은 쉽게 알 수 있다. 그것의 상당 부분은 자율적인 성격을 지닌다. 이 문제를 숙고해볼 필요가 있다.

나는 언젠가 동물학자들의 관심을 거의 끌지 못하는 어떤 현상을 관찰할 기회가 있었는데, 동물들이 조는 모습이 그것이다. 내가 기르는 개가 얼마 전 산책 중에 한동안 토끼를 쫓은 적이 있는데(다행스럽게도 토끼는 도망쳤다), 나는 그 녀석이 꿈을 꾸면서 잠꼬대하는 목소리로 토끼를 위협하는 소리를 그대로 재현하고 있다는 걸 알아차렸다. 녀석은 발로 빨리 달리는 제스처를 취하는 게 아니라 분명 그것의 유희적인 모방을 재현하고 있

10) 표도르 도스토옙스키, 『전집』(전 30권) 8(Л., 1973), 416~417쪽. [번역본] 도스또예프스키, 김근식 옮김, 『백치』(열린책들, 2000), 770~771쪽.

었다. 추측하건대 개는 꿈속에서 현실에서 겪었던 추격을 반복하고 있었다. 그런데 이것은 말 그대로의 반복, 즉 유사함의 특징뿐 아니라 차이를 포함하고 있는 모종의 모방이었던 것이다.

구술 문화 사회에서는 뛰어난 집단 문화 및 기억의 '천재들'에 의존하는 정보의 거대한 층위가 잘 보존된 채로 세대를 따라 전승될 수 있었다. 문자성은 이 문화의 상당 부분을 불필요한 것으로 만들어버렸다. 이 점은 특히 서간체·일기체 문화에서 발견된다. 비교적 최근 들어 텔레비전이나 라디오 같은 구어적 형태의 커뮤니케이션의 발달이 이미 서간체 문화의 쇠퇴를 야기한 바 있다. 마찬가지로 신문과 라디오의 역동적인 팽창은 전통문화의 전 층위가 쇠퇴하는 결과를 불러왔다.

정보 보전의 영역으로부터 꿈의 문화가 축출되는 과정은 현실로부터 단어를 떼어내는 과정에 의해 보충되었다. 말은 이제 닫힌 자율적 영역이 되었다. 상상적 담론의 다양한 변이가능성이 천박한 거짓말을 인간 의식의 유연한 메커니즘으로부터 떼어내버린 것이다.

제13장
내적 구조와 외적 영향

문화의 역동성은 고립된 내적 과정이나 혹은 외적 영향의 수동적 장으로 그려질 수 없다. 이 두 경향은 상호 긴장 속에서 실현되는바, 그것의 본질을 왜곡하지 않은 채 그로부터 추상화될 수 없다.

다른 문화적 구조들과의 교차는 다양한 형태로 이루어질 수 있다. '외부' 문화는 우리의 세계 속으로 침투하기 위해 '외적인 것'이기를 중단해야만 한다. 그것은 자신이 침투하는 바로 그 (내부) 문화의 언어 속에서 적당한 이름과 자리를 찾아내야만 한다. 이미 살펴보았듯이 '낯선 것'에서 '우리의 것'으로 바꾸기 위해서는 외부 문화가 '내부' 문화의 언어로 개명되는 과정이 불가피하다. 이 개명의 과정은 새로운 이름을 얻게 될 해당 내용에 흔적을 남기지 않을 수 없다.

예를 들어 고대 세계의 폐허 위에서 발생한 봉건적 구조는 과거의 이름들을 광범위하게 사용했다. 가령 신성 로마 제국 같은 명칭이 그러하고, 이교도의 왕이 스스로를 황제라 칭하면서 로마 제국권력의 상징들을 차용하는 것도 마찬가지다. 이 오래된 상징들이 새로운 정치적 현실에 부합하지 않는다는 점을 지적할 수는 있겠지만, 그것만으로는 부족하다. 현실과의 불일치는 아무에게도 문제가 되지 않는데, 왜냐하면 그 누구도 이데올로기적 상징에서 현실 자체를 찾지는 않기 때문이다. 즉 여기서는 과거의 유산이 미래에 대한 예언으로 받아들여질 수 있다. 푸시킨이 나폴레옹에 대해 다음과 같이 적었을 때,

너의 독수리가 오래전부터
이 불명예스러운 땅 위로 날고 있는가?(II, 213)

그는 조건적인 상징의 클리셰를 반복하고 있을 뿐 아니라 신성 로마 제국과 나폴레옹 제국이라는 '두 개의 시간대를 결합하는' 개념을 천명하고 있는 것이다. '너의 독수리'라는 단어를 열병식의 소도구로 평가할 수는 있지만, 그 안에 상징적으로 표현된 프로그램, 즉 그를 통해 해당 시대가 자신의 현실을 해석했던 바로 그 언어 기호들을 제거할 수는 없다.

이런저런 상징적 언어의 수용은 사람들의 행위 및 역사의 진행 과정에 적극적인 영향을 끼친다. 그런 식으로 광범위한 문화적 맥락이 외부로부터 침투하는 요소들을 흡수하게 되는 것이다.

하지만 그와 정반대의 경우도 발생할 수 있다. 외부로부터의 침투가 너무나 강력한 나머지 개별 텍스트의 요소들이 아니라 언어 전체가 수용되어 그것이 아예 기존 언어를 축출하거나 아니면 그것과 복잡한 위계를 형성하는 경우가 가능하다(가령 중세 유럽에서 라틴어와 개별 민족어들의 관계를 보라).

마지막으로 그것은 촉매제의 역할을 수행할 수 있다. 직접 과정에 참여하지 않으면서 그것은 역동성을 가속화할 수 있다. 가령 그런 경우로 바로크의 구조에 침투한 중국 예술이 있다. 이 경우에는 침투가 흔히 유행의

형태를 취하게 되는데, 그것은 일단 나타나서 본래 문화의 역동성 속에 자리 잡은 뒤 흔적도 없이 사라지게 된다. 바로 그것이 유행의 본질적 기능이다. 그것은 문화 발전의 메트로놈이자 촉매제의 역할을 부여받는다.[1]

이미 말했듯이, 문화 영역으로의 침투는 개명을 통해 이루어진다. 외적 사건은 그것이 문화 외적 영역에서(가령 물리학이나 생리학, 혹은 물리적 영역에서) 아무리 적극적일지라도 '인간화되기' 전까지, 다시 말해 기호학적 의미화 과정을 거치기 전까지는 인간 의식에 영향을 끼치지 못한다.

오직 인간 언어 중 어느 하나로 진입한 것들만이 인간의 의식 속에 존재할 수 있게 된다. 예를 들어 성적(性的) 교제나 알코올의 작용 같은 과정은 순전히 물리적이고 생리학적인 현실이다. 그러나 바로 그런 사례들에서 본질적인 법칙이 드러난다. 이런 영역이 문화의 영역에서 멀면 멀수록 그것을 (문화 내부로) 진입시키기 위한 더 큰 노력이 가해진다. 여기서 강조할 것은 문화 공간의 폭넓은 범위인데, 예컨대 시나 와인 혹은 사랑의 기호학 따위의 최상의 문화 형식의 경우에도 그 폭은 지대하다. 가령 시는 음주(몇몇 문화에서는 마약)를 생화학적이고 생리적인 사실로부터 문화의 사실로 바꿔놓는다. 지극히 보편적일 뿐 아니라 수많은 금지와 처방, 그리고 시적이고 종교적인 해석들로 둘러싸인 이 현상은 문화의 기호학적 공간 속에 너무나 견고하게 자리 잡은 나머지, 우리 인간들은 더 이상 알코올 섭취를 그것의 심리적·문화적 장을 떠나 인식할 수 없는 지경에 이르렀다.

전통적인 연구는 문화를 모종의 질서 잡힌 공간으로 그려냈다. 하지만 실제 모습은 훨씬 더 복잡하고 무질서하다. 인간의 개별 운명이 지닌 우연성이 다양한 차원의 역사적 사건들과 뒤섞임으로써, 문화의 세계는 예측

1) 이에 관한 자세한 내용은 「뒤집힌 이미지」 장을 보라.

불가능한 충돌로 가득 차게 된다. 개별 장르나 닫힌 역사 체계를 연구하는 연구자가 그리는 정돈된 그림은 환상일 뿐이다. 그것은 이론적 모델에 불과한데, 만일 실현된다면 다양한 미(未)실현태들 가운데서의 중간 항이거나, 혹은 아예 실현될 수 없다.

연구자에 의해 구현된 '순수한' 역사적 과정을 우리는 만날 수 없다. 게다가 바로 이 역사의 무질서와 예측불가능성, '더러움'이야말로 역사 그 자체의 가치에 해당하는 것이다. 바로 그것이 역사를 예측불가능성, 가능한 우연성들의 세트, 곧 정보로 가득 채워준다. 바로 그것이 역사학을 학교 교육의 지루함으로부터 예술적 다양성의 세계로 바꿔놓는 것이다.

일정한 의미에서 문화는 외적 세계에 침윤된 문화, 하지만 그와 동시에 이 외적 세계를 자신 속으로 끌어들이고 자신의 언어를 통해 그것을 재처리해(즉 조직화해) 내던져버리는 구조로 그려볼 수 있다. 하지만 문화가 마치 혼돈을 대하듯이 바라보는 이 외적 세계라는 것 역시도 사실은 나름대로 조직화된 것이다. 다만 그것의 조직화가 해당 문화에는 알려져 있지 않은 언어 법칙을 따라 구현되어 있을 뿐이다. 이 외적 언어의 텍스트가 문화의 공간 속으로 끌어들여지는 순간, 폭발이 발생한다.

이런 관점에서 폭발은 서로에게 낯선 언어들, 즉 수용하는 문화의 언어와 수용되는 문화의 언어가 서로 충돌하는 순간으로 해석될 수 있다. 바로 그 순간에 폭발의 공간, 곧 예측 불가능한 가능성들의 세트가 생겨난다. 그에 의해 외부로 내던져지는 부분들은 처음에는 근접하는 궤적을 따라 움직이기 때문에 동일한 언어의 동의어적 노선으로 그려질 수 있다. 예술 창작의 영역에서 그들은 아직 중요하지 않은 변이형들로 채색되어 있을 뿐인 동일한 현상으로 의식된다. 하지만 다양한 반경을 따르는 이후의 움직임은 그들을 점점 더 멀리 떨어뜨리게 되며, **동일한 것의 변이형이 이제는 서**

로 다른 것의 세트로 변모한다. 예컨대 레르몬토프 작품의 다양한 인물들은 발생학적으로 단일한 하나의 폭발의 지점으로 수렴될 수 있지만, 이후에 그것들은 단지 다를 뿐 아니라 서로 대립하는 이미지로 바뀌어간다.

이런 의미에서 폭발은, 비록 외적인 관찰자가 다양한 궤적을 동의어적인 그룹으로 결합하려는 경향을 띨지라도, 결코 동의어들을 만들어내지 않는다. 가령 19세기 러시아 문학을 읽는 외국인 독자는 다음과 같은 유형의 관례적인 일반화를 만들어내는 경향이 있다. '해당 세기 러시아 작가.' 이 구획된 그룹에 포함되는 모든 것은 해당 관점에서 동의어로 간주된다.

그러나 해당 문화의 내적 관점에서 보게 되면, 어느 한 작가의 창작도 다른 작가의 창작의 동의어가 될 수 없다(최소한 독창적인 창작의 경우엔 그렇다). 그들 각자는 개인적이고 반복 불가능한 개별적 과정이다. 물론 이는 그들을 모종의 일반화된 범주에 포함시킬 가능성을 제거하지는 않는다. 푸시킨의 렌스키는 일정한 관점에서 볼 때 모종의 일반화된 범주의 '대표자'로 간주될 수 있다. 하지만 푸시킨은 그의 파멸과 관련해 이렇게 쓸 권리가 있었다.

……우리에겐
살아 숨 쉬는 목소리가 파멸한 것이다(VI, 133)

바로 여기서 보통명사의 범주가 고유명사의 범주로 바뀌는 전환이 발생한다.[2]

해당 문화 외부의 관찰자에게 작가들은—마치 병사들의 지휘관처럼—보통명사로 받아들여진다. 하지만 가까운 지인들, 가족들에게는 그들이

[2] 이에 관한 자세한 내용은 「고유명사의 세계」 장을 보라.

고유명사의 범주에 속하며 복수형을 갖지 않는다. 바로 여기에 문화를 받아들이는 두 방식 간의 근본적인 차이가 놓여 있다. 작가적 관점 위에 서는 사람들은 문화의 인간들과 그들의 예술 작품을 고유명사의 범주 속에서 바라본다. 하지만 헤겔 학파에서 현저하게 드러나고, 언어예술 비평이나 학교 교육에서 공고히 자리 잡은 바 있는 문화 연구의 전통은 원칙상 고유명사를 보통명사로 바꿔놓는다. 작가는 '제품'이 되고, 그의 주인공은 '대표자'가 되어버린다. 그와 같은 변형은 자주 비판과 조롱의 대상이 되곤 한다. 하지만 잊어서는 안 될 것은 여기서 우리가 다루고 있는 것이 '나의 것'의 '남의 것'으로의 변형, 그리고 인식 주체의 인식 대상으로의 변형에 다름 아니라는 사실이다.

고유명사도 보통명사도 홀로 떨어져서는 실제 현실을 다 포괄하지 못한다. 실제 현실은 그들 간의 대화적 관계를 통해 우리에게 주어지며, 바로 여기에 예술의 불가피성을 보여주는 또 하나의 측면이 있다.

보통명사의 세계는 점진적인 발전 과정에 끌리며 구성 요소들의 대체가능성과 뗄 수 없이 관련된다. 반면 고유명사의 공간은 폭발의 공간이다. 역사적으로 폭발적인 세기들이 이른바 '위대한 인간들'을 표면화하는 것, 즉 고유명사의 세계를 활성화하는 것은 우연이 아니다. 그 고유명사들을 어떤 것으로도 대체할 수 없을 것처럼 보이는 영역으로부터 제거하는 역사는 특별한 연구 대상이 될 만하다.

고유명사의 세계와 폭발적 과정의 관계는 또 한 가지 측면에 의해 확증된다. 언어사(史)와 문학언어사(史)는 동일한 학제로 여겨질 수 있다. 대개 그들은 역사언어학이라는 단일한 일반과학의 일부분으로 간주된다. 하지만 그들의 본질적인 차별성을 지적하지 않을 수 없다. 언어의 역사는 무명(無名)의 과정을 연구하는데, 그 과정은 또한 점진성을 특징으로 한다. [그렇게 보자면] 언어 과정의 폭발에 관한 마르*의 사고는 1950년대에 충분히 근거 있는 비판에 직면했던 것이다. 언어사는 익명성과 점진성에 이끌린다.

반면 문학어의 역사는 개별 작가의 개성 및 과정의 폭발적 성격으로부터 떨어뜨려 생각할 수 없다. 바로 여기에 이 두 학제 간의 차이가 놓여 있는데, 즉 그중 하나는 예측가능성에 이끌리는 반면, 다른 하나는 예측불가능성에 이끌린다. 그보다 더 중요한 측면은 다음과 같다. 언어의 발달은 자기인식의 요소를 필수적인 계기로 전제하지 않는다. 문법의 창조와 메타기술적 요소의 형식을 띤 자기인식은 보편 문화의 영역으로부터 언어 속으로 침투할 뿐이다. 이와 달리 문학어의 영역은 자기인식의 기반 위에서 구축되는바, 창작의 개성적 단초의 개입으로 이루어진다. 이런 의미에서 문학어 영역의 폭발적 성격은 완전히 자연스럽다. 여기서 떠올릴 수 있는 것은 문학어를 작가의 개성적 창작과 관련시켜 연구·교육하는 문제를 제기했던 소로킨의 혁신적 시도가 몇몇 전통 언어학자들에게 언어사의 근본을 허무는 것으로 받아들여졌던 사례이다. 후자에겐 무명성이 필수적인 자질로 부여되는 것이다.

결국 이렇듯 문화의 역동적인 발전은 내적 과정과 외적 과정의 끊임없는 자리바꿈을 동반한다. 마찬가지의 이야기를 점진적 과정과 폭발적 과정에도 적용할 수 있다.

---

* 마르(N. Y. Marr, 1865~1934)는 1920년대 말에 이른바 "신언어학설"을 내놓으면서 소비에트 언어학의 '지도자'로 등극한 인물로, 그의 테제는 1932년 사망한 이후에도 후계자들에 의해 계승되어 소비에트 언어학의 공식 강령으로 군림한다. 그러다가 1950년 《프라우다》지에서 이른바 '마르주의'에 관한 최초의 논쟁이 벌어지게 되고, 6월 20일 최고 지도자 스탈린이 직접 「언어학에서 마르크스주의에 관하여」라는 글을 통해 마르주의를 반박함으로써 몰락의 길을 걷게 된다. 이 글에서 스탈린은 "언어는 상부 구조가 아니며" "모든 사회 구성원들의 공통적인 의사소통 수단"이라고 주장하고, "언어의 역사적 변화를 점진적인 것"으로 규정한다.

제14장
역동성의 두 형식

역동성의 다양한 형식들의 상호 관계는 두 가지 근본 유형의 특징을 결정한다. 우리는 그들 간의 차이를 폭발과 점진적 발전의 대립을 통해 규정한 바 있다. 하지만 재차 주의할 것은 이 개념들을 일상적 경험에 따른 문자 그대로의 것으로 받아들여서는 안 된다는 점이다. 특히 폭발의 개념은 몇몇 경우에서만 이 단어의 일상적 내용과 겹칠 뿐이다. 예를 들어 (달력과 같은 유형의) 반복적·순환적 운동은 그에 따른 모든 변동에도 불구하고 폭발로 간주될 수 없다. 이 경우에 방점은 다른 곳에 찍힌다. 즉 그 경우의 발전이 가장 격렬한 형식을 취할 수도 있지만, 어쨌든 그 결과로 체계는 본래의 상태로 되돌아간다. 이처럼 파동의 형태를 취하는 발전은 폭발로 간주될 수 없는바, 심지어 부분적으로 맹렬하게 진행되는 단계를 포함할 경우에도 마찬가지다.

1920~1930년대의 문학연구사는 낭만주의에 관한 두 가지 개념을 알고 있다. 그중 하나의 저자는 지르문스키로 그는 두 가지 근원적 예술 유형의 끊임없는 교체의 연쇄라는 문학사의 모델을 제안했다. 지르문스기에 따르면, "우리는 관례적으로 그것을 고전적 예술과 낭만적 예술이라 부를

수 있다. 우리가 여기서 말하는 것은 모든 개별적 풍부함과 다양성 속에서 전개되는 실제의 역사적 현상이 아니라 모종의 항시적이고 시간 외적인 시 창작의 유형이다." 이후 지르문스키는 이 입장을 상세히 설명한다. "고전주의 시인은 객관적 과제를 앞에 두고 있다. 그것은 아름다운 예술 작품을 창조하는 것, 자신의 특별한 법칙에 종속된 완벽하게 종결된 자기충족적 세계를 만들어내는 것이다(⋯⋯) 이와 반대로 낭만주의 시인은 자신의 작품을 통해 무엇보다도 그 자신에 관해 이야기할 것, 즉 우리에게 자신의 영혼을 드러낼 것을 지향한다. 그는 고백을 하고 우리를 그의 개성의 독특한 인간성과 심리적 깊이로 인도한다(⋯⋯) 호머의 서사시, 셰익스피어와 라신의 비극(이 점에서는 그것들도 '고전적이다'), 플라우투스와 몰리에르의 희극, 푸시킨의 「폴타바」와 「석상손님」, 괴테의 『빌헬름 마이스터』와 『헤르만과 도로테아』는 독자로 하여금 이 완벽하게 완결된 예술 작품의 세계 너머로 나아가 그 뒤에 놓인 살아 있는 시인의 인간적 개성, 그의 '정신적' 전기(轉機)를 찾도록 요구하지 않는다. [반면] 바이런과 알프레드 드 뮈세의 시들, 루소의 『누벨 엘로이즈』, 청년 괴테의 『파우스트』, 페트와 블로크의 서정시, 그리고 블로크의 드라마 작품들(「미지의 여인」, 「장미와 십자가」)은 마치 우리를 예술의 엄격한 경계 너머에 자리한 실제의 정신세계로 인도하는 듯하다."[1]

이렇듯, '고전주의−낭만주의'의 안티테제는 단지 두 가지 스타일의 대립뿐 아니라 '삶과 예술'의 물음을 둘러싼 원칙상 상이한 답변을 포함한다.

∵

1) 빅토르 지르문스키, 『문학이론의 문제들: 1916~1926년의 논문들』(Л., 1928), 175~177쪽. 새 판본: 빅토르 지르문스키, 『문학이론, 시학, 문체론』(Л., 1977). 이후 인용은 첫 번째 판본에서 하기로 한다.

우리가 강조할 것은 지르문스키의 견해에 따르면 이 두 가지 문화모델의 유형이, 그것들이 교체되건 공존하건 상관없이 보편적 상수를 이룬다는 사실이다. 또 다른 사실 역시 중요한데, 이들은 문화의 항존하는 유형으로서 역사적 역동성에 포함되지 않는다.

지르문스키와 달리 구콥스키는 문학 발전의 단계적 개념에서 출발한다. 그의 견해에 따르면[2] 문학적 변화는 서로 교체하는 유형학적 단계들의 시간적 순차성에 다름 아니다. 따라서 텍스트의 특수성은 유형학과 연대기의 교차를 기반으로 생겨나며, 역사적 접근과 분리될 수 없다.

이들 각각의 개념에 대한 역사적 비판의 문제는 거론하지 않기로 하자. 그들은 각자의 시대에 문학이론의 발전에 긍정적 역할을 수행했다. 현재 우리에게 중요한 것은 그들의 방법론의 근간에 놓인 차별성에 주의를 기울이는 일이다. 지르문스키가 문학을 폭발로부터 전적으로 자유로운 상태들의 교체로서 연구했다면, 구콥스키는 그것을 폭발들의 연쇄로서 바라보았다. 흥미로운 것은 구콥스키가 이 점을 감추고자 대단히 애를 썼음에도 불구하고, 그에게서 한 단계에서 다른 단계로의 이동은 '갑자기', 그러니까 모종의 결정적 단절을 통해서 달성되었다는 사실이다.

또 다른 예도 마찬가지로 흥미롭다. 잘 알려져 있듯이, 헤겔의 변증법에 기반해 마르가 제안한 바 있는 언어 발전 과정에서 단절의 개념은 전혀 현실과 맞지 않는데, 왜냐하면 언어 발전은 분명 점진적 성격을 띠기 때문이다. 이런 사정은 마르주의에 대한 강한 공격(스탈린, 비노그라도프)에서 뚜렷하게 나타났다. 하지만 이보다 더 주목을 끄는 것은, 마르의 사유가 자

••

2) 그리고리 구콥스키, 『러시아 리얼리즘의 역사 1부: 푸시킨과 러시아 낭만주의자들』(Саратов, 1946), 6~10쪽.

신의 본래 영역으로, 즉 문화, 민속, 문학의 영역으로 돌아가는 순간, 그것은 이미 전혀 부조리하게 보이지 않는다는 점이다.

우리가 구콥스키와 관련해 언급했던 문화의 단계적 발전 이론을 지르문스키 또한 공유했다. 1949년 레닌그라드 대학 문학학과에서는 이 문제를 다루는 특별 세미나가 열렸고, 거기서 지르문스키와 구콥스키는 주요 논문을 발표했다. 그들의 발표는 전혀 학문적이지 못한 비판에 처해졌고, 이후 발표자들을 향한 정치적 비난이 퍼부어졌다. 이 문제에 대한 학문적 토의는 이루어지지 못했다.

문화, 민속, 문학 과정의 폭발적 성격은 프레이젠베르크의 관심을 끌었다. 문화적 과정들을 다루는 '마르주의자들'의 작업은 마르의 후반기 언어학 작업들에 나타나는 것과 같은 자의적 성격을 띠지 않는다. 뿐만 아니라 그것들은 오늘에 이르기까지 여전히 학문적 관심을 불러일으킬 만하다. 가령 수 세기에 걸친 민속과 문학에서의 바보 형상의 기능을 학문적으로 분석한 프레이젠베르크의 연구서 『테르시테스(Thersites)』가 그 예이다. 형식주의자들과의 논쟁에서 그는 텍스트를 신화로부터, 그리고 신화를 일상 행위로부터 떨어뜨려 고찰할 수 없다는 사실에 주목했다. "이것은 단순한 문학적 기법과 원리가 아니라 사회적 이데올로기의 파편이다. 다름 아닌 삶에서(특히 법정에서) 바보 형상은 테르시테스의 외양을 가지게 된다. 그는 혹이 났고 기형인 채 태어난 인간이다. 따라서 문학적 시각이란 단지 일상적 시간에 대응하는 것일 뿐이다. 또한 양자 모두는 '황제'가 삶의 은유이듯이, 죽음의 은유 중 하나인 '바보 형상'의 일반 의미론으로부터 나온 것이다." 이후 프레이젠베르크는 바보 형상의 이미지가 장르 발전 단계를 거쳐 변화해온 과정을 살펴본다. "이후 뒤이은 단계에서 욕설은 제의적 행위, 특히 전쟁 제의의 행위가 되고, 바보의 기능은 황제가 수행하게 된다.

부대 지휘관의 사기를 높이기 위해 공개적으로 그를 향해 욕을 하는 식으로 전투력을 증진시키는 것이다." 프레이젠베르크는 다음과 같이 결론을 내린다. "고생물학적 의미론은 도식적 플롯 구조의 형태를 취한다. 플롯의 구조가 해당 구조에는 낯선 내용을 만들어낸다. 그렇게 하나의 상태가 그와 반대되는 또 다른 상태로 넘어가게 되는 것이다."[3]

역사는 역설로 넘쳐나는바, 서로 대립하는 것들은 흔히 서로에게 이끌린다. 이런 점에서 볼 때 역사의 아이러니를 담은 흥미로운 과제가 될 만한 것은, 각자의 인격, 시각, 그리고 사용하는 용어들의 전적인 대립을 뚫고 프레이젠베르크와 바흐친의 사유가 어떻게 서로에게 접근해가는지를 추적해보는 일이다.

이는 학문적 발전의 서로 동떨어진 단계들과 관련된다. 그러므로 더욱더 흥미로운 것은 그들의 여전한 생산성을 지적하면서, 오늘날의 학문적 사유의 오래된 뿌리를 강조하는 일일 것이다.

이상한 일이지만, 점진적 과정의 메커니즘은 훨씬 덜 연구되어왔다. 그 경우는 문제 그 자체가 존재하지 않는 것처럼 보이기도 하는데, 이런저런 상황에서의 둔화된 발전, 점진적 성격 혹은 심지어 역동성 자체의 부재를 지적하면 그만이기 때문이다. 하지만 점진적 과정은 가장 중요한 역사적 운동의 측면을 이룬다. 그 과정이 정적인 성격을 띤다는 관념을 제일 먼저 거부할 필요가 있다.

무엇보다 흥미로운 것은 시작점과 종착점이 서로 합치하기에, 심지어 과정이라고 정의 내리기도 어려운 어떤 움직임들의 경우다. 하지만 이 기본 지점들 사이에서는 복잡한 움직임이 발생할 수 있다. 예를 들어 달력에

3) 올가 프레이젠베르크, 『테르시트, 야페트 선집』 4(Л., 1930), 233, 241, 253쪽.

따른 순환 과정은 그 예가 될 만하다. 그것은 물론 인간 의식의 선형적 발전의 순환적 전환에 관한 개념의 원천이다. 하지만 달력에 따른 순환 과정 자체는 우주적 차원부터 원자적 차원까지를 아우르는 반복적·순환적 과정의 가장 눈에 띄는 발현 중 하나일 뿐이다. 인간 존재의 보편 구조에서 둔화된 반복적·순환적 과정이 지니는 의미는 폭발의 그것에 뒤지지 않는다. 덧붙일 것은 역사적 현실에서 이 두 유형의 과정은 보편적 움직임을 가속화하고 또 둔화시키면서, 서로 교차할 뿐 아니라 서로에게 영향을 끼친다는 사실이다.

제15장
꿈 — 기호학적 창문

의식의 역사에서 결절의 순간에 해당하는 것은 충격과 그에 대한 반응 사이에 시간적 단락(휴지부)이 발생하는 지점이다. 본래의 생물학적 도식은 다음과 같은 식으로 구축된다. '자극과 (그에 대한) 반응.' 이때 이 요소들 사이의 공간은 최상의 경우 순간에 해당하는데, 즉 그것은 직접적 반응을 실현하는 데 필요한 생리학적 시간에 따른다. 이와 같은 도식은 모든 유기체의 특징이며 인간 역시 그 영향하에 놓여 있다. 모든 자극과 순간적 반응의 영역이 그에 기초한다. 그것은 한편으로 직접적 행위와, 다른 한편으로는 순간적 반응의 영역과 관련되는데, 이와 비교할 때 기호를 통한 소통은 너무나 느린 과정처럼 보인다.

정보의 획득과 그에 대한 반응 사이에 시간적 격차가 발생하면서 원칙적으로 새로운 단계가 도래한다. 그와 같은 상황은 무엇보다도 기억의 발전과 완성을 요구한다. 또 다른 중대한 결과는 반응을 직접적 행위로부터 기호로 바꿔놓는 것이다. 정보에 대한 반응은 이제 자율적인 것이 되고, 훨씬 더 복잡한 생성 메커니즘을 갖는 구조를 통해 축적할 수 있는 능력을 지니게 된다.

이 단계에서 반응은 직접적 자극-반응의 성격은 탈각하지만, 아직 잠재적으로 제어 가능한 자유로운 것이 되지는 못한다. 그것의 메커니즘은 여전히 화자의 의식적인 의지 바깥에 놓인 생리적 자극들에 의해 조건화된다. 하지만 이미 그것은 충분히 독립적이다. 이 단계를 무엇보다 잘 보여주는 표현물이 바로 꿈이다.

꿈의 영상은 생각과 행동이 분리 불가능하기 때문에 그것들이 서로 독립된 개별 경험이 되지 못하는 심리 상태라고 가정할 수 있다. 말과 제스처의 영역, 넓게는 언어의 영역 전체가 그것이 지니는 모든 가능성과 더불어 훨씬 더 강력한 메커니즘을 가동시키는 탓에 자기충족적인 의식의 발달된 영역으로 발전할 수 있는 꿈의 잠재적 능력이 사장되어버렸다. 하지만 이 영역이 아무런 저항 없이 굴복했던 것은 아니다.

고대의 인간이 훨씬 거대한 꿈 문화를 지녔다는 것, 즉 꿈을 꾼 후 훨씬 더 일목요연하게 그것을 기억할 수 있었다는 사실은 명백하다. 샤먼 문화가 꿈의 해석과 예언을 위한 일목요연한 체계와, 꿈을 통제하는 앞선 기술을 지녔다는 점도 잊어서는 안 된다. 플로렌스키가 지적했듯이, 꿈 문화에서 다시 말하기는 중대한 역할을 수행하는데, 이는 그것이 꿈에 시간적·선형적 구성을 부여하면서 꿈의 체계를 재조직하기 때문이다.[1]

담화의 발달은 이 영역을 문화의 부차적 차원으로 몰아냈고, 그것의 원시화를 야기했다. 사유의 이런저런 영역에서의 역동성 및 발전은 불가피하게 다른 영역의 쇠퇴를 야기해 그로 하여금 지배적 위상을 내주도록 만들

••

[1] 이후 이 생각은 우스펜스키의 논문 「역사와 기호학」에서 크게 수정된 바 있다. 보리스 우스펜스키, 「역사와 기호학(기호학적 문제로서의 시간지각)」, 《타르투 대학교 학술지》 제831호(1988, 《기호체계 문집》 제22권), 71~72쪽.

었다. 그런 식으로 문자성의 발달은 당연히 구어성의 쇠퇴를 불러왔다. 이전에 특별히 높은 위상을 차지했던 발달된 기억술(가령 노래나 시와 같은 기억술의 기법)의 필요성이 감소했다.

여기서 우리는 충분히 복잡하고 까다로운 프로이트의 꿈 개념의 문제는 건드리지 않기로 한다. 다만 그 방법론을, 아마도 문화 이전 시기로 거슬러 올라가야 할 고대적인 꿈 해석 방식들과 비교하는 데 집중할 것이다.

아직까지 문자를 지니지 않은 고대의 인간은 꿈의 세계로 진입할 때, 마치 현실이면서 동시에 현실이 아닌 어떤 공간으로 들어가는 것과 같았다. 그의 자연스러운 전제는 이 세계가 의미를 지니지만, 동시에 그 의미를 모른다는 것이다. 말하자면 그건 무엇을 뜻하는지 알 수 없는 기호였고, 그래서 순수한 기호였다. 그것의 의미는 아직 결정되지 않았기 때문에 확립해야만 하는 어떤 것이었다. 그러므로 애초부터 거기엔 기호학적 실험이 자리한다. 아마도 "태초에 말씀이 있었다"라는 성경 구절은 바로 이런 의미로 이해해야만 할 것이다. 말의 의미에 앞서 말이 존재하는바, 인간은 이것이 의미를 지니는 말이라는 것은 알지만, 그것이 무엇인지는 모르는 것이다. 흡사 그것은 이해되지 않는 언어로 말하는 것과 같다.

꿈을 메시지로 받아들이는 것은 이 전언이 어느 누군가에게서 왔다는 개념을 전제한다. 이후 더 발달된 신화적 영역에서는 꿈이 낯선 예언적 목소리와 동일시되는데, 즉 **나를 향한 그의 목소리**로 표상되는 것이다. 첫 단계에서 우리가 영화를 경험하는 것과 유사한 어떤 상황이 발생한다고 볼 수 있는데, 즉 1인칭과 3인칭이 구별 없이 뒤섞인다. '나'와 '그'가 상호 동일시되는 것이다. 그다음 단계에서 대화가 발생한다. 바로 이런 단계성을 우리는 유아의 언어 습득에서 확인할 수 있다. 순수한 형식으로서 꿈의 이런 속성은 그것을 채워야 할 모종의 공간으로 만든다. 즉 꿈을 해석하는 샤먼은 경험이 풍부한 프로이트주의자만큼이나 '학문적'이다. 꿈, 그것은 기호학적 창문으로서, 우리 각자는 거기서 자기 언어의 반영을 보게 되는 것이다.

이 언어의 근본적 특성은 커다란 비결정성이다. 이는 그것을 항상적 메시지의 전달에는 부적절하지만 새로운 정보의 발생에는 엄청나게 효율적인 어떤 것으로 만든다. 꿈은 사실 정보와 거의 무관한 '텍스트를 위한 텍스트'일 뿐이지만, 그럼에도 비밀스러운 타자로부터의 메시지로 받아들여진다. 예술이 모든 외적 목적 및 의미에서 자유로울 수 있는 권리를 획득함으로써 자기 자신을 인식하는 것처럼('앙가주망'은 문화가 자신에게 '관여적인' 누군가를 의식하기 시작한 이후에야 나타날 수 있다), 해석될 수 있는 가능성이 올바른 해석의 개념에 선행한다. 하지만 정보의 납득 가능한 집단적 전달의 필요성은 언어 창조의 경계를 확장하려는 지향을 현저하게 압도한다. 이 경쟁에서 꿈의 언어는 버텨낼 수 없었다.

언어의 발달 과정에서 문화는 체계적으로 특정 시기를 만들어내는데, 그 시기에는 단순하나 적절하게 이해될 수 있는 언어가 매우 풍부하지만 개인적으로만 이해될 수 있는 언어를 압도하곤 한다. 가령 20세기 후반에 우리는 예술(특히 시와 영화) 언어가 기술 발전에 의해 가능해진 언어들의 강한 압력으로 인해 뒤로 물러나는 모습을 목도하고 있다. 20세기 초중반 유럽에서는 힘의 배치가 정반대였다. 당연히 문화에서 모든 '승리'는 대화의 강조점을 재배치하는 것에 불과하다.

기능의 재배치가 일어난다. 꿈은 그것을 실용적이고 소통적인 기능에 부적합한 것으로 만드는 바로 그 속성 탓에 자연스럽게 종교, 점술, 예언적 소통의 영역으로 옮아가게 된다. 비록 시적 영감과 신비적 꿈 사이의 관련성이 여러 문화에서 확인되는 보편적 현상이기는 하지만 신성한 영역으로 시가 진입하게 된 것은 꿈의 독점적 위상이 쇠퇴했음을 알리는 표지와 같다. 꿈이 신성한 공간의 변방으로 밀려나게 된 것이다.

비밀스러운 미래를 향한 창문으로서의 꿈-예언은 이제 자기 내부를 향한 길이라는 관념으로 교체된다. 꿈의 기능이 바뀌기 위해서는 비밀스러운 공간의 위치 또한 변경되어야만 했다. 즉 그것은 외적인 것에서 내적인 것으로 바뀌었던 것이다. 샤머니즘과 프로이트주의의 이와 같은 병치는 그 어떤 경멸적 뉘앙스도 갖고 있지 않다. 다만 그것은 다양한 문화적 국면에서 마법이라는 예언의 학문과 의학이라는 구원의 도구가 동일한 기능을 수행할 수 있다는 점을 가리키고 있을 뿐이다. 그 기능이란 바로 믿음의 대상이 되는 것이다. 믿음은 인간에게 엄청난 권력을 행사할 수 있으며, 실제로 기적을 만들어낼 수도 있다. 만일 환자가 [치료의 수단을] 진정으로 믿는다면, 그 수단은 환자를 도울 수 있다.

소설 『닥터 파스칼』에서 에밀 졸라는 모든 환자를 치료할 수 있는 만병 통치약을 발명한 어느 의사 이야기를 들려준다. 환자와 의사가 이 약품의 기적적인 효과를 열렬히 믿고 있다. 어느 날 의사 파스칼은 실수로 환자에게 증류수를 투여하게 된다. 그런데 효과가 약품의 그것과 동일했다. 환자가 주사약의 효과를 굳게 믿은 나머지 증류수로 병이 나아버린 것이다. 믿음이란 '민중을 위한 아편'이 아니라 자기조직화를 위한 강력한 수단이다. 꿈의 비밀스러운 의미에 대한 믿음은 의미 그 자체에 대한 믿음에 기초한다. 꿈을 기호학적 과정의 아버지라고 부를 수도 있을 것이다.

꿈 현상을 특징짓는 것은 복수언어주의이다. 꿈은 우리를 시각, 언어, 음악 등의 공간으로 데려가는 것이 아니라, 현실 자체가 그렇듯이 그들 모두가 혼합된 공간으로 데려간다. 이것은 '현실적이지 않은 현실'이다. 꿈을 인간적 소통의 언어로 번역하게 되면 비결정성이 감소하는 대신에 소통가능성이 증대된다. 차후에 이 과정은 예술로 전이된다. 꿈이 신과의 언어적 소통으로 변화되는 과정에서 자연스럽게 신과의 소통은 높은 정도의 비결정성을 갖는 예언이나 비밀스러운 금언으로 바뀌게 된다.

지금까지 언급한 것으로부터 일찍이 학술원 회원 베셀롭스키의 흥미를 끌었던 '원초적 제설혼합주의(syncretism)'를 새롭게 조명해볼 수 있다. 그 것은 몇몇 텍스트를 '눈앞에서' 직접 공연함을 뜻하는 게 아니라 사건을 인접한 다른 언어를 통해 재생하는 것이다. 최초의 원초적 단계에서는, 오늘날 우리가 실제 현실의 안티테제로서 경험하는 삶과 죽음의 근원적 공간 분할과, 모든 다양한 모델화 체계가 속하는 다성적 공간이 이원적 언어구조로 수렴되는바, 실용적 언어와 꿈의 이원구조가 그것이다.

물론 이는 거칠게 도식화한 형상일 뿐이다. 실제 현실 영역에서는 기호학적 공간 속을 부유하는 복잡하고 모순적인 기호학적 실타래의 형태로 실현된다.

이미 지적했듯이, 꿈은 비밀스러운 기원을 지닌 메시지로서 나타나며, 이 영점의 공간은 그것을 해석하는 문화의 유형에 따라 다양한 메시지의 담지체들로 채워질 수 있다. 실러의 『도적 떼(*Die Räuber*)』에 나오는 범죄자 형제는 다음과 같은 헬베티아(Helvetia)식 공식을 반복한다. "꿈은 위(胃)에서 나온다." 실러 자신이 꿈을 인간의 억압된 양심의 목소리, 숨겨진 내부 법정으로 간주했다. 고대 로마인들이 꿈속에서 신의 예언을 보았다면, 프로이트주의자들은 억압된 섹슈얼리티를 발견했다. 이 해석들을 어떤 공통된 형식으로 종합하여 우리가 얻게 되는 것은 비밀스러운 심연에 감추어진 채 우리 인간을 조종하는 모종의 강력한 힘에 대한 관념이다. 한편 이 힘(권력)은 원칙상 그것을 해석하기 위한 번역자를 필요로 하는 언어로 인간에게 말을 건다.

꿈은 해석되어야만 한다. 현대의 심리학자에 의해서건, 아니면 고대 제사장에 의해서건 마찬가지다. 꿈에는 또 하나의 특징이 있다. 꿈은 개인적인 것으로, 다른 사람의 꿈속으로 진입하는 일은 불가능하다. 따라서 원칙상 꿈은 '단 한 사람만을 위한 언어'이다. 꿈의 언어로 소통하는 것이 극단적으로 어려운 이유가 거기에 있다. 꿈을 다시 말하는 것은 언어를 통해 음악 작품을 다시 말하는 것만큼이나 어렵다. 꿈의 재기술불가능성은 꿈의 기억을 다만 본질에 근접할 수 있을 뿐인 변형으로 만든다.

이렇듯 꿈은 그것을 지극히 허약하고 다의미적인 정보 전달의 수단으로 만드는 수많은 제약에 둘러싸여 있다. 하지만 꿈에게 독특하면서도 지극히 본질적인 문화적 기능을 부여해주는 것이 바로 이런 '단점들'이다. 그 기능이란 기호학적 비결정성의 예비가 될 능력, 즉 여전히 의미들로 채워넣어야 하는 빈 공간이 될 수 있는 능력이다. 바로 그 점이 꿈을 이상적인 내-이야기(ich-Erzählung)로 만들어주는바, 우리는 이를 갖가지 신비적 해석만이 아니라 미학적 해석으로도 채울 수 있다.

제16장
'나'와 '나'

루소는 『고백록』의 서두에 이렇게 썼다. "오직 나뿐이다.[1] 나는 내 마음을 느끼고, 인간들을 알고 있다. 나는 내가 보아온 어느 누구와도 같게 생각하지 않았다. 현존하는 어느 누구와도 같게 만들어져 있지 않다고 감히 생각한다."[2] 『에밀』에서 『고백록』까지 루소는 긴 노정을 걸었다. 『에밀』에서의 '나'는 1인칭 화법의 본질을 드러내는 대명사로 나타난다. 『에밀』에서 이야기되고 있는 것은 인간 그 자체의 본질이다. 그러므로 화자는 자연적 이성의 구현체로, (에밀이라는) 학생은 스스로 자신을 발견한 대문자 자연으로 그려진다. 반면 『고백록』에서의 '나'는 고유명사이다. 그것은 복수형을 갖지 않는바, 불변하는 유일한 개성으로부터 분리될 수 없다. [고백록에 부쳐진] 다음의 에피그라프가 우연이 아닌 것이다. "Intus et in cute"(이것은 '내면을 속속들이'라는 뜻으로, 고대 로마의 시인 페르시우스에서 인용이다). 루소

··

1) 원본에는 "Moi seul"이라고 되어 있다[J. J. Rousseau, Musset-Pathay 엮음, *Oeuvres completes* (paris, 1824), vol. 27, p. 3]. [번역본] 루소, 이용철 옮김, 『고백록』 1(나남, 2012), 11쪽.
2) 장 자크 루소, 『선집』(전 3권) 3(M., 1961), 9~10쪽.

는 대명사 '나'로부터 고유명사로 이동했다. 이것은 인간 사유의 근본적인 극점의 하나이다.

전통적으로 우리는 인간 의식이 개인적인(개별적인) 것으로부터 보편적인 것으로 나아간다고 생각해왔다. 개인적인 것의 의미가 차이의 개수를 늘리는 능력, 즉 동일한 것에서 다른 것을 찾아내는 능력이라고 할 때, 물론 그것은 문화적 과정의 핵심적 성취의 하나일 것이다. 다만 지적할 것은 같은 것에서 다름을 보는 능력과, 다른 것에서 같은 것을 보는 능력은 의식의 동일한 과정의 분리 불가능한 두 측면이라는 점이다. 서로 다른 것을 구별하지 않는다는 것은 동일성의 강조가 아니라 동일성의 파괴를 뜻한다. 왜냐하면 그것은 병치 자체를 무효화해버리기 때문이다.

'나'의 구조는 문화의 근본적인 지표 중 하나이다. 대명사로서의 '나'는 고유명사로서의 '나'에 비해 구조상 훨씬 더 단순하다. 후자는 확실하게 정의된 언어 기호로 나타나지 않는다.

이런저런 언어는 일반적인 사물과 주어진 바로 그 사물을 지칭하는 단어를 구별하기 위한 다양한 문법적 수단을 동원한다. 러시아어에서는 후자의 경우에 대문자를 쓴다. 그냥 책상은 일반적인 책상을 가리키는 반면(독일어에서는 이 경우 ein이라는 관사를 쓴다), 대문자 책상은 나의 책상, 내게 친숙한 유일한 책상'을 뜻한다. 그 책상은 '책상 일반'에는 없는 특징들을 갖고 있다. 예컨대 거기엔 잉크 자국이 묻어 있을 수 있다. 잉크 자국은 책상 일반의 특징이 될 수 없고, 오직 이 주어진 책상의 분리 불가능한 기호가 된다. 희극 〈미성년〉에서 폰비진은 다음과 같은 장면을 보여준다.

프라브진: 그럼 예를 들어 '문'의 품사는 뭐지? 그건 명사인가 아니면 형용
　　　　사인가?

미트로판: 문요? 어떤 문요?

프라브진: 어떤 문? 저기 저 문.

미트로판: 저거요? 형용사지.

프라브진: 왜 그렇지?

미트로판: 왜냐하면 저 문은 자기 자리에 붙어 있기 때문이죠. 하지만 창고
에 막대기로 만든 문은 일주일도 붙어 있지 않죠. 그러니까 그것
은 명사인 거죠.

스타로둠: 그러니까 넌 '바보'란 단어가 어리석은 사람에게 따라다니니까 형
용사란 말이지?

미트로판: 물론이에요.[3]

폰비진의 합리적 의식은 우리에게 추상적 사유를 진실한 것으로, 구체
적 사유를 우둔함의 발현으로 제시한다.

하지만 이와는 다른 관점 역시 가능하다. 우리는 앞서 『고백록』의 루소
에게서 진실의 담지체가 다름 아닌 '나', 즉 복수형이 불가능한 '나'임을 지
적한 바 있다. 어릴 적 솔로비요프가 고유명사를 사용하는 특별한 방식에
관해서도 앞서 이미 지적했다. 합리주의자에게 구체적 세계는 보편 법칙
을 드러내는 사례에 불과하다. 대개 우화에서 텍스트와 교훈의 상호 관계
는 그런 도식에 따라 구축된다. 우화의 의미를 논리적·단의적으로 해석하
면 교훈이 나오게 되는 식이다. 우화작가 크릴로프를 특징짓는 것은 그가
우화의 장르적 합리주의를 극복하고 텍스트와 교훈 사이의 훨씬 더 복잡

3) 데니스 폰비진, 『전집』 1(M.; Л., 1959), 162쪽. [번역본] 폰비진 외, 조주관 외 옮김, 『러시아
희곡』 1(열린책들, 1998), 80~81쪽.

한 체계를 창조했다는 점이다. 그에게 교훈은 추상적 진리의 표현이 아니라 민중의 지혜, 즉 상식의 목소리이다.

'비전형적 진리'의 높은 가치를 천명한 루소의 대담한 지략과, (독특한 개성으로서의) 장 자크의 가치는 소설 속 인간상의 재구축과 이후 세기의 초상에 길을 터주었다. 이 장르는 알레고리적이지 않다(이 점에서 흥미로운 것은 디드로의 『살롱』이 집요하게 알레고리를 추구했으며, 인간 형상의 회화적 초상성을 강조했다는 점이다). 그들은 예술적 의식의 새로운 유형을 정초했다. 인물은 반복 불가능한 유일한 것이면서, 동시에 독자 및 청중과 모종의 유사한 특징을 공유하는 형상으로 나타난다. 손으로 만든 형상이 마치 살아 있는 인간처럼 행동하는 것이다. 최소한 고대로 거슬러 올라가는 신화적 플롯의 광범위한 계열, 즉 인간이 창조한 예술 작품이 생명을 얻어 살아나는 이야기가 이와 관련된다.

학교 교육에서 특히 널리 퍼져 있는 합리주의적 의식이 예술 텍스트를 단차원적으로 해석하려는 집요한 경향을 보인다는 사실은 특징적이다. '오네긴은 귀족 사회의 전형적인 대표자이다'라는 식의 과거의 주제론적 해석으로부터, '타티야나는 러시아의 영혼이다'라는 식의 해석으로 바뀌기는 했지만, '모순들을 곧게 펴버리고' 다양성을 단일 의미로 수렴시키려는 일반적 경향은 여전히 그대로이다. 가령 우리는 아래 구절에서 도입되는 타티야나 형상의 모순과 복잡성이 이 형상의 '교육적' 의미를 감소시킨다는 이야기를 점점 더 많이 듣게 되는 것이다.

그녀는 러시아어를 잘 몰랐다.
(……)
모국어로 생각을 표현하는 데

서툴기 그지없었다……(VI, 63)

하지만 학교 교육에 죄를 묻고 모든 걸 교사에게 맡겨버린다면, 이는 지나치게 단순한 해결책이 될 것이다. 문제는 예술에 고유한 모순이다. 예술의 힘이면서 동시에 약점이기도 한 그것은 원칙상 극복될 수 없는데, 왜냐하면 바로 그것이 예술 텍스트가 고유명사와 보통명사 둘 모두로서 작동하도록 만들어주기 때문이다.

제17장
예술의 현상

　진정한 폭발의 순간이 경험하는 변형은, 우연성을 법칙성으로 바꾸는 모델링 의식의 프레임을 통과하면서 아직은 의식의 과정을 종결하지 않는다. 이 메커니즘에 기억이 첨가되는바, 그것은 폭발 이전 순간으로 되돌아가서 이제는 회고적으로 전 과정을 재차 수행하도록 만드는 것이다. 이제 의식에는 세 층위가 있는 듯하다. 첫째, 최초의 폭발 순간, 둘째, 의식 메커니즘 속에서 그것을 회고하는 순간, 마지막으로 기억의 구조 속에서 그것을 새롭게 이중화(복제)하는 순간이다. 이 마지막 층위가 예술 메커니즘의 토대를 이룬다.

　한편으로 19세기 실증주의 철학이, 다른 한편으로는 헤겔 미학이 우리의 의식에 현실의 반영으로서의 예술이라는 관념을 공고히 했다. 동시에 다양한 종류의 범낭만주의적(즉 상징주의적이고 데카당스적인) 관념이 무언가 삶에 대립하는 것으로서의 예술이라는 관점을 널리 퍼뜨린 바 있다. 이 대립 관계는 창작의 자유와 현실의 억압이라는 안티테제로도 표현된다. 두 시각 모두는 진실로도, 혹은 거짓으로도 간주될 수 없다. 그들은 실제 예술 작품에서는 서로 분리될 수 없이 연관을 맺고 있는 두 경향을, 현실 속에서 불가능한 극단까지 밀어붙임으로써 상호 고립시켜버린다.

예술은 현실성의 완전히 새로운 차원을 만들어내는데, 그것은 자유의 급격한 확대를 특징으로 한다. 현실에서는 허용되지 않는 영역들에 자유가 부여되고, 대안을 갖지 못하는 것들이 대안을 얻게 된다. 바로 이로부터 예술에서 윤리적 가치의 확대가 나온다. 예술이 도덕 영역의 바깥에 자리하는 것처럼 보이는 것은 바로 이런 커다란 자유 때문이다. 그것은 금지된 것뿐만 아니라 불가능한 것을 가능하게 한다. 이 때문에 현실과의 관계에서 예술은 자유의 영역으로 등장한다. 하지만 이런 자유의 감각 자체가 현실의 관점에서 예술을 바라보는 관찰자를 전제한다. 예술의 영역이 언제나 낯섦의 감각을 포함하게 되는 것은 이 때문이다. 그리고 이는 불가피하게 윤리적 가치평가의 메커니즘을 도입하게 한다. 예술을 윤리적으로 읽을 필요성을 부정하려는 미학의 강한 의지나, 혹은 그 사실을 증명하는 데 바쳐진 모든 에너지가 다름 아닌 그것의 확고부동한 필요성을 증명해준다. 미학적인 것과 윤리적인 것은 예술의 서로 상충하는, 하지만 분리 불가능한 두 극점이다.

예술과 윤리성의 관계는 문화의 구조에 놓인 대립의 보편적 운명을 반복한다. 각각의 극점은 (다른 극점과의) 상호 대립 속에서 자신을 실현하기 시작한다. 각각의 경향은 자신의 안티테제의 완전한 절멸을 승리로 이해하지만, 그렇게 이해된 승리는 곧 자살의 프로그램일 뿐이다. 왜냐하면 각 경향은 현실뿐 아니라 상대항의 존재를 통해서 결정되는 것이기 때문이다.

현실과의 관계에서 자유의 수준이 현저히 확장됨으로써, 예술은 실험의 극점이 된다. 예술은 자신만의 세계를 창조하는데, 그 세계는 '만일 그러하다면, ……하다'의 법칙에 따르는, 예술 외적 현실의 변형을 통해 구축된다. 예술가는 자유의 확대를 경험하게 되는 삶의 영역들에서 예술의 힘에 집중한다. 관심 대상이 가족과 사회의 법칙을 위반하는 것이건, 혹은 상식의 법칙, 제식과 전통의 법칙, 심지어 시공간의 법칙을 위반하는 것이건 원칙상 차이는 없다. 모든 경우에서 세계를 조직화하는 법칙은 두 개의 그룹으로 나뉜다. 변경이 불가능한 그룹과, 변경이 가능하지만 절대적으로 금지된 그룹이 그것이다(변경이 가능하면서 금지되지도 않은 경우는 여기서 변경된 것으로 간주되지 않는다. 그것들은 진정한 변화와 모조 변화 사이의 안티테제에 해당한다.)

호프만의 주인공은, 처음엔 사자로, 그다음엔 생쥐로 **변할 수 있는** 「장화 신은 고양이」의 거인처럼, 천장까지 몸을 늘렸다가 다시 실 몽당이처럼 몸을 돌돌 말 수 있다. 이런 인물들에겐 변신이 곧 행위가 된다. 하지만 이는 톨스토이의 인물들에겐 해당되지 않는다. 올레닌*은 호프만의 인물들에게 가능한 변신을 할 수 없기 때문에, 자유의 한계 역시 경험하지 않는다. 그런 변화는 올레닌의 알파벳에 들어 있지 않다. 한편 예로시카 할아범이나 루카시카에게는 가능했던 자유가 그에게는 불가능하다는 점은 주인공에게 비극이 된다.

자유는 매번 작품에서 제시되고 있는 세계의 법칙에 따라 규정된 모종의 가정으로 나타난다. 예술의 천재적인 속성은 세계의 이런저런 구조들의 접근불가능성을 시험해볼 수 있게 하는 의식 실험에 있다. 이것이 현실에 대한 예술의 관계를 결정한다. 예술은 그것이 자유를 확장했는지 아니면 제한했는지에 따라 실험 결과를 점검한다. 파생적인 경우로 실험에 대한 거절이라는 (또 다른) 실험의 결과에 주목하는 플롯도 있을 수 있다. 예

---

* 톨스토이의 소설 『카자흐 사람들(Казаки)』의 주인공으로, 카자흐 사람들(예로시카, 루카시카 등)은 진정한 자유를 받아들이지 못하는 문명인의 한계를 드러낸다.

술의 대상이 가부장 사회나 혹은 불변성을 이상화하는 다른 어떤 형태일 경우에, 일반적인 예상과 달리, 그와 같은 예술 작품을 추동한 계기는 불변하는 고정된 사회가 아니다. 반대로 파국적인 과정을 겪고 있는 사회가 자극체가 된다. 플라톤은 고대 세계가 바야흐로 파국으로 흘러들던 시기에 불변하는 예술에 관해 설파했던 것이다.

예술의 대상, 예술 작품의 플롯은 언제나 이미 완결된 것, 즉 서술에 앞선 어떤 것으로서 독자에게 주어진다. 이 과거는 예술 작품이 미완결의 상태에서 완결의 상태로 바뀌는 순간 비로소 해명된다. 이는 플롯의 전체 흐름이 마치 현재인 것처럼 느껴지는 과거, 그러니까 진짜 현실인 것처럼 느껴지는 허구로서 독자에게 주어진다는 점에서 특히 잘 드러난다.

소설이나 드라마의 사건은 독서의 순간에 비해 과거의 사건에 해당한다. 하지만 독자는 [그에 대해] 울고 웃는다. 즉 예술 외부의 현재 시간에 해당하는 감정을 경험하는 것이다. 마찬가지로 허구적인 것이 감정적으로는 실제처럼 다가온다. 텍스트는 허구를 실제로, 그리고 과거를 현재로 바꿀 수 있는 예술의 역설적 특성을 확고히 한다. 바로 여기에 플롯의 진행 시간과 그것의 종결 시간 간의 차이가 놓여 있다. 전자는 시간 속에 자리하지만, 후자는 시간 일반에서의 일탈에 해당하는 과거와 합류한다. 플롯과 그것의 종결 공간의 이런 원칙적인 차이는 작품의 종결부에서 인물에게 무슨 일이 벌어졌는지를 따지는 일을 무의미하게 만든다. 그런 식의 판단은 예술 텍스트의 비예술적 인지를 증명할 뿐으로, 독자의 경험적 미숙함의 결과에 다름 아니다.

예술은 인식의 수단, 무엇보다도 인간에 대한 인식의 수단이다. 이 명제는 너무나 자주 반복되어 사소한 것이 되었다. 하지만 '인간에 대한 인식'이라는 표현에서 무엇을 고려해야 하는가? 이 표현에 의해 결정되는 플롯들은 하나의 공통된 특징을 지닌다. 그것들은 인간을 자유의 상황으로 가져다 놓고, 그들에 의해 선택된 행위를 탐구한다. 그 어떤 실제 상황도—가장 일상적인 것에서 가장 예기치 못한 것에 이르기까지—가능성의 총량, 그러니까 인간의 잠재력을 드러내는 모든 행위를 다 소진할 수는 없다. 인간의 진정한 본질은 현실 속에서 온전히 드러나지 않는다. 예술은 인간을 자유의 세계로 데려가고, 이를 통해 그의 행위의 가능성을 열어놓는다. 바로 그런 식으로 모든 예술 작품은 특정 규범과 그것의 위반, 그리고—최소한 자유로운 상상의 영역 속에서—또 다른 규범의 확립을 부여하는 것이다.

플라톤의 순환적 세계는 인간 행위에서 예측불가능성을 제거하고, 철두철미한 규칙을 도입함으로써 그 자체로 예술을 파괴한다. 플라톤은 논리적으로 사고했다. 예술은 역동적 과정의 메커니즘인 것이다.

1960년대에 영국의 영화감독 린지 앤더슨*은 〈만약에(If)〉라는 영화를 만들었다. 영화는 야심에 찬 열정과 파괴적인 성적·상업적 충동에 휩싸인 젊은이들이 선생으로 대표되는 사회가 부과하는 바보스러운 규범과 복잡한 충돌을 경험하는 이야기로 이루어져 있다. 주인공들의 영혼을 사로잡은 열정에서 촉발된 이미지들은 마치 진짜 사건인 것처럼 현실적으로 그려진다. 관객의 눈앞에서 현실과 현실 너머의 것이 구제할 길 없이 뒤엉킨다. 수업을 빼먹은 고등학생 두명이 카페로 들어가 아름다운 여종업원을 바닥에 눕히는데, 관객은 에로틱한 장면의 목격자가 되어 그 모든 감정을 경험하게 된다. 하지만 실상 벌어진 일은 아주 값싼 담배를 산 것뿐이다. 그 밖

---

* 린지 앤더슨(Lindsay Anderson, 1923~1944)은 20세기 영국 감독으로 '프리 시네마' 운동에 참여했으며 반체제 영화잡지 《시퀸스(Sequence)》를 창간했다. 1968년 〈만약에〉로 칸 영화제 황금종려상을 수상했다.

의 모든 것은 다만 만약에 불과하다. 영화는 학부모들의 주말 학교 방문으로 끝을 맺는다. 화면에는 꽃다발과 선물을 든 부모들이 학교로 다가가는 장면이 나오는데, 그와 동시에 똑같은 영화적 리얼리티를 갖고 또 다른 장면이 등장한다. 학교 옥상에 걸터앉은 아들들이 그들의 아빠 엄마를 향해 차례로 길게 총을 난사하는 장면이 그것이다. 영화의 외적 플롯은 아동 심리의 문제이다. 하지만 이와 동시에 예술 언어 자체의 물음이 제기된다. 이 물음이 바로 만약에이다. 바로 이 물음을 통해 무제한적인 대안의 가능성이 삶 속에 도입되는 것이다.

모든 종류의 예술 창작은 지적 실험의 다양한 변체(變體)로 간주될 수 있다. 분석 대상이 되는 현상은 낯선 관계의 체계 속으로 진입한다. 이때 사건은 폭발처럼 발생하여, 결과적으로 예측 불가능한 성격을 띤다. 사건 전개의 예측불가능성(의외성)이 작품의 구성적 핵심을 이루는 듯하다.

포스트-민담 예술 작품은 언제나 결말을 갖는다는 점에서 그것이 반영하는 현실과 구별된다. 그런데 이때의 결말부란 그로부터 사건을 회고적으로 바라볼 수 있는 지점을 말한다. 이런 소급적 관찰은 우연을 필연으로 바꿔놓는 듯하며, 이로써 모든 사건이 재고(再考)되기에 이른다.

이런 관점에서 흥미로운 것은 눈에 띄는 제목이나 의미심장한 종결부를 지니는 (혹은 둘 다를 가진) 텍스트 구조이다. 이 구성적 요소의 갖가지 예술적 의미 중 현재 우리의 관심을 끄는 것은 단 하나다. 독자의 관점에 따라 자신의 내용을 바꿀 수 있는 [예술 텍스트의] 능력이 그것이다. 가령 푸시킨의 단편 「스페이드의 여왕」이나 체호프의 드라마 〈갈매기〉의 제목은 플롯의 에피소드가 진행됨에 따라 독자(혹은 관객)에게 다르게 다가오며, 작품의 결말은 처음으로 다시 되돌아가 전체를 재독할 것을 요구한다. 순차성이 동시성으로 교체되고, 이는 사건들에 새로운 의미를 부여한다. 이 상황에서 예술적 기억은 플로렌스키가 묘사했던 꿈과 비슷한 방식으로 작동한다. 즉 시간의 축을 역행하는 식으로 진행되는 것이다.

또 다른 흥미로운 경우로 잡지나 신문에 연재하는 작품이 있다. 푸시킨의 『예브게니 오네긴』이나 트바르돕스키의 「바실리 테르킨」이 이에 해당하는 극단적 사례인데, 거기서 어떤 장은 다음 장이 아직 써지기 전에, 심지어 아직 구상되기도 전에 출판되었다. 새로운 장을 쓸 때마다 시인은 자신의 무지를 극복해야 할 불가피성에 직면한다. 『예브게니 오네긴』에 대한 푸시킨의 전형적인 이중적 입장이 바로 이와 관련된다. 그는 자신의 인물들의 역사를 자의적으로 만들어내는 작가이면서, 동시에 이 인물들의 동시대인이기도 하다. 그들의 삶의 상황을 그는 실제 삶 속에서의 직접적 관찰이나 편지, 이야기들을 통해 알게 된다. 흔히 필자[로트만]를 포함한 연구자들이, 푸시킨의 부주의 혹은 우연한 실수로 해석되는 아래와 같은 구절을 만나게 되는 것은 이 때문이다.

타티야나의 편지가 내[작가 푸시킨을 뜻함] 앞에 있다.
나는 그것을 소중히 간직하며……(VI, 65)

하지만 푸시킨은 또 다른 장면에서는 예브게니에 대해 말하면서, 다음과 같이 쓰고 있다.

그가 간직하고 있는
가슴이 말하는 편지……(VI, 174)

이에 덧붙일 수 있는 것은 푸시킨을 개인적으로 잘 알았던 퀴헬베케르의 역설적이지만 심오한 언급이다. 그에 따르면 타티야나는 의심할 바 없이 푸시킨 자신인데[1], 이 경우 우리가 보게 되는 것은 외적 관점과 내적 관점의 복잡한 교직이다. 텍스트의 작가 외부적인 현실성과, 작품에 무제한적인 권력을 행사하는 작가라는 관념이 계속해서 번갈아 등장하며 이는 전체적인 배경을 이룬다.

지금껏 살펴본 모든 것은 어떤 일반 법칙의 부분적 사례로 볼 수 있다. 그것은 예술 텍스트를 예측 불가능한 본래의 의미론적 궤도로 전환시키는 법칙이다. 그 이후에 이전의 모든 역사가 회고적으로 재의미화되는데, 즉 예측할 수 없던 것이 이제는 유일하게 가능한 것으로 재의미화되는 것이다.

역사적 · 문화적 관점에서 볼 때, 예술의 다양한 단계를 진화적(역사적) 차원에서 보지 않고 모종의 단일체로 간주하는 관점은 흥미롭다. 예술 현상에서 두 가지 대립적 경향을 구분할 수 있다. 이미 알려진 것을 반복하려는 경향과 원칙상 새로운 것을 창조하려는 경향이 그것이다. 그러나 이중 첫 번째 것은, 예술은 폭발의 결과로서 언제나 애초 예견할 수 없었던 텍스트를 만들어낸다는 전제와 모순되는 것이 아닌가?

첫 번째 경향의 극단적인 사례로서 우리가 살펴보려는 것은 민속 텍스트나 혹은 동일한 작품을 여러 예술가가 공연하는 연행예술이 아니다. 오히려 녹음된 음악이나 문학 텍스트를 여러 차례 반복해 감상하는 경우가 더 적합하다. 이 경우에는 해석의 차이나 공연하는 사람의 개인적 특성의 결과로 치부할 수 없게 된다. 즉 동일한 텍스트의 재생으로 정의할 수 있는 상황이 인위적으로 만들어지는 것이다.

더불어 지적할 것은 바로 이 경우에 기대 이상으로 명백하게 예술과 비

∴

1) 빌헬름 퀴헬베케르, 『여행, 일기, 논문』(JI., 1979), 99~100쪽을 보라.

예술의 차이가 드러난다는 점이다. 라디오에서 방송되는 똑같은 '최신 뉴스'를 수차례 반복해서 듣는 사람을 상상하기는 어렵다. 고인이 된 스미르노프 소콜스키는 1950년대에 젊은 인문학자들과의 대담에서 가장 진귀한 서지가 무엇인지를 물었다. 그 스스로는, 그것은 "어젯자 신문이다. 모두가 그것을 읽지만, 그 후엔 내던져버린다"[2]라고 대답했다.

하지만 동일한 텍스트의 반복은 결코 영점의 정보 획득을 의미하지 않는다. 신문의 반복적인 읽기가 의미를 상실하는 이유는, 우리가 거기서 기대하는 것이 텍스트의 바깥에서 주어지는 새로운 정보이기 때문이다. 하지만 우리가 같은 녹음 파일을 반복해서 듣는 경우에는 전달되는 정보가 아니라 그것을 받아들이는 사람이 변화한다.

인간 지성의 구조는 특별히 역동적이다. 고대의 민속사회에서는 개인적 차이가 존재하지 않았으며, 계절 변화에 따라 변화하는 경험이 모든 집단에 동일하게 나타났다는 생각은, 낭만적 전설로 치부해야만 한다. 이미 아폴론과 디오니소스 숭배가 나란히 존재했다는 사실 자체, 그리고 숭배의 다양한 열광 상태로 진입하는 체계적인 방식(이는 예측가능성의 경계를 현저히 넓힌다)이 원시사회에 개인성이 부재했다는 신화를 부정하기에 충분한 증거가 된다. 인간은 스스로를 인간으로 인식하는 순간 인간이 된다. 그리고 이는 그가 인간 무리의 다양한 개체가 서로 다른 얼굴과 목소리, 그리고 경험을 갖고 있다는 것을 알아채는 순간 발생한다. 개인적 얼굴은 개별적인 성(性)적 선택이 그런 것처럼, 최초의 인간적 발명에

••

2) 도서관에 제출되어 보관되는 신문은 뉴스 전달이라는 본연의 기능을 이미 상실하고 역사적 자료로 변한 것들이다. 18세기 러시아에서는 수년이 지난 후에 신문을 재간하는 관행이 있었는데, 이는 신문 읽기의 심리가 아직 완전히 자리 잡지 못했다는 것, 그래서 신문이 특별히 새로운 것이 아니라 '일반적으로 읽기에 흥미로운' 것들을 담고 있었다는 점을 증거해준다.

해당한다.

고대의 인간에게 개성적 차이가 부재했다는 신화는 인간 발달의 초기 단계에서 성적 관계가 무질서했다는 신화와 비슷하다. 후자는 유럽의 여행자가 관찰하게 된 환각적 제의의 특징을 '야만인'들의 일상적 삶의 규범으로 잘못 치환한 데서 나온 결과이다. 제의적 제스처와 성적 뉘앙스를 띤 춤 등은 일상적 삶에 마법적 영향을 끼치는 제의에 해당하며, 따라서 정의상 일상적 삶과는 구별되어야만 한다. 거기서는 금지된 것이 허용된다. 그러므로 제의적 행위에서 일상적인 행위를 구분해내기 위해서는 암호 해독적 해석이 필요하다.

민중의 일상을 연구하는 연구자가 사악한 힘과 마법적 인물, 그리고 죽은 자들이 모두 왼손을 사용한다는 사실에서, 이 신화의 창조자들은 고대의 왼손잡이들이었다는 결론을 내린다고 가정해보자. 하지만 민속학의 법칙을 알고 있는 사람이, 설사 그가 외계인이라 할지라도, 같은 텍스트에서 내리게 될 결론은 다음과 같다. 인간적 규범에 해당하는 것은 오른손을 사용한 작업이다. 이렇듯 변형되지 않은 정보의 저장조차도 이미 모종의 변형이 된다. 텍스트가 변함없을수록 그것을 받아들이는 자의 의식은 더욱 적극적이 된다.

현대 극장의 관객이 극 행위에 개입하지 않은 채 편안하게 관객석에 앉아 가장 무시무시한 에피소드들을 받아들이는 반면에, 고대 극장에서는 극의 사건이 관객석의 격렬한 반응을 쉽게 불러일으켰던 것은 우연이 아니다. 사랑의 권력에 대한 배우의 낭송에 격분한 아테네의 관객이 자신의 여인들에게 달려들었다는 전설과 이를 비교해보라.

푸시킨의 소설 『대위의 딸』에 나오는 다음의 구절은 중립적인 텍스트를 통한 감정적 격분의 사례가 될 것이다. "내 아버지는 창가에 앉아 매년 받아보는《궁정연보》를 읽곤 하셨다. 이 책은 아버지에게 커다란 영향을 미쳤다. 아버지는 흥분하지 않고 그걸 읽는 법[3]이 없었는데, 그 독서는 언제나 아버지의 담즙에 놀라운 영향을 주었던 것이다. 어머니는 아버지의 모든 행동 패턴을 잘 알고 있었기에 가능한 한 이 불행한 책을 보이지 않는 곳에 두려 애를 썼다. 그래서 몇 달 동안 연보가 아버지의 눈에 띄지 않는 경우도 있었다. 하지만 아버지가 우연히 그것을 발견할 때면 몇 시간이나 손에서 놓지 않았다. 아버지는 때로 어깨를 들썩이면서 그것을 읽었고 나지막이 '중장……! 그는 내 부대의 병장이었지…… 러시아 훈장을 두 개나 받은 자야! 얼마 전에 그와 내가……'라고 중얼거리곤 했다. 그러곤 얼마 지나지 않아 아버지는 연보를 소파에다 던져버리곤 했다."(VIII, 280~281)

이 모든 경우에서 창조적 주도권은 정보의 수신자에게 속한다. 청자(독자)가 진짜 창조자가 되는 것이다.

예술 발달의 고대적 단계는 다른 모든 예술과 마찬가지로 창조에 낯설지 않았다. 하지만 이 예술적 측면은 독특한 형식을 취한다. 무엇보다 먼저 전통적 창작과 즉흥적 창작이 구별된다. 그들은 장르에 따라 대립하거나 어떤 한 예술 작품에서 수렴될 수 있다. 하지만 모든 경우에 그들은 서로 연결되어 있다. 전통의 법칙이 엄격할수록 즉흥성의 폭발은 한층 더 자유롭다. 즉흥적인 연행자와 기억의 담지자(흔히 이 형상은 '바보와 현자', '술 취한 자와 철학자', 즉 무언가를 생각해내는 사람과 무언가를 알고 있는 사람의 이미지로 실현된다), 이 둘은 서로 연관된 두 형체, 서로 분리될 수 없는 단일

∴

3) 단순한 읽기가 아니라 반복적 읽기를 말하고 있음에 주목하라.*

---

* 러시아어 동사 perechityvati는 반복적으로 읽는 행위를 가리킨다.

체이다. 이 단일체가 일원론적으로 받아들여질 때, 민중창작을 자유로운 즉흥성의 결과로, 다른 한편으로는 개성 없는 전통의 구현으로 간주하는 그릇된 관념이 만들어지게 된다.

우리가 민속 텍스트에서 그 특징을 추적할 수 있는 고대적 창작이 독특한 것은 겉으로 보이는 부동성 때문이 아니라 연행하는 사람과 그것을 듣는 사람 사이의 기능 분화의 특이함 때문이다. 민속의 고대적 형식은 제의화이다. 이것이 뜻하는 바는 거기에는 수동적인 청중이 없다는 것이다. 제의의 경계 내부에(가령 계절과 같은 시간적 차원이나, 제의가 특별한 관례적 장소를 요구할 경우 공간적 차원에서) 자리한다는 것은 곧 그것의 참여자가 된다는 걸 뜻한다. 뱌체슬라프 이바노프는 상징주의 이념의 영향하에서 제의의 수행자와 관객이 단일한 집단으로 수렴하는 과정을 복원해내려 했다. 하지만 이 시도는 지나치게 모방의 냄새를 풍기는 것이었다.[*]

문제는 고대적 제의가 인위적으로는 결코 복원될 수 없는 고대적 세계관을 필요로 한다는 점이다. 배우와 관객의 뒤섞임은 예술과 현실의 뒤섞임을 전제로 한다. 가령 그림을 성인의 체계에 따라 인지하는 데 아직 익숙하지 않은 어린아이에게 존재하는 것은 그림이 아니라 그림 그리는 과정 자체이다. 즉 결과가 아니라 행위가 중요하다. 아이들이 그림 그리는 모습을 관찰한 경험이 있는 사람이라면, 많은 경우 그림 그리는 과정 자체가

---

[*] 20세기 초반 러시아 상징주의 그룹의 일원이었던 이바노프(V. V. Ivanov)는 비극의 시원적 본질인 '종교성', 정확하게는 디오니소스 제의에 본질적인 '집단적 황홀경'의 재건을 지향하는 독특한 드라마론을 주창했다. 그에 따르면 집단적 제의의 공간이었던 무대는 아폴론적 원칙의 전횡에 따라 단독자로서의 주인공이 운명과의 투쟁을 벌이는 '구경거리'의 공간으로 전락했고, 과거에 제의의 주체이자 참여자였던 관객이 자신의 능동성을 상실하고 수동적인 '관찰자'로 축소되기에 이르렀다. 그의 연극론은 개체적 실존을 벗고 집단 속에서 하나를 이루는 마법적 가능성의 복원을 추구한다.

그 결과보다 아이들의 흥미를 더 끈다는 사실을 알고 있을 것이다. 이때 그림을 그리는 아이는 흥분해서 발을 구르고 소리를 지르는데, 종종 그들은 그림을 찢어버리고 결국은 그걸 망쳐버리곤 한다. 어른이 흥분한 아이에게 다음과 같이 말하면서 그들을 자제시키려는 모습을 볼 수 있다. "이제 충분하단다. 계속하다간 망쳐버리게 될 거야." 하지만 아이들은 결코 멈출 줄 모른다.

참여자가 창작 과정 중에 황홀경의 형식 속에서 경험하게 되는 이런 통제 불가능한 흥분 상황은, 다각도의 관찰 결과에 따르면, 완전한 소진을 통해서만 완결될 수 있다. 이런 상황은 예술 발달의 최근 단계에 해당하는 영감의 상태와 비교될 수 있다.

하지만 '역사 시기'의 예술에서는 연행하는 사람과 관람하는 사람의 구분이 발생한다. 예술 영역에서의 행위가 언제나 유사 행위이듯이, 역사 시기의 예술에서 그것은 관례적인 함께 있음의 상황을 만들어낸다. 예술 속에서 관객은 실제 삶 속에서의 비관객이다. 그는 관람하지만 개입하지 않으며, 함께 있지만 행동하지 않는다. 그렇게 그는 무대 위 행위에 참여하지 않는 것이다. 마지막 측면은 본질적이다. 사자와 싸우는 서커스 무대의 검투사에서 현대 영화에 이르기까지, 모든 예술의 숙련은 관객이 예술적 공간에 개입하지 않을 것을 요구한다. 행위가 공존으로 교체되는바, 그것은 비예술적인 일상적 공간에 존재하는 것과 일치하지만 동시에 그와 완전히 대립된다.

이렇듯 문화의 역동적 과정은 폭발의 상태와, 점진적 과정에서 실현되는 조직화의 상태 사이의 특별한 진자운동으로 구축된다. 폭발의 상태는 모든 대립하는 것들의 동등화를 특징으로 한다. 달라 보이는 것이 동일한 것이 된다. 이는 완전히 다른, 예측 불가능한 조직화 구조로의 예기치 않은 도약을 가능하게 한다. 불가능한 것이 가능해진다. 그것이 현실 속에서 매우 넓은 시간적 공간을 따라 펼쳐지는 경우에조차, 이 순간은 마치 시간에서 벗어나 있는 것처럼 경험된다. 블로크의 시구절을 상기해보자.

과거가 미래를 열정적으로 바라보고 있다.
현재는 없다.[4]

이 순간은 점진적 운동의 상태로 전환됨으로써 종결된다. 하나의 응축된 전체로 결합됐던 것들이 다양한 (대립적) 요소들로 다시 흩어진다. 실제로는 아무런 선택도 없었음에도 불구하고(그것은 이미 우연성으로 교체되었다), 회고적으로는 이미 지나간 것들이 목적을 지닌 행위, 즉 선택으로 체험된다. 발전의 점진적 과정의 법칙이 전면에 대두하는 것이다. 그것은 문화의 의식을 공격적으로 장악하면서, 그것의 변형된 상을 기억 속에 편입시키려 한다. 이렇듯 폭발은 자신의 예측불가능성을 잃고서, 모든 이전 과정들의 급속하고 생생한, 때로는 재앙적인 발전 과정으로서 나타나게 된다. 폭발적인 것과 예측 가능한 것의 안티테제가 급속한(생생한) 것과 더딘(점진적인) 것의 대립으로 바뀐다.

예를 들어 전쟁이나 혁명 같은 재앙적 성격을 띠는 폭발의 국면에 관한 모든 역사적 기술은 그 결과의 불가피성을 증명하려는 목적을 지닌다. 역사는, 사도 헤겔에 충실하게끔 우연적인 것은 없으며 모든 미래의 사건은 과거의 현상들에 비밀스럽게 내재되어 있음을 고집스럽게 주장한다. 그런 접근법의 논리적 결과가 바로 역사가 거부할 수 없는 최종적 결과를 향해

••
4) 알렉산드르 블로크, 『전집』 3, 145쪽.

266

나아가고 있다고 간주하는 종말론적 신화이다.

이런 모델 대신에 우리는 시간 외적인 폭발의 예측불가능성이 언제나 인간의 의식 속에서 역동성에 의해 만들어진 예측가능성으로 변화하고 또 그 반대의 과정이 발생하는, 또 다른 모델을 제시하고자 한다. 앞선 모델은 은유적으로 위대한 교육자로서의 신, 위대한 기예를 사용해 이미 그가 알고 있는 과정을 시연하는(누구에게?) 신의 형상에 비유할 수 있다. 한편 후자의 모델은 창조자－실험가, 그 자신도 결과를 예측할 수 없는 위대한 실험을 행하고 있는 신의 형상으로 그려질 수 있다. 그와 같은 시각은 우주를 정보의 원천으로, 일찍이 헤라클레이토스가 말한 바 있는 자기생성하는 로고스에 해당하는 의식[5]으로 바꿔놓게 될 것이다.

새로운 언어를 찾는 과정에서 예술은 결코 소진될 수 없다. 그것이 추구하는 현실이 결코 소진될 수 없는 것처럼.[6]

⁚

5) "네가 어떤 길을 걷는다 해도 너는 결코 의식의 경계를 발견하지 못할 것이다. 로고스는 그토록 심오하다."
6) 이런 입장은 우리 문화의 선형적 움직임에 관한 가설에서 나온 것이다. 그 가설 내부에서 우리는 결코 그것을 증명할 수 없기에, 그것을 일종의 근본적 가정으로서 언급하는 것이다.

제18장
끝! 얼마나 듣기 좋은 소리인가!

1832년에 레르몬토프는 이렇게 썼다.

끝! 얼마나 듣기 좋은 소리인가!
얼마나 많은 — 얼마나 적은 생각이 거기에 담겨 있는지……[1]

∵

1) 미하일 레르몬토프, 『전집』 2, 59쪽. 이 구절은 레르몬토프의 시 〈인생이 무슨 소용인가! 모험이 없는(Что толку жизнь! Без приключений)〉과 로푸히나에게 보낸 편지(원본은 푸시킨의 집과 페테르부르크 국립도서관에 보관되어 있다)에서 반복된다. 출판된 이 두 텍스트에는 사소해 보이지만 실은 매우 의미심장한 차이가 존재한다. 편지에서는 "많은"과 "적은"이라는 단어가 쉼표와 줄표(−)로 나뉘어져 있다["Как много, − мало мыслейв нем"(VI, 415)]. 반면에 시에서는 같은 장소에 줄표만 씌어 있다["Как много − мало мыслейв нем"(II, 59)]. 이 차이가 갖는 의미는 지대하다. 줄표는 동시적 대조의 의미를 전달하는 반면, 쉼표와 줄표는 순차적인 열거를 의미한다. 이 차이에 대한 인식은 레르몬토프적인 의미론의 본질적 문제를 제시한다. 레르몬토프의 '많은 − 적은'의 대립은 물론 모종의 공시적 이율배반을 반영한다. 하지만 그것의 의미를 이해하기 위해서는 또 한 가지 고찰이 요구된다. 레르몬토프 텍스트의 경우에, 두 가지 대립적 관념의 공시적 표현을 말할 때 시인의 사유 방식의 한 가지 특징에 주목해야 한다. 여기서 이율배반적 용어 간의 결합은 레르몬토프의 생각을 헤겔의 그것에 근접시킬 수 있게 한다. 저 유명한 '모순들의 단일체' 말이다. 하지만 즉시 강조할 것은 '모순들의 공존'이라 부를 수 있는 레르몬토프적인 사유의 본성은 결코 헤겔적인 단일체의 개념과 동일시될 수 없다는 사실이다. 오히려 그들 사이의 심오한 차별성을 지적해

바로 이 "많은—적은"이 우리를 "끝의 문제"의 본질로 데려간다.

인간의 행위는 의미를 갖는다. 이는 인간의 행위가 어떤 목적을 지닌다는 뜻이다. 하지만 목적이라는 개념은 사건의 끝이라는 관념을 반드시 포함하게 된다. 행위와 사건에 의미와 목적의 요소를 부과하려는 인간적 지향은 연속적인 현실을 모종의 관례적인 조각들로 분할함을 전제한다. 그것은 관찰 대상을 이해하고자 하는 지향과 불가피하게 관련된다. 의미와 이해의 관련성을 푸시킨은 「잠 안 오는 밤에 쓴 시」에서 이렇게 강조한 바 있다.

나는 너를 **이해**하기를 원한다,
네 속에 담긴 **의미**를 찾는다……(III, 250, 강조는 로트만)

끝을 지니지 않는 것은 의미 또한 갖지 않는다. 의미화라는 것은 연속적인 공간을 분할하는 것과 관련된다. 이런 점에서 현실에 의미를 부여하는 과정, 특히 그것의 예술적 의미화 과정은 반드시 분절화를 포함하기 마련이다.

삶 ─ 그것은 끝도 없고 시작도 없다.
(……)
하지만 너 예술가여. 너는 굳게 믿도록 하라.
시작과 끝을.[2]

∴

야만 한다(이 각주 내용은 로트만이 『문화와 폭발』을 작업하면서 남긴 메모 중에서 "모순들의 공존"이라는 항목 아래 적혀 있던 것을 옮긴 것이다).
2) 알렉산드르 블로크, 『전집』 3, 301쪽.

이로부터 두 가지 본질적인 결론이 뒤따른다. 현실의 영역에 해당하는 첫 번째 것은 인간 삶에서 죽음이 갖는 특별한 의미론적 역할과 관련된다. 예술의 영역에 해당하는 두 번째 것은 시작과 끝, 특히 후자의 지배적 역할을 결정한다. 가령 『예브게니 오네긴』에서 확인되는 것과 같은, 종결에 대한 공공연한 거부는 [부정적인 방식으로] 그것의 법칙성을 증명하고 있을 뿐이다.*

현실을 의미화하는 일반적인 과정은 그것에 분절적인 구분을 가하는 것, 가령 문학적 플롯을 부여하는 것이다.[3] 푸시킨은 시 속으로 비분절적 삶을 도입하는 용감한 실험을 감행했다. 그렇게 해서 공공연하게 결말 없는 소설이 탄생했던 것이다. 시 속에서 시작과 끝이라는 문학적 범주를 거부하고, 그것 바깥에 놓인 살아 있는 현실을 대립시킨 트바르돕스키의 시도와도 비교할 만하다.

우린 알고 있지요. '군인에 대한 책'
그래서요? 그게 어쨌다는 거지요?
'시작도 없고, 끝도 없는' —
그런 것은 써먹을 수가 없답니다.

∵

3) 바라틴스키의 아래 시구절과 비교하라. "오, 리라여! 삶을 부여하노니 / 너의 허락을 바라노라."(예브게니 바라틴스키, 『시 전집』 1, 188쪽.)

---

* 푸시킨의 운문소설 『예브게니 오네긴』은 흔히 '열린 결말'로 불리는 종결로 유명하다. 마치 작품의 진행을 갑자기 중단해버린 듯한 인상을 주는데 이는 물론 작가의 의도에 따른 것이다. 로트만은 이를 "예술 속으로 삶을 도입하려는" 대담한 시도로 간주한다. 한편 여기서의 '결말 없음'은 단순한 없음이 아니라 '있어야 할 것의 없음' 곧 '마이너스 장치(минус приём)'로서의 부재라 할 수 있다.

대개 결말이라는 문학적 문제는 현실에서는 죽음의 문제와 대응한다.

시작과 끝, 그리고 죽음은 삶의 현실을 모종의 의미화된 것으로 이해할 가능성과 연관된다. 삶 자체의 연속성과 인간적 삶의 유한성 사이에 가로놓인 비극적 대립은 삶과 죽음이라는 범주 너머에 자리한, 유전학적 코드와 유기체의 개별적 존재 간의 비극의 한 발현에 불과하다. 개별적 존재가 의식적 존재(즉 의식의 존재)로 바뀐 순간부터 이 모든 대립은 익명의 과정의 특성에서 인간적 삶의 비극적 특징으로 변모한다.

요컨대 예술의 개념이 현실과 관련되는 것처럼, 텍스트와 텍스트의 경계 간의 대립 개념은 삶과 죽음의 대립 문제와 뗄 수 없이 연결되어 있다.

우리가 고찰하고 있는 문제의 첫 번째 차원은 생물학의 영역에서 '번식-죽음'의 문제로 나타난다. 번식 과정의 연속성은 개별 존재의 단절성에 대립한다. 하지만 이 대립은 그것이 자의식의 대상이 되기 전까지는 '마치 존재하지 않는 듯하다.' 의식되지 못한 대립은 행위의 요인이 되지 못한다. 문화의 영역에서 '종결부'와 대립하는 첫 번째 단계는 신화나 민속 의식을 지배하는 순환적 모델이다.

신화적 사유가 역사적 사유로 변모된 이후(더 정확하게는 변모되는 과정에서), 끝이라는 개념이 지배적인 성격을 띠게 된다. 존재의 연속성을 의식의 분절성과 (그리고 자연의 불멸을 인간의 필멸성과) 화해시켜야 할 필요성이 순환성의 이념을 만들어낸다. 즉 선형적 의식으로의 변화가 죽음-재생이라는 이미지를 자극하게 되는 것이다. 바로 이로부터 노쇠한 아버지가 젊은 아들로 부활한다는 신화적 관념, 즉 죽음-재탄생의 이념이 생겨난다. 하지만 여기서 본질적인 분기(分岐)가 발생한다.

순환적 체계에서는 죽음-부활이 동일한 하나의 신으로서 체험된다. [하지만 그것의] 선형적 반복은 타자(곧 아들)의 형상을 만들어낸다. 그 형상에서 죽은 자는 그것의 닮은 꼴 속에서 다시 태어나는 듯하다. 그런데 여성적 단초는 비분절적인 것, 즉 영원히 젊은 불멸로 간주되기 때문에 새로운 젊은 주인공은 (때로는 그 자신의 어머니로 의미화된) 이 여성적 단초[4]와의 성적 결합을 선언하게 된다. 베네치아 총독과 대양의 결합 신화, 혹은 이미 19세기 말에 젤레닌이 지적했던 제의는 바로 이로부터 나온 것이라고 할 수 있다. 그 제의에서 농민은 엉덩이를 땅에 비비면서 대지와의 성행위를 모방한다.

죽은(그러나 다시 젊게 재탄생한) 아버지-아들과 불멸하는 어머니 사이의 이런 제의적 소통은 흔히 세기말(fin de siècle)이라는 유사 학문적 신화로 변형되어 프로이트적 관념의 상당 부분을 만들어내게 된다. 이념과 환상적 이론이 2차적인 유사-현실로 바뀌게 되는바, 즉 결과물에 해당하는 것이 다시 애초의 이념을 확증하게 되는 시대의 보편적 흐름 속에서, 학문적 비준이라는 환상이 그에 부여되는 것이다.

문화의 선형적 구조는 죽음의 문제를 문화 체계의 지배적 인자 중 하나로 만든다. 종교적 의식은 '죽음으로서 죽음을 교정하려는' 죽음 극복의 한 방편이다. 하지만 문화는 그와 같은 방편에 머물러 그렇게 단순히 죽음의 문제를 제거하기에는 인간적 공간에 너무 깊게 침윤되어 있다. 죽음(끝)의 개념은 그것의 단순 부정으로는 해결될 수 없는데, 우주적이고 인간적인 구조가 그곳에서 교차하고 있기 때문이다. 바라틴스키가 죽음에 관해 쓸 때 염두에 두었던 것이 바로 그 점이다.

악한 힘의 균형 상태에서

∵

4) 많은 고대 신화에 등장하는 주인공과 여신의 결혼을 참고하라.

혈기 왕성한 세계가 생겨났을 때

전지자는 그것의 구성을

네[죽음]의 처분에 맡겼다.

이런 의식에게 죽음이란 "모든 수수께끼의 해결"이며 "모든 족쇄의 풀림"[5]이다. 하지만 문화에서 죽음의 자리를 이해한다는 것은 있는 그대로의 의미에서 그것을 의미화한다는 것, 즉 그것에 의미를 부여한다는 것을 뜻한다. 그리고 이는 동의어와 반의어의 세트를 결정하는 모종의 의미론적 계열에 그것을 포함시킨다는 뜻이다.

죽음과 타협할 수 있는 근거는—만일 종교적 동기화를 제외한다면—죽음이 자연스러운 과정이며 인간적 의지와 무관하다는 점에 있다. 죽음의 불가피성, 노쇠함 및 질병과의 관련성은 그것을 가치론적 중립지대에 포함시킨다. 죽음이 건강, 젊음, 아름다움의 개념과 결합될 경우, 즉 강제적인 죽음의 형상의 경우에는 더욱더 의미심장하다. 더 나아가 죽음이 자발적 특징과 결합하게 되면, 이 주제에 최대치의 의미론적 하중이 실리게 된다.

자살, 그것은 죽음에 대한 아주 특별한 승리의 형태, 곧 그것의 극복이다[가령 폴 라파르그 부부가 특별히 고안한 자살*]. 이 경우 의미의 복잡성은

∵

5) 예브게니 바라틴스키, 『시 전집』 1, 138쪽을 보라.

---

* 폴 라파르그(Paul Lafargue, 1842~1911)는 프랑스의 사회주의자로, 프루동의 제자이자 마르크스의 사위였다(둘째 딸 라우라와 결혼). 『게으를 수 있는 권리(Le droit la Paresse)』 (1883)([번역본] 조형준 옮김, 새물결, 2005)로 유명하다. 69세가 되던 1911년에 부부가 함께 다음과 같은 짧은 유언을 남기고 자살했다. "건전한 정신과 육체를 지닌 나는, 존재의 즐거움과 환희를 나에게서 앗아가고 또 나의 신체적·지적 힘을 나에게서 빼내가는 가당찮은 늙음이 나의 에너지를 마비시키기 전에 (……) 자살하기로 한다."

그 상황이 자연스러운(즉 중립적인) 사물의 질서에 역행하는 것으로 받아들여질 수밖에 없다는 데 있다. 삶을 유지하려는 지향은 모든 살아 있는 것들의 자연스러운 감정이다. 자연 법칙, 즉 이론으로부터 자유로운 직접적 감정에 기댈 가능성은 그에 기초한 판단에 유력한 근거를 제공하기에 충분하다. 바로 그런 입장의 확고부동함이 셰익스피어로 하여금—폴스타프의 입을 빌려—다음과 같은 구절을 말하도록 했던 것이다. "아직은 때가 오지 않았다. 나는 예정된 때보다 더 빨리 내 삶을 반납하고 싶지는 않다. 신이 내게 그걸 요구하지 않는데 내가 서두를 이유가 무엇인가? 내버려두라지. 하지만 양심은 나를 자극한다. 그런데 만일 내가 전투에 갔을 때 양심이 내 날개를 떼어버린다면? 그럼 어찌할 것인가? 양심이 내게 다리를 붙여줄 건가? 아니다. 손을? 아니다. 아니면 내 고통을 없애주기라도 한단 말인가? 아니다. 그렇다면 양심은 몹쓸 외과의사인가? 물론이다. 도대체 양심이란 게 무엇인가? 그건 단지 단어에 불과하다. 이 단어 속에 무엇이 들어 있나? 공기뿐이다. 좋은 거래다! 누가 양심을 가지는가? 수요일에 죽은 자다. 그는 양심을 느끼고 있나? 아니다. 그것의 소리를 듣는가? 아니다. 그렇다면 양심은 느낄 수 없는 것인가? 죽은 사람은 느낄 수 없다. 아니면 아마도 그건 살아 있는 사람들 중에서 살아가는 것인가? 아니다. 왜? 악담이 그걸 허용하지 않을 테니까. 그래서 내겐 양심이 필요치 않다. 그것은 문장이 새겨진 방패에 불과하다. 관으로 가져갈 방패. 이걸로 얘긴 끝이다."[6]

폴스타프는 겁쟁이다. 하지만 셰익스피어의 재능이 보여주는 객관성은 우리에게 겁쟁이의 헛소리가 아니라 이른바 호색가의 윤리라는 개념을 선

••

6) 윌리엄 셰익스피어, 『전집』 4, 103쪽.

취하는 빼어난 개념의 진술을 들려준다. 1세기를 앞서서 폴스타프는 실러의 프란츠 모어*가 했던 것보다 더욱 완전하고 더욱 객관적으로 호색가의 이념을 진술하고 있다. 자신의 독백을 통해 폴스타프는 우리 앞에 겁쟁이의 모습이 아니라 용기, 최초의 전제로부터 극단적인 결론을 이끌어내기를 두려워하지 않는 이론가의 용기를 내놓는다. 희극적 인물은 여기서 이념가의 경지에 오르며 대립은 이념 충돌의 성격을 획득한다. 그들 각각은 내부에 심리적 정당성뿐 아니라 논리적 정당성을 갖고 있다.

폴스타프와 정반대의 입장은 문화에서 영웅주의의 옹호로서 실현된다. 그것의 극단적 양태는 영웅적인 광기이다. 에르미타주 콜렉션 중 하나인 샤밀**의 메달에는 다음과 같은 아랍어 구절이 적혀 있다. "결과를 예견하는 자는 결코 위대한 것을 창조할 수 없다." 이 구절에 역사의 완결된 철학이 담겨 있다. 그것은 영웅적 광기에 대한 갖가지 옹호—가령 쿠로치킨에 의해 번역되어 러시아 인민주의 그룹에서 그토록 커다란 반향을 일으켰던 베랑제***의 「광인들(Le Fous)」을 포함한—를 떠올리게 한다.

「죽음과 서구. 1300년에서 오늘날까지」라는 미셸 보벨의 연구가 설득력 있게 보여주는 바에 따르면, 최초의 문화적 코드의 안정성과 제한성은 애초의 내용을 형식으로 바꿔놓는, 마치 미로와도 같은 변형의 자극이 된다. 바로 이 점이 죽음의 이념을 애초의 의미 계열에서 떼어내 문화의 보편언어 중 하나로 바꿀 수 있도록 허용한다.

---

* 프란츠 모어(Franz Moor)는 실러의 소설 『도적 떼』의 두 주인공 형제 중 동생이다.

** 이맘 샤밀(Imam Shamil)은 19세기 카프카스 지역의 대러시아 항전을 이끈 3대 정치·종교 지도자이다.

*** 피에르 장 베랑제(Pierre-Jean de Béranger, 1780~1857)는 19세기 프랑스 시인 샹송 작가이다.

성적 상징학의 영역에서도 유사한 과정이 일어난다. 프로이트주의의 근본적인 실수는 다음의 사실을 무시했다는 데 있다. 그 사실은, 언어가 되기 위해서는 애초의 직접적인 현실성을 대가로 지불하고 순수한, 즉 어떤 내용이라도 담아낼 수 있는 '텅 빈' 형식의 영역으로 바뀌어야만 한다는 것이다. 직접적이고 감정적인(그리고 언제나 개인적인) 현실성, 곧 생리학적 근본을 유지한 상태로는 성은 결코 보편언어가 될 수 없다. 그렇게 되려면 반드시 형식화되어야만 한다. 즉 내용으로서의 섹슈얼리티에서 완전히 분리되어야만 하는 것이다(자신의 패배를 인정하는 비비원숭이의 사례가 보여주듯이).[7]

20세기 대중문화의 전 영역을 장악한 프로이트주의의 갖가지 변종들을 보면 그것들이 자연스러운 섹슈얼리티의 직접적 충동에 전혀 기초하고 있지 않다는 점을 확신하게 된다. 그것들이 증명해주는 것은, 현상이 일단 언어가 되면 기호 외적 현실과의 직접적인 관련성을 결정적으로 상실하게 된다는 사실이다. 성이 문화의 첨예한 관심 대상이 되는 시대란 성이 번성하는 시기가 아니라 쇠락하는 시기이다. 그것은 문화기호학의 영역으로부터 2차적으로 생리학의 영역으로 되돌아가지만, 이미 그것은 문화의 세 번째 메타포일 뿐이다. 문화가 말과 더불어 생산하는 전 과정을 생리적 차원으로 되돌리려는 모든 시도는 프로이트가 주장하듯이 문화를 성의 메타포로 만드는 것이 아니라 반대로 성을 문화의 메타포로 만든다. 이렇게 되기 위해서 성에게 요구되는 것은 하나뿐이다. 더 이상 성이기를 그만두는 것이다.

⋮

---

7) 싸움에서 패배한 수컷 비비원숭이는 성행위 시의 암컷의 자세를 흉내 내는 것으로 자신의 패배를 인정한다.

제19장
전망들

폭발은 선형적 성격을 띠는 역동적 과정의 필수 요소이다. 이 역동성이 이원적 구조에서는 독특한 특징을 보이게 된다는 점을 이미 지적했다.* 그 특징은 무엇인가?

---

* 1977년 로트만이 우스펜스키와 함께 발표한 논문 「러시아 문화의 역동적 전개에서 이원적 모델의 역할(Роль дуальных моделейв динамике русской культуры)」을 가리킨다(로트만 외, 『러시아 기호학의 이해』, 44~96쪽). 이 저명한 논문에서 로트만은 최초로 러시아 문화를 서구의 "삼원적 모델"과 구별되는 "이원적 모델"로 규정한 바 있다. 이원적 모델의 특징은 '가치의 중립지대'로서의 중간 항을 모른다는 것이다. 서구 가톨릭에서 내세는 천국, 지옥, 연옥으로 구성되는데, 이때의 연옥이란 일정한 시험을 거친 후에 내세에서의 구원이 허용되는 '중립적 행동'의 영역을 말한다. 이 가치론적 중립지대는 미래의 시스템을 숙성시키는 구조적 비축의 영역으로서, 과거와 미래 사이의 연속성을 보장해준다. 이와 달리 러시아정교의 세계관은 명확한 이원론에 기초한다. 러시아정교는 천국과 지옥 사이에 연옥이라는 중립지대의 개념을 만들지 않았다. 때문에 이 모델은 새로운 것을 (과거에서 미래를 향하는) '연속'으로서가 아니라 종말론적 '교체'로서 사고한다. 새로운 세계, 그것은 오직 과거의 철저한 파괴를 통해서만, 말하자면 구세계의 종말론적 폐허 위에서만 구축될 수 있다. 위 논문에서 로트만은 고대 러시아에서 18세기 후반까지 러시아 문화의 역동적인 전개 과정을 이와 같은 이원적 모델의 공고화 과정, 다시 말해 대립항의 '교체' 과정으로 묘사한다. 수많은 논쟁과 후속 논의를 낳은 바 있는 로트만의 이 테제(이원적 모델로서의 러시아 문화)는 러시아 문화에 관심을 둔 사람들에게 오늘날 거의 교과서적인 명제로 받아들여지고 있다.

삼원적 사회구조에서는 가장 격렬하고 심오한 폭발조차도 사회 층위들의 복잡한 풍요로움 전체를 포괄하지 못한다. 물론 중심 구조는 그런 격렬하고 재앙적인 성격의 폭발을 경험할 수 있고, 그 굉음이 문화의 전 지층에 울려 퍼질 수도 있다. 하지만 기존 체계의 모든 구조가 완전히 몰락한다는, 동시대인들과 그 뒤를 이은 역사가들의 증언은 삼원적 구조의 조건하에서는 자기기만이나 효과적인 구호에 불과한 것으로 판명되곤 한다. 여기서 말하려는 것은 이원적 구조와 삼원적 구조 모두에서 옛것이 절대적으로 파괴될 수는 없다는 사실이 아니다. 염두에 두고 있는 것은 무언가 훨씬 더 근본적인 사실이다. 삼원적 구조는 이전 시기의 일정한 가치들을 체계의 중심부로부터 주변부로 이동시키면서 보존해낸다. 반면에 이원적 체계의 이상은 기존에 존재하던 모든 것을 올바르지 못한 과오로 간주해 모조리 파괴해버린다. 삼원적 체계가 이상을 현실에 적용시키려 한다면, 이원적 체계는 실현 불가능한 이상을 현실에서 실현시키려 한다. 이원적 체계에서는 폭발이 일상적 삶의 전 층위를 장악한다. 이 실험의 무자비함은 즉시 발현되지 않는다. 처음에 그것은 사회의 극단적 층위를 매혹시키는데, 이는 '새로운 땅과 새로운 하늘'의 즉각적 구축이라는 시적 이상, 그리고 그 이상의 극단적인 추구를 통해 가능해진다.

유토피아를 위해 지불해야만 하는 대가는 다음 단계에 가서야 겨우 드러난다. 이원적 구조하에서 폭발 국면이 갖는 특징적인 성격은 그것이 전 인류 역사를 통틀어 비교 대상이 없는 독특한 것으로서 체험된다는 점이다. 역사적 발전의 어떤 구체적인 층위가 아니라 역사 그 자체의 존재가 폐기되는 것이다. 가장 이상적인 경우 그것은 '더 이상 시간이 존재하지 않는' 종말의 시간이며, 실제 현실화된 모습을 찾자면 살티코프가 『한 도시의 역사』에서 표현한 구절인 "역사가 자신의 흐름을 멈추었다"[1]에 해당한다.

이원적 체계의 또 다른 특징은 법(체)제를 도덕적이고 종교적인 원칙들로 대체하려는 경향이다.

이 측면에서 흥미를 끄는 장면이 『대위의 딸』에 나온다. 마샤 미로노바는 곤경에 처한 그리뇨프를 구하기 위해 수도로 간다. 그녀는 국가의 입장에서 사고하는 예카테리나 여제와 대화를 나누게 된다. "당신은 고아로군요. 아마도 당신은 불의와 모욕을 탄원하러 온 것이겠지요?" 대답은 예기치 못한 것이었다. "전혀 그렇지 않습니다. 나는 사법적 조치가 아니라 자비를 호소하기 위해 왔습니다."(VIII, 372)

파스테르나크가 『의사 지바고』에서 "심장의 무원칙성"이라 부른 바 있는 이 주제는 1830년대에 푸시킨의 고민거리이기도 했는데, 그는 여러 차례 이 주제로 되돌아갔다. 죄악에 빠진 엄격한 도덕주의자인 「안젤로」의 주인공은 자신의 타락을 깨닫자 그가 죄인들을 심문할 때와 똑같은 비인간적 원칙주의를 스스로에게 적용한다.

……그러자 두크가 말했다. "안젤로여, 말해보게.
네게 어떤 조치가 내려져야 할까?" 눈물도 없이
두려움도 없이 음울한 단호함을 지닌 채 그가 대답한다. "사형……"[2]

하지만 정의가 아니라 자비가 우세하다.

∴

1) 미하일 살티코프 시체드린, 『글과 편지 모음 전집』(전 20권) 8(M., 1937), 423쪽.
2) 그래픽적 구조 덕택에 마지막 구절 앞의 휴지부는 시 전체에 선고의 성격*을 부여한다.

---

* 행의 길이가 점차 길어져 마지막 단어(사형)가 도드라져 보이는 것을 가리킨다.

이사벨라는

천사의 영혼을 가지고 죄인을 동정했다……

서사시의 모든 의미는 본문에서 분리된 아래의 마지막 구절에 응축되어 있다.

그리고 두크는 그를 용서했다.(V, 128)

자비를 향한 마찬가지의 호소를 우리는 푸시킨의 최후의 시에서도 듣게 된다.

쓰러진 자를 향한 자비를 호소했다.(III, 424)

자비(은총)는 초기의 송시 「자유」[3]에 나오는 법과 대조를 이룬다.

이원성에 기초한 러시아 이념은 자비와 정의의 안티테제를 통해 법의 정신에 투철한 라틴적 규범(Fiat justitia-pereat mundus와 Dura lex, sed lex)[4]과 대립한다.

더욱 흥미로운 것은 법 안에서 자비, 희생, 사랑 따위의 형식화되지 않

∴

3) 이 구절의 초기 버전과 비교하라. "그리고 자비 어린 마음을 노래했다."(III, 1034) 이 구절은 다음의 앞 구절과 연결된다. "라디셰프를 따라 나는 자유를 노래했다."(III, 1034) 이 구절들은 마치 여정의 시작과 끝처럼 서사시 「자유」와 「나는 기적의 기념비를 세웠노라」를 연결하고 있다.

4) "정의가 행사되도록 하라. 설사 세계가 멸망한다고 해도." "법은 준엄하다, 그러나 그것이 법이다."(라틴어) 푸시킨의 시 「황제가 눈썹을 찌푸리며……」에 나오는 아이러니한 인용과 비교하라. "그들은 목을 매달았다, 하지만 법은 잔혹하다."(II, 430) 라틴어 구절과 대조해보면, 자기정당화를 시도하는 시의 의미가 드러난다.

은 개념들에 반하는 건조하고 비인간적인 단초를 보려는 러시아 문학의 집요한 지향이다. 그런 지향 너머에서 국가의 법체계와 개인적인 도덕, 정치와 성령 간의 안티테제가 그려진다.

고골 이후, 특히 그의 『친구들과의 왕복서한』 이후부터 국가의 법과 개인적 도덕을 대립시키는 전통이 시작되었다. 술 취한 농부를 "에이, 너 더러운 불한당 같으니" 따위의 훈계로 교정한다는 고골의 충고가 슬라브주의자들을 포함한 많은 이의 반감을 불러온 것은 사실이지만, 비법률적 사회를 건설한다는 생각 자체는 19세기 중반 이후 내내 이런저런 형태로 표명되어왔다. 가령 톨스토이와 도스토옙스키의 작품에서 변호사는 시종일관 부정적인 형상으로 그려진다.

의심할 바 없이 계몽주의 시대의 가장 숙고된 성과물이라 할 법률 개혁은 우파와 좌파 모두에게서 가장 거센 공격을 받았다. 정치적 자유주의에 유토피아가 대립했다. 도스토옙스키는 소냐의 입을 빌려 라스콜리니코프에게 광장에 무릎을 꿇고 민중 앞에서 회계하라고 종용한다. 한편 〈어둠의 힘〉에서 톨스토이는 아킴의 편에 서는데, 말더듬이인 그는 바로 그 이유 때문에 '필사가들과 바리새인들'에게는 가려진 진실을 주창할 수 있다.

사람들, 모여들어 그[니키타]를 끌고 가려고 한다.

아킴: (두 손으로 사람들을 밀어내며) 잠깐만! 이봐요, 잠깐 기, 기둘려요.

니키타: 아쿨리나. 내가, 내가 너의 아버지에게 독약을 먹여 죽게 했어. 죽을죄를 지었으니 나를 용서해다오!

(⋯⋯)

아킴: 오오 하느님, 죄다. 죄야!

경찰: 저놈을 체포해라! 마을 이장과 증인들을 불러와. 조서를 꾸며야겠다.

니키타, 그만 일어나라. 이리 와!

아킴: (경찰에게) 에이, 너, 기, 기둘려. 경찰 나리, 말, 말하라고 해. 어서.

경찰: (아킴에게) 영감, 방해하면 안 돼요. 난 조서를 꾸며야 한단 말입니다.

아킴: 거참, 너, 너란…… 기, 기다리라잖아. 재촉하지 말라구. 이건 하느님
에 대한 문제야. 사람이 뉘우치고 있는데, 그깟 조서 따위가 뭐야.[5]

이원적 체계는 진화를 파열들로 절단한다(라마르크에 대해 쓴 만델스탐의
말을 빌리면 "모든 자연은 파편들일 뿐이다"). 서구적 유형의 문명에서는 이미
언급했듯이 폭발이 매우 중요한 부분일지라도 문화의 특정 층위만을 절단
할 뿐이며, 그 경우 역사적 연계성은 파열되지 않는다. 반면 이원적 구조에
서는 폭발의 순간들이 연속적 순차성의 사슬을 끊게 되며, 이는 불가피하
게 심오한 위기와 더불어 근본적 혁신을 낳게 된다.

가령 19세기 중후반 러시아에서 개혁은 정부뿐 아니라 민주주의 진영에
서도 테러의 수단에 의지하는 파열들로 얼룩져 있다. 역사를 중단시키려는
열망은 그것을 도약하게끔 강제한다. 적대적인 양측이 한 가지 측면에서
는 일치하는데, '중간적 입장'에 대한 거부가 그것이다. 이때 양측 활동가
의 고매한 도덕은 전체 구조의 관심에 따르자면 전혀 완전무결하지 않다.

전체 구조는 평준화와 생존에 관심을 기울이는바, 그를 위한 메커니즘
이 바로 사법제도이다. 반면 당파적 관심은 모든 대가를 각오하는 진리(언
제나 자신의 진리)를 향해 있다. 전자의 극단적인 구현은 타협이지만, 후자
의 경우에 그것은 상대편의 절멸에 이르는 투쟁이다. 따라서 승리 이전에
피의 투쟁이, 가능하다면 괴멸이 선행해야 한다. 게다가 '마지막의 결정적

••

5) 레프 톨스토이, 『전집』 11, 98~99쪽.

인 싸움'으로 그려지는 그 승리는 곧 지상 천국의 실현에 다름 아니다.

사보나롤라*에게 나타날 때 마돈나는 그의 이념을 실현시켜주겠다는 약속과 더불어 경고를 했다. "하지만 네가 반드시 알아야 할 것은 교회의 이같은 재건과 평화는 특히 이탈리아에서 거대한 혼돈과 피의 충돌 없이는 결코 이루어질 수 없다는 사실이다. 이 모든 악, 명예와 부귀를 좇는 행태, 지도자들의 수많은 죄악들은 바로 이 후자의 산물이다." 마돈나는 사보나롤라에게 피렌체 지방과 전 이탈리아를 병사와 반란자들이 뒤덮고 있는 풍경을 보여주었다. 그런 후에 마돈나는 또 다른 지구를 보여준다.[6] "내가 이 구(球)를 열었을 때 나는 길게 뻗은 가지를 따라 울퉁불퉁한 벽을 메운 백합으로 가득 찬 피렌체를 보았다. 그리고 천사들이 도시의 벽을 따라 선회하며 그것을 내려다보고 있었다."[7] 이론적으로 인류의 마법적 재건은 언제나 속죄양의 희생, 즉 피 흘림으로 시작된다. 하지만 실제 현실 속에서 그것은 핏속에 익사할 운명일 뿐이다.

세계적인 명성을 얻은 19세기 러시아 문학의 뛰어난 거장들 중 우리의 시선은 언제나 고독하고 신비로운 크릴로프의 형상을 지나쳐버리곤 한다. 전 사회 계층에 걸친 독자들의 지지를 받은 그는 자기 시대의 문학적 투쟁

∶∶

6) 불가코프의 『거장과 마르가리타』에 나오는 볼란도의 부조 지구본이 바로 여기서 나온 것이 아닌가? 불가코프가 1913년에 볼린스키가 서문을 붙인 2권짜리 사보나롤라의 전기를 구할 수 있었으리라는 것은 의심의 여지가 없다.

7) 파스쿠알레 빌라리, 『지롤라모 사보나롤라와 그의 시대』 2(СПб., 1913), 251~252쪽.

---

* 지롤라모 사보나롤라(Girolamo Savonarola, 1452~1498)는 종교개혁의 도화선이 된 이탈리아의 설교자이다. 어느 날 기도 중 하늘이 열리는 것을 보고 '밖으로 나가 말씀을 전하라'는 신의 음성을 듣고 요한의 메시지를 전하기 시작했다. 이단 혐의로 종교재판을 받고 처형되었다.

에서 완전히 고독했다. 그 자신이 민중이었기에 그는 민중을 이상화할 필요가 없었다. 그는 이상화로부터 자유로웠다. 그의 냉철한 이성은 회의주의에 낯설지 않았지만, 그의 중심 파토스는 역시 절제였다. 그는 기적을 믿지 않았는데, 그것이 차르의 것이건 민중의 것이건 마찬가지였다. 자기 인식의 깊은 근원에서 그는 물론 민주주의자였지만, 그렇다고 농민을 옹호하지도 않았다. 이따금 그는 예언자의 수준으로까지 고양되곤 했다. 출판을 의도하지 않은 우화 「파르나스」에서 크릴로프는 이렇게 썼다.

그리스에서 신들에게 위험의 순간이 닥쳐왔을 때
그들의 왕위가 위험해졌다.
혹은 간단히 말해서
신들이 유행에서 저만치 멀어졌을 때
그들에 대한 압박이 다양하게 펼쳐졌다.
(⋯⋯)
신들에게 불량한 농담을 했다.
집은 매년 협소해져갔다.
그리고 그들에게 하루의 시간이 주어졌다.
그리스를 완전히 떠나라고.
그들은 어찌나 융통성이 없었던지
사원을 청소해야만 했다.
하지만 이게 끝이 아니다. 신들이
지금껏 축적했던 모든 것을 빼앗아라.
맙소사, 신의 자리에서 쫓겨나버렸네!

결국 신의 폐위는 파르나스를 "떼어 가진" 새로운 주인이 "그곳에서 자신의 당나귀를 방목하는 것"[8]으로 귀결되었다. 이전 권력도 새로운 권력도 크릴로프에게 환상을 불러일으키지 못한다. 크릴로프의 파토스는 이상화와 말의 권력, 그리고 슬로건으로부터 자유로운 상식이다. 하지만 크릴로프는 이상화의 파괴자로서만 힘을 가진 것이 아니다. 러시아 문화사 전체를 통해 그 누구도 진정한 민중성을 가장 고귀한 유럽 문화와 그처럼 유기적으로 결합시키지 못했다.

물론 크릴로프가 러시아 문화의 이 노선을 대표하는 유일한 사람은 아니다. 가장 선명한 사례이기는 하지만 말이다. 그 노선은 슬라브주의와 서구주의, 더 나아가 '우리와 함께하지 않는다면 곧 우리의 적이다'라는 노선 자체와 거리를 둔다. 이런 측면에서 거론해야 할 또 다른 인물로는 오스트롭스키, 특히 체호프가 있다.

이제껏 이야기한 것들은 현재 구소련의 영토에서 벌어지고 있는 사건들과 직접적인 관계가 있다. 우리가 거론한 문제들의 관점에서, 현재 우리가 목도하고 있는 과정은 이원적 모델에서 삼원적 모델로의 전환으로 기술할 수 있다. 하지만 이 국면의 특수성을 간파해야 한다. 이 과정 자체가 이원론의 전통적 개념들 속에서 사유되고 있다는 점이다. 사실상 두 가지 가능한 노선을 그릴 수 있다. 고르바초프의 권력 상실로 이끈 첫 번째 노선은 개혁을 각종 선언과 계획으로 바꿔버리는 것으로, 결국 가장 음울한 전망을 동반한 채 국가를 막다른 골목으로 이끌게 되었다. 두 번째 노선은 '500일' 따위의 각종 계획으로 표현되는 신속한 경제 변혁의 계획으로, 이는 박힌 쐐기를 또 다른 쐐기로 뽑아내는, 폭발에 폭발로 대응하는 방식이다.

●●

8) 이반 크릴로프, 『전집』 3, 14쪽.

이런 상황에서 폭발을 지향하는 의식구조로부터 진화적 의식으로의 전환은 특별한 의미를 획득한다. 왜냐하면 우리에게 익숙한 과거의 모든 문화가 양극성과 극단주의에 이끌리고 있기 때문이다. 하지만 자기의미화는 현실에 정확히 부합하지 못한다. 현실의 영역에서 폭발을 제거할 수는 없으며, 다만 가능한 것은 정체와 재앙 사이의 운명적 선택을 극복하는 것뿐이다. 게다가 윤리적 극단주의는 러시아 문화의 근본 자체에 너무나 깊숙이 뿌리박혀 있다. 그래서 황금의 중간지대를 절대적으로 승인하는 것의 '위험성'을 언급하기는 너무 어렵고, 모순을 중화시키는 것이 폭발의 창조적 과정을 멈추게 할 수도 있다는 점을 말한다는 것은 두렵기까지 하다.

전진 이외의 대안이 오직 재앙뿐이며 그 한계를 예측하기 힘든 상황 속에서, 만일 그와 같은 전진이 혹여 오늘날 우리가 처해 있는 장애물을 극복할 수만 있다면, 그렇게 태어나는 새로운 질서는 서구적인 노선의 단순한 반복이 될 수 없을 것이다. 역사는 반복을 모른다. 그것은 새롭고 예측불가능한 길을 사랑한다.

제20장
결론을 대신하여

모든 기호학적 체계의 근본 지점이 고립된 기호(단어)가 아니라 최소 두 개의 기호 사이의 관계라는 관념은 세미오시스의 원초적 기반을 다르게 바라보도록 만든다. 근본 지점은 단일한 모델이 아니라 기호학적 공간인 것이다. 이 공간은 지극히 다양한 관계를 맺고 있는 요소들의 혼합물로 채워져 있다. 그들은 완전한 동일성으로부터 절대적인 차별성의 상황까지를 오가는 충돌하는 의미들이다. 이 다언어적 텍스트들은 동시에 두 가지 가능성을 내포하는데, 즉 동일한 두 텍스트가 모종의 의미론적 계열과의 관계에서 서로 교차하지 않은 상태에 머물 수도 있고, 또 다른 계열과의 관계에서는 서로 동일한 것이 될 수도 있다. 의미론적 요소들 간의 이런 다양한 관련 가능성은 모든 요소가 서로 간에, 그리고 전체와도 밀접한 관련성을 맺을 때에만 비로소 완전해지는, 어떤 다층위적인 의미 공간을 창조한다. 아울러 염두에 둘 것은 체계가 자신의 과거 상태에 대한 기억과 미래에 대한 잠재적 '예감'을 가진다는 사실이다. 요컨대 의미 공간은 공시적 관계뿐 아니라 통시적으로도 다층위적이다. 그것은 유동적 경계를 지니며 폭발적 과정들에 개입할 능력을 갖고 있다.

자기기술의 단계를 통과하는 체계는 변모를 겪게 된다. 그것은 스스로를 명확하게 경계 짓고 훨씬 더 높은 정도의 통일성을 부여한다. 하지만 자기기술을 해당 체계의 이전 상태로부터 분리하는 것은 단지 이론적으로만 가능할 뿐이다. 실제로는 그 두 차원이 긴밀하게 상호 영향을 주고받는다.

결국 문화의 자기기술은 경계를 자기인식의 사실로 만든다. 자기인식의 순간은 문화의 경계들에 규정성을 부여하는데, 국가적·정치적 사유를 이 과정에 편입시키는 것은 흔히 드라마틱한 성격을 띤다. 이에 비견될 수 있는 것은 언어들의 실제 배치를 보여주는 지도의 유동적 경계와 정치적 지도에 표기된 명확한 경계 사이의 대조적 관계일 것이다.

앞서 우리는 이원적 문화 체계와 삼원적 문화 체계를 살펴보았다. 폭발의 결정적 노선을 통과하는 그들의 양상은 상이하다. 삼원적 체계에서 폭발적 과정들은 문화의 전 지층을 장악하지 못한다. 거기에서는 항상 문화의 한 영역에서 발생한 폭발을 다른 영역의 점진적 과정과 결합하는 장소가 발견된다. 가령 정치, 국가 구조, 가장 넓은 의미에서의 문화 영역에서 공식적인 폭발을 동반했던 나폴레옹 제국의 몰락은 혁명기에 ('국가 재산'으로) 다 팔려버린 지대 소유권은 건드리지 못했다. 도시 권력의 형태를 띤 로마식 구조가 수많은 주변 이방인족의 침입을 거치면서 거의 알아볼 수 없는 지경에까지 이르렀음에도 불구하고, 오늘날에 이르기까지 면면히 계승되고 있다는 점 또한 지적할 수 있을 것이다.

로마 제국을 기초로 성장한 문화의 이 능력, 변화 속에서 불변성을 지켜내고 불변성을 변화의 형식으로 만드는 이 능력이 서구 유럽 문화의 뿌리 깊은 특징에 흔적을 남겼다. 가령 크롬웰의 유토피아나 자코뱅식의 독재처럼, 삶의 모든 공간을 절대적으로 재건하려는 시도조차 본질적으로는 삶의 지극히 제한된 영역을 장악했을 뿐이다. 일찍이 카람진이 지적한 대로, 국가 집회나 극장에 열정이 들끓고 있을 때조차 팔레 루아얄 지역의 파리 거리에선 정치와 동떨어진 즐거운 삶이 펼쳐지고 있었던 것이다.

이원적 구조를 지닌 러시아 문화는 전혀 다른 자기평가를 특징으로 한다. 경험적 연구가 다층적이고 점진적인 과정들을 발견하는 곳에서조차 자기인식의 차원에서 우리는 이전 시기 모든 발전의 완전하고 절대적인 파괴와, 완전히 새로운 것의 종말론적 재생의 이념과 마주친다.

마르크스주의의 이론가들은 자본주의에서 사회주의로의 이행은 불가피하게 폭발의 성격을 띠게 된다고 이야기했다. 모든 다른 형태들은 이전 단계의 틀 내에서 생성되지만 사회주의는 완전히 새로운 단계로서 시작되는데, 그 탄생은 과거 역사의 품이 아니라 오직 폐허 위에서만 가능하다. 봉건적 질서와 부르주아적 질서는 경제 영역에서 먼저 시작되고 그 이후에야 국가적·법률적 형태를 갖추게 된다. 하지만 여기서 흥미로운 치환이 발생한다. 과거 구조의 심층으로부터 새로운 구조가 성숙한다는 사례를 로마 제국의 문화적·역사적 공간과 그것의 문화적 유산 위에 구축된 역사에서 끌어오면서, "일국 사회주의" 이론은 오늘날의 러시아 역사, 즉 명백한 이원적 자기인식을 지닌 역사의 사실들을 바탕으로 논의되었던 것이다.

여기서 무엇보다 먼저 언급할 것이 있다. 자본주의의 틀 내에서 사회주의가 발생할 수 없다는 관념은 우선 서구의 사회–민주주의 이념에 어긋날 뿐만 아니라 러시아 역사에서 주기적으로 반복되었던 사상을 뚜렷하게 상기시킨다는 점이다. '새로운 하늘'과 '새로운 땅'이라는 종말론적 단어는 역사를 거치는 동안 수없이 많은 사회적·종교적 흐름을 매혹시켰다. 하지만 서구에서 그것은 주기적으로 표면화되는 주변적 종교 운동에 불과했고, 결코 거대한 역사 문화를 오랜 기간 지배하지는 못했다. 러시아 문화는 스스로를 폭발의 범주 속에서 인식한다.

말할 것도 없이, 이 점에서 가장 흥미로운 국면은 지금 현재 우리가 겪어내고 있는 상황이다. 이론적으로 볼 때 그것은 현실적이고 '자연스러운' 발전이 불운한 역사적 실험에 승리를 거두는 상황으로 표상된다. 이 시대의 슬로건으로 요청되는 것은 오래된 중상주의자의 법칙인 듯하다. Laissez faire, laissez passer.[1]

서구 유럽에서 경제 발전의 자율성에 관한 관념은, 시간 속의 점진적 발전에 대한 사고 및 '역사의 가속화'를 거절하는 태도와 유기적으로 관련되어 있다. 우리의 상황에서는 이 관념이 정부의 개입을 통해 최고도로 압축된 시기 동안—즉 '500일' 따위의 형태로—역사의 공간을 순간적으로 뛰어넘는다는 생각에 의해 고통받고 있다. 심리적인 차원에서 볼 때 바로 이런 생각에서 발현되는 것이 "유럽을 좇아 그를 추월한다"는 표트르의 구호, 혹은 더욱 기념비적으로는 "4년 만에 5개년 계획 달성"이라는 [스탈린주의적] 슬로건을 낳은 정신적 기반이다. 우리는 심지어 점진적 발달조차 폭발의 기술을 적용해서 실현하기를 원한다. 하지만 그것은 누군가의 부족한 사유의 결과가 아니라 이원적 역사 구조의 준엄한 명령의 결과인 것이다.

현재 우리의 눈앞에서 벌어지고 있는 중부 유럽과 서부 유럽 관계의 근본적인 변화는 '구세계를 밑바닥까지' 파괴하고 그것의 폐허 위에서 새로운 세계를 건설한다는 이상을 거절하고, 마침내 보편유럽적인 삼원적 체계로 이동할 수 있는 가능성을 제공할지도 모른다. 이 가능성을 놓쳐버리게 된다면, 아마도 그것은 역사적인 재앙이 될 것이다.

∴

1) 경제의 자연스러운 흐름에 대한 정부 개입에 반대하는 이 슬로건은 더 정확하게 다음과 같이 정의할 수 있다. '개입하지 마라', '그냥 흘러가도록 내버려두라.'

인용된 러시아어 서지 목록

『동시대인이 회상한 도스토옙스키(Достоевский в воспоминаниях современников)』, 전 2권, М. 1964.

『러시아문학사(История русской литературы)』, 전 10권, М.:Л., 1941.

『아일랜드 사거(Ирланςдские саги)』, 1993.

『캐리커처, 산문, 시에서 100년 동안의 우리의 유머작가들을 보라. 러시아 유머 문학과 저널리즘 개관(Наши юмористы за 100 лет в карикатурах, прозе и стихах. Обзор русской юмористической литературы и журналистики)』, СПб., 1904.

고골, 니콜라이(Гоголь, Н. В.), 『전집(Полн. собр. соч)』, 전 14권, М.:Л., 1949.

골리셴코, 예브게니(В. С. Голышенко) 외 엮음, 『1076년의 모음집(Избранник 1076 года)』, М., 1965.

구콥스키, 그리고리(Гуковский, Г. А.), 『러시아 리얼리즘의 역사 1부: 푸시킨과 러시아 낭만주의자들(Очерки по истории русского реализма. Ч. 1(Пушкин и русские романтики)』, Саратов, 1946.

그네디치, 니콜라이(Гнедич, Н. И.), 『시집(Стихотворения)』, Л., 1965.

그란네스, 알리프(Граннес, А.), 『18세기 러시아 희극의 방언적 요소들(Просто речные и диалектные элементы в языке русской комедии XVIII века)』,

Bergen; Oslo; Tromso.

그리보예도프, 알렉산드르(Грибоедов, А. С.), 『지혜의 슬픔: 고전 시리즈(Горе от ума: Серия Лит. памятники)』 2판, М., 1987.

나보코프, 블라디미르(Набоков, В.), 『예브게니 오네긴. 시로 된 소설(Eugene Onegin. A novel in verse)』, 전 4권, London, 1964.

네크라소프, 니콜라이(Некрасов, Н. А.), 『전집(Полн. соб. соч.)』, 전 15권, Л., 1982.

다비도프, 데니스(Давыдов, Д.), 오를로프, 블라디미르(Орлова В. Н.) 텍스트 엮음, 서문 및 해설, 『글모음(Соч)』, М., 1962.

다시코바, 예카테리나(Дашкова, Е. Р.), 『메모. 빌모트 자매의 편지(Записки. Письма сестра М. и К. Вильмот из России)』, М., 1987.

데르자빈, 가브릴라(Державин, Г. Р.), 『전집(Соч)』, 전 9권, СПб., 1863~1883.

데르자빈, 가브릴라(Державин, Г. Р.), 블라고이, 드미트리(Благого, Д. Д.) 텍스트 엮음 및 감수, 『시집(Стихотворения)』, Л., 1957.

델비그, 안톤(Дельвиг, А. А.), 토마솁스키, 보리스(Томашевского, Б. В.) 텍스트 엮음, 서문 및 해설, 『시 전집(Полн. собр)』{시인의 도서관. 대형 시리즈 2판 [стихотворений(Библиотека поэта. Большая серия)]}, Л., 1959.

도스토옙스키, 표도르(Достоевский, Ф. М.), 『전집(Полн. собр)』, 전 30권, Л., 1973.

두로바, 나데즈다(Дурова, Н. А.), 『선집(Избр. соч)』, М., 1983.

드미트리예프, 레프(Дмитриева, Л. А.), 리하초프, 드미트리(Лихачева, Д. С.) 엮음 및 책임 감수, 『고대 루시 문학의 기념비들(Памятники литературы Древней Руси)』, М., 1980.

라들로프, 에르네스트(Радлов, Э. Л.), 『철학사전(Философский словарь)』 2판, М., 1913.

라디시체프, 알렉산드르(Радищев, А. Н.), 『전집(Полн. собр. соч)』, 전 3권, М.:Л., 1938.

레르몬토프, 미하일(Лермонтов, М. Ю.), 『전집(Соч)』, 전 6권.

로모노소프, 미하일(Ломоносов, М. В.), 『전집(Полн. собр. соч)』, 전 10권, М.:Л., 1953.

로트만, 유리(Лотман, Ю. М.), 「갈림길로 나선 클리오(Клио вышла на перепутье)」, 『선집(Избранные статьи)』, 전 3권, Таллинн, 1992.

_____, 『문화유형학에 관한 논문들(Статьи по типологии культуы)』, Paris, 1965.

루소, 장 자크(Руссо, Ж-Ж.), 『선집(Избр. соч)』, 전 3권, М., 1961.

_____, 바딤 알렉세예프 포포프 외 엮음(Подгот. В. С. Алексеев-Попов), 『논설(Трактаты)』, М., 1969.

리하초프, 드미트리(Лихачева, Д. С.) 외 텍스트 엮음, 루리요, 야콥(Лурье, Я. С.) 번역 및 주석, 『이반 뇌제의 칙령(Послания Иван Гразного)』, М.:Л., 1951.

마야콥스키, 블라디미르(Маяковский, В. В.), 『전집(Полн. соб. соч)』, 전 13권, М., 1957.

메셰르스키, 니키타(Мещерский, Н. А.), 『고대 러시아어로 번역된 이오시프 플라비의 유대전쟁사(История ⟨Иудейской войны⟩ Иосифа Флавия в древнерусском переводе)』, М.:Л., 1958.

모르도브첸코, 니콜라이(Мордовченко, Н. И.), 『벨린스키—자연주의 학파의 이론가 및 조직자(Белинский-теоретик и организатор натуральной школы)』 // 『벨린스키와 그의 시대의 러시아 문학(Белинский и русская литература его времени)』, М.:Л., 1950.

몽테스키외, 샤를 루이 드(Монтескьё, Ш.), 루빈, 아론(Рубина, А. И.) 옮김, 바스킨, 마르크(Баскина, М. П.) 감수 및 서문, 『작품선집(произведения)』, М., 1955.

민츠, 자라(Минц, З. Г.), 「블로크 시학에서 회상의 기능(Функция реминисценций в поэтике А. Блока)」, 《타르투 대학교 학술지(Учен. зап. Тартуского гос. ун-та)》 제308호, 1973.

바라틴스키, 예브게니(Баратынский, Е. А.), 『시 전집(Полн. собр. стихотворений)』, 전 2권, М.:Л., 1936.

바추로, 바딤(Вацуро, В. Э.),『푸시킨 시대의 러시아 문학적 일상사로부터(Из истории литературного быта пушкинской поры)』, М., 1989.

바흐친, 미하일(Бахтин, М. М.),「1970~1971년의 메모 중에서(Из записей 1970~1971 годов)」,『언어 창작의 미학(Эстетика словесного творчества)』, М., 1986.

뱌젬스키, 표트르(Вяземский, П. А.),『미츠키에비치에 관한 회상』 //『전집(Воспоминания о Мицкевиче // Собр. соч)』, 전 12권, СПб., 1878~1896.

_____,『오래된 메모 노트(Старая записная книжка)』, Л., 1929.

베셀롭스키, 스테판(Веселовский, С. Б.),『오프리츠니나의 역사에 관한 연구(Исследования по истории опричнины)』, М., 1963.

베테아, 데이비드(Бетеа, Д.),「1980년대의 유리 로트만: 코드와 문학전기의 관계(Юрий Лотман в 1980-е годы: код и его отношение к литературной биографии)」,《신문학리뷰(Н.Л.О.)》제19권, М., 1996.

불가코프, 미하일(Булгаков, М. А.),『전집(Собр. соч)』, 전 5권, М., 1990.

불워 리턴, 에드워드(Э., Бульвер-Литтон,), 쿨리세르, 안나(Кулишер, А. С.) 외 옮김,『펠럼 혹은 신사의 모험(Пелэм, или Приключения джентлмена)』, М., 1958.

블로크, 알렉산드르(Блок, А. А.),『전집(Собр. соч)』, 전 8권, М.;Л., 1960.

빌라리, 파스쿠알레(Виллари, П.),『지롤라모 사보나롤라와 그의 시대(Джироламо Савонарола и его время)』, СПб., 1913.

살티코프 시체드린, 미하일(Салтыков-Щедрин, М. Е.),『글과 편지 모음 전집(Полн. собр. соч. и писем)』, 전 20권, М., 1937.

세르반테스, 미겔 데(Сервантес, de.),『돈키호테 Дон-Кихот』, М., 1953.

셰르바토프, 미하일(Щербатов, М. М.),『셰르바토프 공작의 글모음(Соч. князя М. М. Щербатова)』, 전 6권, СПб., 1898.

셰익스피어, 윌리엄(Шекспир, У.),『전집(Полн. собр. соч)』, 전 8권, М., 1960.

수호보 카블린, 알렉산드르(Сухово-Кобылин, А.),『과거의 장면들(Картины прошедшего)』, М., 1869

슈브니코프, 알렉세이(Шубников, А. В.) 외, 『과학과 예술에서의 대칭(Симметрия в науке и искусстве)』, М., 1972.

스레즈넵스키, 이즈마일(Срезневский, И. И.), 『고대 러시아어 사전을 위한 자료들(Материаль для словаря древнерусского языка по письменным памятникам)』, 전 3권, СПб., 1895.

스테블린 카멘스키, 미하일(Стеблина-Каменского, М. И.) 옮김 및 감수, 『그레티스 사가(Сага о Греттире)』, Новосибирск, 1976.

아흐마토바, 안나(Ахматова, А. А.), 『시와 서사시(Стихотворения и поэмы)』, Л., 1976.

에이헨바움, 보리스(Эйхенбаум, Б. М.), 『토마솁스키의 텍스톨로지 작업들(Текстологические работы Б. В. Томашевского)』 // 토마솁스키, 보리스(Томашевский, Б. В.), 『작가와 책. 텍스톨로지 스케치(Писатель и книга. Очерк текстологии)』 2판, М., 1959.

에트킨드, 예핌(Эткинда, Е. Г.) 엮음 및 주석, 『러시아 시 번역의 대가들(Мастера русского стихотворного перевода)』, 전 2권, Л., 1968.

우스펜스키, 보리스(Успенский, Б. А.), 『(11~17세기) 러시아 문학어의 역사[История русского литературного языка(XI–XVII вв.)]』(Sagners Slavistische Sammlung 12권), München, 1987.

_____, 『18~19세기 러시아 문학어의 역사(Из истории русского литературного языка XVIII–XIX века)』, М., 1985.

_____, 『구성의 시학(Поэтика композиции)』, М., 1970.

_____, 「역사와 기호학(기호학적 문제로서의 시간지각)[История и семиотика(Восприятие времени как семиотическая проблема)]」, 《타르투 대학교 학술지(Учен. зап. Тартуского гос. ун-та. Вып)》 제831호, 1988.

이고리 예레민(Еремин, И. П.), 『원초 연대기(Повесть временных лет)』, Л., 1994.

이마누엘 칸트(Кант, И.), 『전집(Соч)』, 전 6권, М., 1964.

주콥스키, 바실리(Жуковский, В. А.), 『전집(Соч)』, 전 4권, М.:Л., 1959.

지르문스키, 빅토르(Жирмунский, В. М.), 『문학이론, 시학, 문체론(Теория литер

아투르. 포에티카. 스틸리스티카)』, Л., 1977.

_____, 『문학이론의 문제들: 1916~1926년의 논문들(Вопросы теории литерат
уры: Статьи 1916~1926)』, Л., 1928.

체스터턴, 길버트(Честертон, Г. К.), 『작품 선집(Избр. произведения)』, 전 3권,
М., 1990.

츠베타예바, 마리나(Цветаева, М. И.), 『작품 선집(Избр. произведения)』, М.:Л.,
1965.

카람진, 니콜라이(Карамзин, Н. М.), 로트만, 유리(Лотмана, Ю. М.) 서문, 텍스트
엮음 및 주석, 『시 전집(Полн. соб. стихотворений)』[시인의 도서관. 대형 시리
즈(Бибиотека поэта. Большая серия)], М.:Л., 1966.

콘드라티 릴레예프(Рылеев, К.), 『시 전집(Полн. собр. стихотворений)』, Л., 1934.

쿠드랴브체바, 알레브티나(Кудрявцевой, А. Н.) 옮김, 쉐골레프, 파벨(Щеголева,
П. Е.) 전기 및 주석, 『마리아 니콜라예브나 볼콘스카야 공작영애의 메모
(Записки княгини Марии Николаевны Волконской)』, СПб., 1914.

쿠즈미나, 베라(Кузьмина, В. Д.), 『데브게니의 행위(용감한 과거 사람들의 행위) [Де
вгениево деяние(Деяние прежнх времен храбрых человек]』, М., 1962.

퀴헬베케르, 빌헬름(Кюхельбекер, В. К.), 『여행, 일기, 논문(Путешествие. Дневн
ик. Статьи)』, Л., 1979.

크릴로프, 이반(Крылов, И. А.), 『전집(Полн. собр. соч)』, 전 3권, М., 1964.

토마셉스키, 보리스(Томашевский, Б. В.), 『문학이론, 시학(Теория литературы. П
оэтика)』, Л., 1925.

토포로프, 블라디미르(Топоров, В. Н.), 「스베토니 예언서의 기호학(К семиотике
предсказанийу Светония)」, 《타르투 대학교 학술지(Учен. зап. Тартуского
гос. ун-та)》 제181호(기호체계 문집 2권), 1965.

톨스토이, 레프(Толстой, Л. Н.), 『전집(Собр. соч)』, 전 22권, М., 1980.

톨스토이, 알렉세이(Толстой, А. К.), 『시 전집(Полн. собр. стихотворений)』, Л.,
1984.

튜체바, 안나(Тютчева, А. Ф.), 『두 황제의 뜰에서. 니콜라이 1세와 알렉산드르 2

세에 관한 단편과 회상들(При дворе двух императоров. Воспоминания и фрагменты дневников фрейлины двора Николая I и Александра II)』, М., 1979.

튜체프, 표도르(Тютчев, Ф. И.), 『서정시(Лирика)』, 전 2권, М., 1965.

트란퀼루스, 가이우스 수에토니우스(Транквилл, Светоний Гай,), 가스파로프, 미하일(Гаспаров, М. Л.) 외 엮음, 『12명의 케사르의 삶(Жизнь двенадцати цезарей)』, М., 1964.

파스메르, 막스(Фасмер, М.), 『러시아어 어원사전(Этимологическая словарь русского языка)』, 전 4권, М., 1987.

파스테르나크, 보리스(Пастернак, Б.), 『전집(Собр. соч)』, 전 5권, М., 1989.

판첸코, 알렉산드르(Панченко, А. М.), 『구경거리로서의 웃음(Смех как зрелище)』 // 리하초프, 드미트리(Лихачев, Д. С.) 외, 『고대 루시에서의 웃음(Смех в Древней Руси)』, Л., 1984.

폰비진, 데니스(Фонвизин, Д. И.), 게오르기 마코고넨코 엮음, 서문 및 해설, 『전집(Собр. соч)』, 전 2권, М.:Л., 1959.

푸시킨, 알렉산드르(Пушкин, А. С.), 『전집(Полн. собр. соч)』, 전 16권, М.:Л., 1937~1949.

프레이젠베르크, 올가(Фрейденберг, О. М.), 『테르시트, 야페트 선집[Терсит. Яфетический сборник(Recueil Japhetique)]』, Л., 1930.

플라톤(Платон), 『전집(Соч)』, 전 3권, М., 1972.

플랴예프, 미하일(Пыляев, М. И.), 『옛 모스크바: 수도의 옛날 삶의 이야기들(Старая Москва: Рассказы из былой жизни первопрестольной столицы)』, М., 1990.

호머(Гомер), 『일리아드(Илиала)』.

유리 로트만의 『문화와 폭발』
역동성과 혁신의 이름으로

1. 로트만의 삶과 사상

이 책은 유리 미하일로비치 로트만(Yuri M. Lotman, 1922~1993)이 생전에 출간한 마지막 저서 『문화와 폭발(*Kultura i vzryv*)』(1992)의 완역본이다. 번역 대본으로는 1992년에 모스크바에서 출간된 초판이 아니라 보다 철저한 교정을 거쳐 2000년에 재간된 페테르부르크 판을 사용했다.[1] 이 책은 이미 대부분의 주요 언어로 번역되었다. 출간된 지 1년 만인 1993년에 이탈리아어 번역본이 처음 나왔고, 1999년에 스페인어 번역본과 폴란드어 번역본이, 2001년에는 에스토니아어 번역본이, 2005년에 프랑스어 번역본이 출간되었다. 그리고 지난 2009년에 마침내 영어 번역본이 출간되었고, 2011년 독일어 번역본이 그 뒤를 이었다.[2] 이번에 출간되는 한국어 번역본은 여덟

..

1) 『문화와 폭발』은 로트만이 사망하기 1년 전인 1992년에 모스크바의 그노지스(Gnozis) 출판사에서 처음 나왔고, 이후 페테르부르크의 이스쿠스트보-에스페베(Iskusstvo-SPb) 출판사에서 간행하는 로트만 전집 중 한 권인 『기호계(*Semiosphera*)』(2000)에 다시 실렸다.
2) 해외 번역본 서지 사항은 다음과 같다. 이탈리아어(*La cultura e l'esplosione*, Feltrinelli:

번째 해외 번역본에 해당한다.

2000년대 들어 국내뿐 아니라 국외에서도 로트만을 향한 관심이 뚜렷하게 부활하고 있는데[3] 이런 새로운 관심의 중심에 바로 이 책이 자리하고 있다고 말할 수 있다. 『문화와 폭발』은 수년간 유행이 지나버린 구조주의 이론가로 치부되었던 로트만의 사상을 새롭게 인식하고, 그의 지적 유산을 현대적인 맥락에서 재전유하기 위한 유용한 디딤돌로 간주되고 있다.

유리 로트만은 누구인가? 흔히 '모스크바—타르투 학파'의 수장이자 문화기호학의 창시자로 알려져 있는 그는 1922년 2월 28일 페테르부르크(당시 페트로그라드)에서 유대계 법률가의 넷째 아들로 태어났다. 본래 건축을 전공했던 아버지의 영향으로 어려서부터 페테르부르크 건축 및 박물관에 비상한 관심을 보였으며, 1939년에 페테르부르크(당시 레닌그라드) 국립대학에 입학했다. 학창 시절 생물학에도 특별한 재능을 보였으나 먼저 같은 대학에 입학한 누나 리디아의 영향으로 문헌학을 선택한다.

대학에 입학한 지 1년 만인 1940년에 군에 징집되었고, 이후 무려 6년간 2차 세계대전의 싸움터에서 포병대 통신병으로 복무하게 된다. 이 경험은 평생의 얘깃거리와 프랑스어 독학의 기회를 제공했다. 전쟁이 끝나고 대학

∴

Milano, 1993), 스페인어(*Cultura y explosion*, Gedisa, 1999), 폴란드어(*Kultura i eksplozja*, Państwowy Instytut Wydawniczy, 1999), 에스토니아어(Kultuur ja plahvatus, Varrak, 2001), 프랑스어(*De L'explosion et la culture*, Presses Universitaires de Limoges, 2005), 영어(*Culture and Explosion*, Mouton de Gruyter, 2009), 독일어(*Kultur und Explosion*, Suhrkamp Verlag, 2011).

3) 이는 관련 서적의 출간 현황에서 확연히 드러난다. 1990년대에 잠시 주춤했던 번역 및 연구서 출판이 2000년 이후 들어 눈에 띄게 증가했으며, 이런 흐름은 계속 이어지고 있다. 2000년 이후 로트만 관련 국내외 연구 동향에 관한 간략한 리뷰로는 김수환, 『사유하는 구조』에 부록으로 실린 「로트만 연구사 개략」(431~441쪽)을 참조할 수 있다.

에 복학했을 때, 로트만은 전장에서 살아 돌아온 단 5퍼센트의 1922년생 소련 남자 중 한 명이었다. 당시 레닌그라드 대학 어문학부에는 1920년대에 '러시아 형식주의(Russian Formalism)'라는 이름으로 세상을 떠들썩하게 한 바로 그 젊은이들이 중년의 학자가 되어 학생들을 가르치고 있었다. 에이헨바움, 토마솁스키, 지르문스키, 구콥스키, 그리고 『민담의 형태론』의 저자 프로프까지.

1950년에 대학을 우수한 성적으로 졸업한 로트만은 당연히 모교에서 학업과 취업을 이어가야 했지만, 그 길은 막혀 있었다. 스탈린이 죽기 직전 마지막 몇 해, 대학을 비롯한 소련 사회 전반에는 이른바 '코스모폴리터니즘'과의 투쟁이 벌어지고 있었고, 사실상 그건 공공연한 반유대주의의 성격을 띠었다. 문화적 모태이자 학문적 뿌리인 레닌그라드에서 더 이상 삶을 꾸려나갈 수 없음이 명백해졌을 때, 출구는 뜻밖의 곳에서 찾아왔다. 로트만은 에스토니아의 지방 소도시 타르투(Tartu)에 위치한 2년제 전문학교에 임시직 강사 자리를 제안받았다. 이제 막 소비에트 연방에 편입된 에스토니아는 교육을 통한 주민의 '러시아화'라는 중요한 정치적 과제를 앞두고 있었고, 러시아어를 가르칠 강사가 다수 필요했던 까닭에 로트만의 출신 성분을 따질 겨를이 없었던 것이다. 1950년, 로트만은 주저 없이 떠났고, 거대 제국 소련의 변방 지대인 타르투를 한 시대의 문화적 중심지로 만들기까지, 그리고 결국에는 소련 붕괴 후 신흥독립국이 된 에스토니아에서 마지막 숨을 거둘 때까지, 다시는 중심으로 되돌아오지 않았다(1993년 10월 28일 로트만이 숨을 거두었을 때, 당시 에스토니아 대통령이 그의 장례식에 참석하기 위해 독일 공식 방문 일정을 중단하고 급히 귀국했다는 일화는 유명하다). 오늘날 타르투는 '모스크바-타르투 학파'라는 이름과 더불어 20세기 지성사에 영원한 자취를 남기게 되었고, 여전히 로트만의 유산을 찾아

모여드는 전 세계의 연구자들을 맞이하는 중이다.

본래 학자로서 로트만의 출발은 문학사 연구자, 정확하게는 사상사 연구자였다. 1950년대에 그가 쓴 글들은 전혀 기호학적이지 않을뿐더러 구조주의적이지도 않다. 이 기간 동안 그는 18세기 말에서 19세기 초에 이르는 러시아 문학사, 정확하게는 문학을 가장 전형적인 발현 형태로 삼는 사회사상사를 연구했다(그의 학위 논문은 작가 라디시체프의 형이상학적·사회적 이념을 다루고 있다). 이 시기에 그는 이른바 '문헌학(philology)' 연구자에게 필요한 모든 소양과 기술을 습득했다. 가령 이미 소실되었거나 잘 알려져 있지 않은 작가의 수고본을 재구성하기 위한 아카이브 탐색 및 추론의 기법은 그중 하나다. 사상사 연구가 혹은 문화사가로서의 학문적 뿌리는, 바르트에게 문학비평이 그랬듯, 기호학자 로트만에게 마지막까지 남아 있는 본질적인 토대였던바, 이 점은 『문화와 폭발』에서도 확연하게 드러난다.

로트만이 모종의 사상적 전회를 맞이하게 된 것은 1960년대 초반이었다. 로트만은 바르트가 그랬던 것처럼 60년대의 '세례', 즉 구조주의와 기호학의 압도적인 영향을 받게 되었고, 그 새로운 시각의 패러다임을 전면적으로 받아들였다. 이 시기의 지향을 압축적으로 요약하는 것이 바로 유명한 '2차 모델링 체계'라는 개념이다. 1964년부터 로트만은 타르투 대학에서 전공 분야와 관심사가 각양각색인 연구자들을 한자리에 불러 모은 학술대회를 조직했는데, 이를 위해 도입된 모종의 공통 개념이 바로 2차 모델링 체계였던 것이다.

그렇게 해서 관심사와 전공 분야가 전혀 다른 연구자들이, 로트만의 학술대회 초대장과 '2차 모델링 체계'라는 단 하나의 공통개념만을 갖고서, 세계 도처에서 에스토니아의 한 시골 마을로 몰려들기 시작했다. (2차 대회에는 미국에서 야콥슨이 찾아왔다. 모스크바에 살고 있는 바흐친을 불러오려던 계획은 건강상의 이유로 성사되지 못했다.) 1964년 여름에 처음 시작된 이 행사는 1970년까지 '타르투 여름학교(Tartu Summer School)'라는 공식 명칭하에 2년마다 꾸준히 개최되었다. 그 성과물을 모은 논문집인 『기호체계문집』은 발간되자마자 국내외로 삽시간에 퍼져나갔다[로트만의 목소리를 서방에 전한 최초의 인물 중 하나인 줄리아 크리스테바(Julia Kristeva)는 1968년에 처음 이 문집을 서방에 번역·소개했고, 당시 출국 금지 상태였음에도 불구하고 로트만은 그해 창립된 세계기호학협회의 초대 부회장으로 선출되었다].

1970년에 개최된 제4차 여름학교를 기점으로, 로트만은 주로 예술 텍스트의 구조 분석에 집중했던 '구조시학'의 단계를 마감하고 본격적인 '문화이론'의 단계로 나아가게 된다(이전의 구조시학 단계의 탐구를 총결산하는 저서가 바로 1970년에 출간된 『예술 텍스트의 구조』이다). 다른 한편, 이 시기는 로트만의 개인적 삶에서도 새로운 도전의 시작이었다. 네 번째 여름학교가 열린 1970년에 이미 로트만은 세계적 명성을 얻은 상태였다. 서구 대학에서 (사실상 망명 요청과 다름없는) 초청이 줄을 이었고, 소비에트 당국은 타르투가 더 이상 변방이 아님을 확실하게 느끼게 되었다. 타르투 학파가 서방 세계의 비상한 관심의 대상이 되면서, 학파의 핵심 멤버 상당수(퍄티고르스키, 이바노프, 졸콥스키 등)가 이 시기 영국과 미국 등지로 망명했다.[4] 자연스럽게 학파의 공동 작업이 종결되어버린 상황에서 로트만은 이제 자신의 이름을 통해 타르투 학파 전체를 온전히 대변해야만 하는 상황에 처하게 되었다.

..

4) 그들 대부분이 유대계 러시아인이었는데 냉전의 상황에서 유대계 혈통은 망명을 위한 (거의 유일하게 가능한) 조건이었다. 하지만 정작 유대계 혈통으로 인해 피해를 입은 바 있던 로트만은 그 조건을 '사용'하길 거절했다(그의 아내 자라 민츠 역시 유대계였다).

그렇다면 로트만은 어째서 망명하지 않았던 걸까? 1970년대 중반 이후, 과거의 동료들이 학파의 '과거'를 발판 삼아 (때로는 그것을 발 빠르게 '부정'하는 방식으로) 서구 학계에서 입지를 굳혀가고 있을 때, 로트만은 끝내 타르투에 홀로 남아 자신의 일을 계속했다. 심지어 공산당 탈퇴 붐이 일었던 1990년대 초반에도 로트만은 여전히 그 자리에 그대로 머물러 있었다. 이른바 대세의 길, 대세이기에 이미 너무 쉽고 편한 것이 되어버린 길을 로트만은 따르려 하지 않았다. 망명은 고사하고 그는 더 많은 권위와 자유를 보장하는 아카데미(학술원) 학자의 길조차 걸으려 하지 않았다. 모두들 대학을 떠나 교육의 의무를 면제받는 아카데미 교수로 자리를 옮길 때에도 로트만은 끝까지 선생의 길, 그것도 '지방' 대학 선생의 길을 고수했다(생전에 로트만이 출판한 다수의 단행본은 아카데믹 연구서이기 이전에 '교육용' 도서들이다).

문화기호학의 정련작업은 1970년대 내내 이루어졌다. 문화의 유형학에서 체계의 역동성으로, 신화를 거쳐 기호계로 이어지는 이 짧지 않은 여정은 다름 아닌 '문화기호학'의 이름 아래 수행되었다. 1970년대의 로트만은 의미를 단일하게 규정하거나(구조주의) 혹은 유희적으로 비워버리는(포스트구조주의) 대신에 의미를 담는 갖가지 '다른 방식들'을 찾아내는 길을 택했다. 그리고 그 길의 탐색은 철저하게 문화 속에서, 문화를 통해 추구되었다. 문화의 공시적·통시적 평면을 넓고 깊게 아우르는 로트만의 탐색은 1980년대를 거쳐 1990년대 초반까지 온전히 이어졌다. 그 길은 물론 문화를 끝없이 살아 숨 쉬는 정보로 만들기 위한 길이었지만, 동시에 기호학을 여전히 '기능하는' 담론으로 유지하기 위한 힘겹고 지난한 여정이기도 했다. 아마도 이 길이 증명하는 한 가지 교훈이 있다면, 그것은 모든 '연장'의 유일한 방식은 결국 자기 갱신을 통한 '극복'뿐이라는 점일 것이다.

모든 사상가의 마지막 시기는 흥미롭다. 그것은 한 사상가가 최종적으로 도달한 성찰의 지점을 확인하는 자리이면서 동시에 (만일 그가 좀 더 살았다면) 과연 '어디까지 갈 수 있었을지'를 추측해보는 기회이기도 하기 때문이다. 1989년 연구를 위해 잠시 독일에 체류하던 로트만에게 예기치 않은 뇌졸중이 발병했다. 길고 고통스러운 회복 기간 동안 헌신적으로 그를 보살피던 아내 민츠마저 1년 후 갑작스럽게 세상을 떠났다(레닌그라드 대학의 동창생이자 타르투 대학의 동료 교수였던 민츠는 저명한 20세기 러시아 상징주의 연구가다). 소연방이 해체되는 혼란과 격동의 시기, 로트만은 본국에서 저서를 출간하지 못하고 미국에서 먼저 출간한다. 1990년 인디애나 대학 출판부에서 단행본 『정신의 우주(Universe of the Mind)』가 출간되었을 때, 많은 이에게 그것은 로트만의 지난한 탐구의 '총결산'으로 받아들여졌다. 뇌출혈 이후 수많은 미세 출혈이 뇌를 가득 채워 주기적인 뇌손상(이는 기억상실을 동반했다)을 겪고 있던 상황에서, 이 책이 로트만의 마지막 저작이 되리라 예상하는 건 자연스러웠다.

하지만 모두의 예상을 깨고, 사망하기 1년 전인 1992년에 로트만은 또 한 권의 단행본을 세상에 내놓았다. 불편한 몸과 꺼져가는 정신으로 이제는 독립국이 된 에스토니아에 홀로 남겨진 그는 손을 사용할 수 없는 상황에서 자신의 마지막 책을 거의 구술로 작업했다. 그 책은 『문화와 폭발』이라는 매우 낯선 제목을 달고 있었다.

세례를 받고 먼저 간 아내 곁에 정교회 신자로서 함께 묻히길 바라는 주변의 권유를 로트만은 끝내 거절했다. 위대한 '교육자'로서의 신, 놀라운 능력을 발휘해 섭리를 실현하는 신 대신에 그가 인정할 수 있었던 신의 이미지는 따로 있었다. 스스로도 예측할 수 없었고 또 기대할 수 없었던 폭발적 결과들을 내어놓는 신, 위대한 실험을 행하고 있는 '창조자-실험가'

의 형상이 그것이다. 그 어떤 기억도 영원히 망각되지는 않는 '문화'라는 기호계 안에서, 신의 형상은 우주를 무한정한 정보의 원천으로, 언젠가 헤라클레이토스가 말한 '생성하는 로고스'로 만들어주는 기제에 다름 아니었던 것이다. 1993년 10월 28일, 로트만은 아내의 무덤 곁에 '십자가 없이' 잠들었다.

2. 새로운 마지막 책: '폭발'의 시대로부터

1992년 모스크바에서 매우 적은 부수로 출간된 로트만의 마지막 책은 '문화'와 '폭발'이라는 일견 동떨어진 두 개념 간의 '낯선' 조합을 내세웠다. 이 새로운 저서는 여러 면에서 충격적이었는데, 그 충격은 무엇보다 '다르다'는 것에서 비롯되었다.

우선 『문화와 폭발』은 스타일 면에서 기존과 달랐다. 논리적 기술을 추구하는 '연구자' 로트만의 일관되고 정련된 논증 대신에 자유분방한 '에세이스트' 로트만의 스타일이 강화되었고, 이는 상당한 낯섦을 주었다. 꽉 짜인 구성의 부재를 다뤄지는 주제의 엄청난 다양성이 대신하고 있는데, 언뜻 보기에 서로 다른 주제의 혼돈스러운 조합의 인상을 주는 그 책은 일종의 기호학적 백과사전처럼 보였다.

하지만 무엇보다 놀라웠던 것은 이 마지막 책에서 로트만이 무언가 '새로운 이야기'를 시작하려는 것처럼 보였다는 점이다. 지금껏 익숙하게 알고 있던 것과는 다른 이 새로운 발걸음을 어떻게 보아야 할지, 당시로서는 판단하기가 매우 어려웠다. 분명 로트만은 이전과 다른 새로운 방향을 향하고 있는 것처럼 보였지만, 그것이 가리키는 지점을 명확하게 가늠하기는 쉽지 않았다. 문제는 이 새로운 방향을 이해하기 위해서는 이중의 '겹쳐 읽기'가 요구된다는 점에 있다.

어떤 식의 겹쳐 읽기인가? 우선 '마지막' 책이라는 위상은 그것을 로트만 사유의 진화 과정 전체에 대한 통시적 조망 위에서 읽을 것을 요구한다. 예컨대 로트만의 충실한 독자라면 이 책을 읽으면서 무엇이 지속되고 무엇이 바뀌었는지, 즉 로트만 사유의 '연속성과 변화'에 관해 묻지 않을 수 없을 것이다. 두 번째로 이런 통시적(수직적) 읽기와 더불어 공시적(수평적) 읽기의 필요성 또한 제기된다. 『문화와 폭발』은 일관된 논증 대신에 느슨하게 연결된 소규모 강연 시리즈의 형태를 띠는 까닭에 책에서 제기되는 수많은 개념들 간의 내적 상관관계를 파악하기가 쉽지 않다. 가령 폭발의 개념과 고유명사, 인격성, 나-나 체계 등이 어떻게 관련되는지, 뒤집힌 이미지와 광기, 연극성과 꿈이 어떻게 연결되는지에 관한 상세한 논증과 설명이 제공되지 않기에, 독자는 언뜻 관련이 없어 보이는 이런 주제들의 혼란스러운 다성악 내부를 관통하는 모종의 일관된 멜로디를 스스로 파악해야만 한다.

하지만 이런 심층적인 독해를 시도하지 않는다 하더라도, 『문화와 폭발』은 매우 흥미로운 한 가지 특징을 보여준다. 그것은 이 책이 흔히 말하는 '로트만의 이중성'이 하나로 합쳐진 예외적인 경우에 해당한다는 점이다. 여기서의 이중성이란 연구자 로트만을 특징짓는 모종의 경향을 가리키는데, 추상성과 구체성을 넘나드는 독특한 연구 스타일이 그것이다. 로트만의 저작에는 서로 합치되기 어려운 두 가지 경향이 공존하는데, 한쪽에서 끊임없는 체계화와 도식화를 지향하는 '이론가' 로트만의 모습이 확인된다면, 다른 편에선 구체적인 예술적·문화적 디테일에 집요하게 천착하는 '문화사가' 로트만이 자리한다. 가령 전자의 모습을 『기호계』에서 발견할 수 있다면, 후자의 모습은 『러시아 문화에 관한 담론 1, 2』에서 발견할 수 있다. 『문화와 폭발』은 이 두 얼굴의 로트만을 한자리에서 만나볼 수 있는 예외적인 경우에 해당하는바, 이 '마지막' 책에서 로트만은 비로소 두 얼굴의 자연스런 결합을 보여준다.

또 한 가지, 이 마지막 책(특히 '폭발'이라는 의미심장한 개념)과 관련해 반드시 언급해야 할 것이 있다. 바로 『문화와 폭발』을 둘러싼 '실존적' 상황이다. 우리는 1992년에 출간된 이 책을 읽으면서 당시 로트만이 처한 '시대 상황' 자체의 특수성을 떠올리지 않을 수 없다. 로트만의 이 책은 1980년대 후반에서 1990년대 초반까지 소비에트-러시아가 거쳐간 '격동과 변화의 흐름' 외부에서 생각될 수 없다. 그것은 급격하고 극단적인 사회적 · 역사적 격변, 그 한복판에서 태어났다. 이바노프(V. V. Ivanov)에 따르면, "로트만은 자신이 러시아 역사와 세계 문화의 폭발적 국면에서 글을 쓰고 있다는 사실을 잘 알고 있었다. 그는 자신과 (우리 모두를) 동요시키는 이런 사회적 격변에 서둘러 응답하고자 했던 것이다."[5] 『문화와 폭발』은 폭발의 시대에 작성된 폭발에 관한 담론이다.

폭발이란 무엇인가? 폭발은 결절의 국면이다. 점진적이고 예측 가능한 문화적 자기인식의 연속적 과정 중에 갑작스레 발생한 파국의 순간, 바로 그게 폭발이다. 이전의 모든 과정이 일시적으로 중단되는 순간, 미래의 방향이 비결정성의 문턱에 머무는 '정지'의 순간이 바로 폭발의 국면이다. 한편 이와 같은 '결절'과 '정지'의 순간이란 다른 의미에서 보자면 의미가 '포화'되는 지점에 해당한다. 그것은 "체계의 모든 정보성이 급격하게 증대되

..

---

5) Вяч. Вс Иванов, "Семиосфера и история," Внутри мыслящих миров(Москва, 1996), IX.

는 장소"이다. 미래의 모든 발전 가능성이 잠재해 있으며 그 가능성 가운데 어느 하나의 선택이 결코 인과관계나 핍진성의 법칙을 따르지 않는 곳, 아니 그런 메커니즘 자체가 완전히 작동을 멈추게 되는 장소가 바로 폭발이다.

폭발 개념의 기원에 관해서는 여러 가지 설명이 가능하다. 그중 빼놓을 수 없는 것이 일리야 프리고진(I. Prigogine)의 영향이다. 흔히 '열역학의 시인'으로 불리는 러시아 태생의 물리학자 프리고진은 "혼돈으로부터의 질서"라는 명제로 잘 알려져 있다. 전반적인 학문적 관심이 문화에서 역사로 움직여가던 생의 후반기에 로트만은 프리고진의 사상과 만나게 되었다.[6] 프리고진에 따르면, 그가 "산일구조(dissipative structure)"라 명명한 바 있는 비가역적 과정하에서는 "이후의 움직임이 동등한 가능성을 갖는 두 가지(이상)의 방향을 따라 진행될 수 있고, 따라서 그것이 어떤 방향을 따를지를 예측하는 것이 불가능한" 지점이 나타나게 마련이다. 바로 이 지점을 "양분점(bifurcation point)"이라 부른다. 새로운 구조를 발생시키는 이 지점에서 미래의 과정에 영향을 끼칠 수 있는 부차적 요인, 가령 '우연성'의 역할이 현저하게 증대된다. 1989년에 발표한 논문「문학적 진화에서 우연적 요소의 역할」에서 로트만은 이 영향에 관해 이렇게 언급한다. "필자는 1986년에 나에게 깊은 인상을 준 일리야 프리고진의 저작과 만났다. 프리고진의 사유는 우연적 요소들의 역할에 대한 우리의 관념을 확장시켜주었을 뿐 아니라 자연과학과 인문학의 침투를 위한 실제적 기반을 마련해주

••

6) 타자직 사유와의 적극적 대화는 사상가 로트만의 중요한 특징 중 하나이다. 특히 사상의 후반부에 로트만에게 큰 영향을 끼친 사상가가 세 명 있는데, 바흐친(M. M. Bakhtin), 베르나츠키(V. Vernadsky), 프리고진이 그들이다. 바흐친은 이른바 '텍스트적 대화'의 개념에, 베르나츠키는 '기호계(semiosphere)' 개념에, 프리고진은 '폭발' 개념에 영감을 주었다.

었다. 왜냐하면 시간의 비가역성을 연구하면서 그것들은 역사에 관한 보편적 모델의 기반을 닦았기 때문이다."[7]

하지만 언제나 그렇듯이 새로운 개념의 출현은 일방적인 외적 영향의 결과로만 환원될 수 없다. 그것은 오랜 기간에 걸친 문제의식에 따른 논리적 결과로도 설명될 수 있어야만 한다. 로트만은 「문제 설정」이라는 제목을 단 1장에서 이에 관한 나름의 설명을 시도하고 있다. 그에 따르면, "모든 기호적 체계를 기술하는 데 따르는 근본 문제는 두 가지이다. 첫 번째는 체계가 그것 외부, 즉 체계 외적인 세계와 맺는 관계이며, 두 번째는 정태성이 역동성과 맺는 관계이다.(7쪽)" 체계 외적 세계의 기술과 관련된 첫번째 문제가 결국 '언어'의 문제에 해당하는 것임은 쉽게 짐작할 수 있다. 잘 알려진 것처럼, 이에 대한 로트만의 해답은 "복수언어주의(polyglotism)"라는 핵심 개념으로 집약된다. 현실 세계의 공간은 결코 하나의 언어를 통해 온전히 포괄될 수 없다는 것, 그를 위해선 반드시 언어들의 총체, 다시 말해 하나 이상(최소 두 가지)의 언어가 필수적이라는 것. 바로 이 생각이 『문화와 폭발』 이전까지 그가 도달한 최종적인 지점이었다.

문화의 원칙적인 복수언어주의는 1970년대 초반 이후 계속해서 로트만을 지탱해온 중심 사상이다. 이 사상은 "최적의 메커니즘으로 기능하는 단일한 이상적 언어"라는 관념, 나아가 "단일한 코드를 사용하는 이상적 커뮤니케이션"이라는 관념에 대한 근본적인 비판으로 귀결된다. 그에 따르면, "언어의 복수성의 상황이 보다 근원적이고 1차적"이며, "단일하고 보편적인 언어에 대한 지향"은 단지 전자를 기반으로 차후에 생겨나는 것일 뿐

∴

7) Ю. М. Лотман, "О роли случайных факторов в литературнойэволюции," Труды по знаковым системам 23: Текст-культура-семиотика нарратива. Тарту, 1989. с. 48.

이다. 게다가 소통, 곧 "대화의 가치는 [발신자와 수신자의] 교차되는 부분이 아니라 교차되지 않는 부분과 관련된다." 그러니까 소통의 핵심은 대화의 공통분모에 있지 않다. 진정으로 "관심을 기울여야 할 것이 소통에 있어 그것을 어렵게 만드는, 극단적인 경우 불가능하게 만드는 바로 그 영역"이 된다. "번역 불가능한 것(들 사이)의 번역"이라는 이 명제, 그가 책의 1~2장에서 다시금 확언하고 있는 이 명제는 엄밀히 말해 진짜 '새로운 이야기'를 시작하기 위한 예비적 서론에 해당한다.

따라서 진짜 새로운 이야기, 『문화와 폭발』의 진정한 핵심은 앞서 제시한 두 번째 질문에 걸려 있다고 보아야 한다. "체계의 정태성과 역동성의 관계", 더 간단히 말해 '체계의 역동성은 어떻게 가능해지는가'라는 질문이 그것이다. 체계는 어떻게 그 자신으로 남아 있으면서 동시에 새롭게 변화될 수 있는가? 이는 체계의 근본적 변화를 이끄는 동력 혹은 그것의 메커니즘의 문제에 다름 아니다. 『문화와 폭발』 전체에 걸쳐 로트만은 바로 이 질문에 답하고자 하는바, 폭발이라는 핵심 메타포가 여기에 걸려 있다. 폭발 개념을 둘러싼 책의 논의를 따라가면서 이를 좀 더 상세히 살펴보기로 하자.

3. 『문화와 폭발』 내용 해제

1) 폭발과 고유명사: '생각하는 갈대'

전체 구성상 1부에 해당하는 3~7장에서 로트만은 폭발 개념의 개요를 소개한다. 늘 그렇듯이 로트만의 논의는 일련의 안티테제(개인 대 집단, 일반명사 대 고유명사, 예측가능성 대 예측불가능성 등)를 중심으로 이루어지는 데, 그중 가장 중요한 것은 연속적인 것과 불연속적인 것, 다시 말해 '점진적인 것'과 '폭발적인 것' 사이의 대립이다. 간단히 말해, 점진적이고 안정적인 연속적 변화가 있고, 문화적 폭발의 형태를 띠는 급격하고 불연속적인 변화가 있다. 예측 가능한 전자의 변화에는 반복적이고 점진적인 발전에 해당하는 광범위한 현상들이 포함된다. 예컨대 고대 집단에 전형적인 순환적 과정들, 흔히 달력을 따르는 반복적 현상들(대표적으로 제의)이 이에 속한다. 반면에 폭발적인 특징은 위대한 역사적 사건, 시대를 특징짓는 발명·발견, 지대한 영향과 흔적을 남긴 개인의 행위들을 통해 드러난다.

로트만은 순차적으로 교체되는 이런 두 단계, 즉 안정화의 시기와 폭발의 시기가 모두 동일한 진화적 과정의 상보적 상태라고 주장한다. "안티테제를 이루는 점진적 과정과 폭발적 과정은 오직 상호 관계 속에서만 존재"하는바, 한쪽의 말살은 다른 쪽의 소멸을 불러올 수 있다. 점진적 역동성과 폭발적 역동성의 대립과 차이는 가령, '학문적 발견'과 그것의 '기술적 실현' 사이의 대립과 유사하다. 위대한 학문적 사유들은 어떤 점에서 예술과 비슷한데, 그것들은 폭발과도 같이 출현하기 때문이다(학문적 사유가 종종 자신의 시대에 걸맞지 않은 이유가 거기에 있다). 그와 달리 새로운 사유의 기술적 실현 과정은 점진적 역동성의 법칙을 따라 전개된다.

바로 이런 점진적 역동성의 과정을 역사 기술의 중심 범주로 도입한 이들이 소위 '장기 지속(longue durée)의 역사'라 불리는 아날 학파(Annales school)이다. 로트만에 따르면, 그들은 점진적이고 느린 역사의 전개를 정당한 역사의 구성소로 역사 연구 내부로 끌어들이고자 노력했다. 정치적 투쟁이나 예술적 현상들을 역사의 배면으로 밀어내는 대신에 기술과 일상생활, 상업의 발전 등에 관한 기술을 전면화했던 것이다. 여기서 로트만은 두 개의 상반된 이미지를 제시하는데, 아날 학파가 겨냥했던 역사의 점진적 운동이 "봄철의 도도한 강물의 흐름"처럼 우리 앞에 놓여 있다면, 역사의 폭발적인 전개는 "예측 불가능한 장소에 폭약이 매설된 평원"처럼 나타난다.

　로트만의 주장의 핵심은 문화의 역동적 전개 과정에서 예측불가능성을 요체로 하는 폭발의 불가피성에 놓여 있다. "역사의 전개 과정에서 예측불가능성을 제거하게 되면, 그것은 완전히 잉여적인 것이 된다. 극도로 폭발적인 역사의 국면에서 이루어진 모든 미래 예측의 경험들이 증명해주는 것은, 역사의 급격한 전환을 정확하게 예언하는 것이 불가능하다는 사실이다."(31쪽) 역사의 전개 과정의 이미지는 아주 특별한 실험, 이를테면 "자신의 지식을 시연하는 교육자가 아니라 자기 경험을 통한 자연발생적 정보를 드러내는 연구자"의 그것이다. 다시 말해 그것은 위대한 '교육자'로서의 신, 놀라운 능력을 발휘해 섭리를 실현하는 신이 아니라 스스로도 예측할 수 없었고 또 기대할 수 없었던 폭발적 결과들을 내어놓는 신, 위대한 실험을 행하고 있는 '창조자-실험가'의 형상에 해당한다.

　이어지는 5장에서 로트만은 블로크의 시(「예술가」)를 예로 들어 흔히 '영감'이라 불리는 의미론적 폭발의 메커니즘을 분석한다. 예술가의 창작 과정을 다룬 이 시에서 제시되는 영감의 순간은 "번역 불가능한 것을 번역 가능한 것으로 바꿔놓는, 예측 불가능한 폭발의 국면"과 다르지 않다. "시 작품의 모든 내용은 의미의 폭발, 그러니까 비예측성의 경계를 통과하는 움직임에 관한 묘사인 것이다."(45~46쪽) 흥미로운 것은 영감의 순간 이후에 "표현될 수 없는 영감이 언어 속에서 주조"되는 과정, 그러니까 정반대의 수순을 따르는 "하강"의 국면이 이어진다는 점이다. 시인을 다시금 "권태"로 이끄는 이 반대의 과정은 폭발의 이후 단계, 폭발의 예측불가능성이 역사의 필연성으로 뒤바뀌는 역사적 기억의 메커니즘에 대응한다. 역사가의 기억이 수행하는 회고적 변형의 2차적 과정 속에서 "우연성은 고립되고, 폭발은 합법칙적이고 선형적인 발전 과정으로 바뀐다." 폭발의 개념에서 정보성의 국면이 사장되는바, 그것이 운명론으로 뒤바뀌는 것이다. "우연히 발생했을 뿐인 사건이 이제는 유일한 가능성으로 간주되는 것이다. 관찰자의 의식 속에서 예측불가능성이 법칙성으로 변모된다."(32쪽)

주목할 것은 폭발적 과정의 특성이 '인칭'의 문제와 밀접하게 관련된다는 점이다. 기술사(技術史)가 항상 해당 시기에 '무인칭적인 것'으로 받아들여진다는 사실은 이 점에서 의미심장하다. 자동차의 이름은 회사나 모델명에 따라 기억되지 그것을 만든 사람의 이름으로 기억되지 않는다. 로트만은 체호프의 단편 「일등석 승객」을 예로 들어 설명하는데, "문제의 핵심은 심지어 저열한 여가수의 창작조차도 그 본질에서 개인적인 것인 반면에, 훌륭한 기술자의 창작은 기술의 무인칭적 과정 안에서 그저 묻히는 것처럼 보인다는 점이다."(35쪽) 학문 혹은 예술의 본질적 '인격성'은 그것의 '폭발적' 성격과 뗄 수 없이 연결되어 있다. 인격성과 폭발 개념의 상호조건성의 문제는 이어지는 6~7장의 본격적인 주제가 된다.

인간과 세계(자연) 사이의 균열을 주제로 한 튜체프의 시로 시작하는 6장은 "생각하는 갈대"로서의 인간을 다룬다. 여기서 인간과 동물의 비교가 특별한 시사점이 되는데, "동물의 행위가 제의적인 데 반해 인간의 행위는 상대편이 예측할 수 없는 새로운 무언가를 발명하는 데 이끌린다."(55쪽) 행위의 비예측성, 제의적 법칙성을 벗어나는 낯선 행동의 가능성은 인간을 동물과 구별하는 근본 원리이면서 선사시대 인간의 생존을 설명하는 근거가 된다. 동물의 입장에서 볼 때 예측할 수 없는 인간의 행동은 '정해진 규칙'을 따르지 않는 부정직한 행동, 곧 '미친' 행동에 해당한다. 그리고 바로 이 (미친 것 같은) 예측불가능성이 동물에 대한 인간의 비교우위를 만드는 것이다.

그렇다면 그와 같은 인간 본성을 가장 잘 보여주는 사례는 무엇일까? "고유명사"를 주제로 한 7장이 이 물음을 다룬다. 어미 고양이는 자기 새끼의 총 마릿수를 인지하지만 새끼들 각각의 외양은 구별하지 못한다. 반면 어린아이는 그들의 색이나 점, 줄무늬 따위의 개별적 특징뿐 아니라 행동의 특성까지 즉각적으로 구별해낸다. 이 의미심장한 차이는 무엇을 보여주는가? "개인적인 것과 일반적인 것 사이의 긴장은 인간적 의식의 기반에 놓여 있으며, 바로 그 긴장을 만들어내는 것이 고유명사"(60쪽)라는 사실이다. 러시아의 철학자 솔로비요프는 어린 시절 연필 한 자루 한 자루에 고유한 이름을 붙였다고 한다. 유아어의 특징을 이루는 이런 고유명사의 지배적 위상은 인간적 의식의 본질적 기반에 해당한다. 루소가 『인간불평등 기원론』에서 묘사한 원숭이와 어린아이의 차이, '바로 이것(고유명사)'과 '모든 것(보통명사)'을 구별할 줄 아는 이 능력이야말로 "인간을 여타 동물 세계와 갈라놓는 골짜기를 만드는 경계선이다." 어린아이는 이 계곡의 끝자락에 자리한 국경수비대에 해당하는데, 왜냐하면 그에게서 '어른들'보다 훨씬 더 분명하게 그 의식의 특징들을 발견할 수 있기 때문이다. 로트만에 따르면, 예술 텍스트는 원칙상 "1인칭과 3인칭의 관계를 복잡화할 수 있는 가능성에서 출발한다."(65쪽) 예술은 고유명사의 공간을 향한 이끌림과 3인칭으로 된 객관적 서사 사이의 관계이다. 이 관계에서 그것의 가능성은 그 자체로 "꿈의 심리적 경험"을 떠올리게 한다. 여기까지가 구성상 1부에 해당하는 내용이다.

2) 폭발과 기행: 뒤집힌 형상과 텍스트 속의 텍스트

2부에 해당하는 이어지는 8~10장에서 우리는 역사의 구체적인 세부를 집요하게 파고드는 문화사 연구자로서 로트만의 진면목을 여실히 확인할 수 있다. 러시아 역사의 구석구석을 종횡무진 넘나들며 숨겨진 의미를 밝혀내는 로트만의 분석은 러시아 문화사에 익숙하지 않은 독자들에게는 다소 어렵게 느껴질 수도 있다. 하지만 반대로 어떤 이들에겐 가장 흥미로운 부분으로 읽힐 수도 있다. 다채로운 에피소드의 향연을 묶어주고 있는 공통분모는 일반적 규범에서 벗어난 행위, 이른바 "별난(eccentric) 행위"의 문제이다. 그리스어 어원상 '중심에서 벗어남(out of center)'이라는 뜻을 지니는 기행(ekkentros)의 문제는 역사의 폭발적 변화와 뗄 수 없이 관련된다.

8장 「바보와 광인」은 정상인의 범주에서 벗어난 두 가지 유형으로 바보와 광인을 제시한다. 여기서 로트만은 바보와 광인의 쌍으로 이루어진 일반적 대립 대신에 제3의 범주인 현자를 포함한 삼원 구조를 제시한다. 즉 바보-현자-광인의 3항이다. 현자가 '정상성'의 범주, 즉 "관습적 의례와 법칙에 부합하는 일종의 규범"으로서 나타난다면, 바보와 광인은 그에 대립하는 양극단을 가리킨다. 로트만은 바보와 광인이 정상에서 벗어난 행위를 한다는 점에서는 비슷해 보이지만 사실 이 둘은 결정적인 차이를 보인다고 주장한다. "상황과 행위 사이의 올바른 대응 관계를 파괴하는" 바보의 행위(가령 결혼식에서 울고 장례식에서 웃는 식)는 "엉뚱하기는 하지만 동시에 완전히 예측 가능"한 스테레오타입임에 반해서, 미친 사람의 행위는 금기를 위반하는 데서 오는 보충적인 자유, 곧 "예측불가능성"을 부여받기 때문이다(이 점에서 바보와 광인은 동의어가 아닌 반의어에 해당한다).

핵심은 이런 예측불가능성이 실제로 힘을 갖게 되는 상황이 존재한다는 점이다. 대표적으로 '전투'의 상황이 그러한데, 전투에서 광기의 활용은 정상적인 적수가 익숙한 상황에서 벗어나 행위의 준거점을 상실하도록 만듦으로써, 결과적으로 무력한 상황에 빠지도록 한다. 로트만은 스칸디나비아의 서사시에 등장하는 사나운 전사 '베르세르크'를 예로 든다. 전쟁 중에 소위 '전투적 광기'에 사로잡히는 것으로 유명한 그들은 "전투 상황에서 인간적 행위의 모든 제한을 벗어던지며, 흡사 짐승과도 같은 상태"가 되는데, "전장에 이런 병사 한 명을 투입하는 것은 결과적으로 전 부대의 전투 능력을 현저히 증대시킨다. 왜냐하면 그것이 적들로 하여금 익숙한 상황에서 이탈하도록 만들기 때문이다."(75쪽) 한편 로트만은 광기와 정상성의 대립과 관련된 또 하나의 개념으로 '연극성'을 제시한다. 로트만은 '프랑스적 연극화'의 개념, 이를테면 "제스처와 행동이 반복되는 지경에 이르기까지 일상생활을 고도로 형식화하는 연극화의 개념"과 구별되는 또다른 유형으로서, '일탈적 행동'의 모델을 제시한다. 가령 돈키호테나 네로의 행동에서 찾아볼 수 있는 후자의 모델은 "가능성들의 경계 너머로 나아가 불가능한 것을 실현하는" 유형이다. 로트만에 따르면, "모든 광기의 형식은 불가피하게 개인적 일탈의 행위로서 나타나며, 예측가능성의 경계 너머에 자리하고 있다."(84쪽) 이어서 로트만은 '명예'와 '영광'의 개념을 구별하는 중세적 체계와 그 변천 과정을 상세하게 분석하고, 이를 19, 20세기 러시아 문학사와 연결하는데, 이 모든 것은 결국 "역사라는 자전거의 두 바퀴"를 이루는 "예측가능성과 예측불가능성의 대립" 문제에 바쳐져 있다.

10장 「뒤집힌 이미지」는 분량이 가장 길 뿐만 아니라 러시아 문화사의 온갖 뒤집힌 형상들에 대한 다채롭고 현란한 분석으로 가득 차 있어, 마치 '책

속의 (또 다른) 책' 같은 인상을 준다. 뒤집힌 형상과 관련한 로트만의 기본 관심은 "일상적 행위에서 남녀의 역할 바꾸기"를 향해 있다. 허용된 것의 경계에 대한 끊임없는 시험을 본질로 하는 '유행'에 대한 논의를 거쳐, 로트만은 러시아 문화의 특수한 현상 중 하나인 '폭정'의 문제를 먼저 다룬다. 자발성과 우둔함 혹은 자발성과 광기의 결합으로 해석될 수 있는 폭정의 의미론은 그 자체로 일종의 모순형용이자 역설에 해당하는데, 바로 이 모순덩어리가 문화적 역동성의 관점에서 아주 흥미로운 사례에 해당한다. 로트만은 "어떠한 금기를 극복하는 데 정향된 의식적 실험"으로 요약되는 이반 뇌제의 행동(신, 악마, 유로지비, 추방자의 동시적 역할)에 대한 다층적 분석을 통해 그의 행위가 "내적으로 동기화된 체계적인 정치가 아니라 일련의 예측 불가능한 폭발들"로 나타나고 있음을 논증한다.

한편 구조 밖으로의 일탈을 보여주는 가장 전형적인 사례는 "성 역할의 교체"이다. 여기서 로트만의 관심은 "특정한 문화적 맥락에서 여성이 스스로에게 남성의 역할을 부여하거나 혹은 그 반대인 경우", 나아가 더욱 미묘한 상황으로 "여성이 아주 뚜렷하게 강조된 방식으로 여성의 역할을 수행하는 경우"를 향한다. 전자가 의식적으로 남성성의 기호를 취한 특수한 여성(남장여자) 혹은 그 반대(여장남자)를 가리킨다면, 후자는 여성성 자체를 독특하게 기호화한 여성들의 사례(살롱의 마담)를 가리킨다.

19세기 러시아에서 여장남자 스파이로 활동한 슈발리에 데옹의 삶과 '기병대의 처녀'라는 칭호를 얻은 러시아 최초의 남장 여성 장교 두로바의 삶, 그리고 "제의적 옷 바꿔입기"를 동반한 18세기 러시아의 여성 궁정 쿠데타 등이 전자의 분석에 동원된다. 후자의 사례로는 19세기 초반 러시아 여성상의 두 가지 극단적인 대립항인 안나 알렉세예브나(오를로바 체스멘스카야)와 소피야 드미트리예브나 포노마레바의 삶이 조명된다. "무제한의 자유"로부터 "무한한 복종"에 이르기까지, 말 그대로 양극단을 달리는 삶을 산 안나 알렉세예브나의 사례는 독립성을 향한 강한 충동이 어떻게 자발적인 노예 상태로, 말 그대로 '뒤집히게' 되는지를 흥미진진하게 보여준다. 그런가 하면 살롱의 저명한 안주인으로 활동한 소피야 드미트리예브나 포노마레바의 삶은 절정에서 맞이한 갑작스러운 죽음으로 완결되는 구성적 완결성을 지닌 일종의 '예술 작품'으로 그려진다. 그녀의 살롱은 "미학적 독립성"을 요체로 하는 지나이다 볼콘스카야의 살롱과 비교되면서, "일상적인 것(저속한 것) 너머로 나아가려는" 시도의 사례로서 새롭게 조명된다. 로트만은 이 밖에도 톨스토이의 『전쟁과 평화』에 나오는 살롱 장면을 뚜렷하게 연상시키는 소피야 카람지나의 살롱을 분석하는가 하면, 1884년에 스톡홀름 대학 기계과 학과장에 부임한 '특별한' 러시아 여성 소피야 코발렙스카야의 삶을 성 평등의 관점에서 다루기도 한다. 남녀를 차별하지 않은 알렉산드르 3세의 단두대처럼, 교수직은 남성과 여성의 절대적 평등을 상징했던 것이다. 이반 뇌제의 '뒤집힌' 행동에서 출발한 매력적인 러시아 문화사 산책은 20세기 초반의 또 다른 흥미로운 대립으로 끝을 맺는데, 뚜렷한 남성적 인격을 자랑한 여류 시인 츠베타예바와 특유의 여성성을 본질로 하는 남성 작가 파스테르나크의 대조가 그것이다. '뒤집힌 이미지'라는 하나의 주제로 엮인 이 모든 다채롭고 풍요로운 이야기들은 이론가 로트만이 아닌 문화사가 로트만의 정수를 보여준다. 거기서 우리가 만나게 되는 것은 역사의 구체적 장면들을 그 누구보다 흥미롭게 풀어낼 줄 아는 역사가 로트만의 얼굴이다.

구조상 전체 텍스트의 정중앙에 위치하면서 '삽입 장'이라는 부제가 달린 9장은 하나의 텍스트 속으로 또 다른 텍스트가 침투하는 경우, "텍스트 속의 텍스트"라는 특별한 수사적 구조를 다룬다. 여기서 로트만은 이른바

'틀(frame)'의 문제, 즉 하나의 텍스트가 또 다른 하부 텍스트를 포함하는 다양한 경우를 상세히 분석한다. 〈햄릿〉의 극중극에서 시작해 화폭 안에 '거울'을 포함한 벨라스케스나 반 에이크의 그림들, 나란히 진행되는 이중 구조(모스크바 텍스트와 예루살렘 텍스트)가 특징인 불가코프의 소설 『거장과 마르가리타』에 이르기까지, 모든 분석은 본래 텍스트 속으로 '낯선' 텍스트가 도입될 때 벌어지는 복잡하고 흥미로운 의미론적 충돌 및 번역의 사례에 맞춰져 있다. 그런데 사실 이 문제는 문화의 역동적 전개와 관련된 핵심 테마 하나와 직접 연결되는 것이기도 하다. 문화의 "내재적 발전과 외적 영향의 관계"가 그것이다.

이 문제는 13장(「내적 구조와 외적 영향」)에서 따로 재차 거론되는데, 로트만에 따르면 "문화의 역동성은 고립된 내적 과정이나 혹은 외적 영향의 수동적 장으로서 그려질 수 없다. 이 두 경향은 상호 긴장 속에서 실현되는바, 그것의 본질을 왜곡하지 않은 채 그로부터 추상화될 수 없다."(225쪽) 여기서 로트만은 폭발의 순간을 "서로에게 낯선 언어들, 즉 수용하는 문화의 언어와 수용되는 문화의 언어가 서로 충돌하는 순간"으로 규정하면서, 바로 그 순간에 "예측 불가능한 가능성들의 세트가 생겨난다"라고 주장한다. 우리는 결코 연구자에 의해 구현된 '순수한' 역사적 과정을 만날 수 없다, "역사의 무질서와 예측불가능성, '더러움'이야말로 역사 그 자체의 가치에 해당"한다. 점진적 과정과 폭발적 과정이 그렇듯이, 문화의 역동적 발전은 반드시 내적 과정과 외적 과정의 끊임없는 자리바꿈을 동반하게 되는 것이다.

3) 예측불가능성과 예술: 거짓말과 꿈

구조상 3부에 해당하는 11~18장은 폭발의 개념과 관련한 여러 '단상들'

을 담은 소품의 성격을 띠고 있다. 그래서 제목에 정확하게 대응되지 않는 것처럼 보이는 내용들도 발견된다. 가령 「폭발의 논리」라는 11장에서 로트만은 채플린 영화의 진화 과정을 상세하게 분석하는데 이는 채플린의 예술적 진화 과정이 관객의 입장에서 볼 때 당혹감을 동반하는 "예기치 못한 항시적 변화의 길", 이를테면 '연쇄적 폭발'의 과정이었다는 점을 논증하기 위해서이다. 11~18장 전반에 걸쳐 전면에 대두되는 핵심 주제를 꼽자면 '예측불가능성'의 중대한 가치, 그리고 그와 관련된 '예술'의 위상이라고 할 수 있다. 폭발의 국면을 곧 예측불가능성의 국면이라고 할 때, 그런 예측불가능성을 본질로 삼는 인류 문화의 가장 중대한 자산에 해당하는 것이 바로 예술이다. 17장 「예술의 현상」에서 예술은 "현실에서는 허용되지 않는 영역들에 자유가 부여되고, 대안을 갖지 못하는 것들이 대안을 얻게" 되는 특별한 공간, 한마디로 "금지된 것들뿐 아니라 불가능한 것들을 가능하게 만드는" 공간으로 규정된다. "만일 그러하다면, ……하다"의 법칙을 따르는 이 공간은, 현실을 위한 가장 귀중한 '의식 실험'의 무대이며, 바로 그 무대 위에서 인간의 진정한 본질과 잠재력이 온전히 드러나고 소진될 수 있다.

또 하나 흥미로운 부분이 여기서 로트만이 제시하는 몇몇 '유사−예술'의 사례들이다. 대표적으로 '거짓말'과 '꿈'이 있다. 12장 「예측불가능성의 국면」에 나오는 러시아의 '천재적인' 거짓말쟁이들에 관한 분석은 그 자체로 한편의 흥미진진한 소품으로 읽힌다. 말 그대로 "거짓말의 기념비"를 이룩한 데카브리스트 자발리신의 회고록과 "순수예술로서의 거짓말"의 경지를 보여준 흘레스타코프(고골의 〈검찰관〉의 등장인물)의 망상, 그리고 이볼긴 장군(도스토옙스키 소설 『백치』의 등장인물)의 뻔뻔스러운 거짓말은 단순한 현실의 왜곡이 아니라 인간성의 본질과 직결된 모종의 특수한 능력으로서 재조명된다. 그것은 현실에서 떨어져 나와 그 어떤 한계도 모르고, 그 무엇에 의해서도 통제받지 않는 세계를 구축할 수 있는 능력, 이를테면 '말을 위한 말'이라는 순수예술의 공간에 근접시킨다. 예술은 아니지만 그와 매우 가까이 있는 또 다른 경우로 '꿈'이 있다. 15장 「꿈—기호학적 창문」에서 꿈의 언어는 시각, 언어, 음악 등이 혼합된 독특한 '복수언어'로서뿐 아니라 예술과 폭발의 공통적 본질이라 할 "의미의 비결정성"을 담보한 특별한 기제로서 나타난다. 정확한 의미 전달의 관점에서 볼 때 수많은 제약과 약점으로 둘러싸인 꿈의 언어는 바로 그 '단점'들로 인해서 지극히 본질적인 문화적 기능을 수행한다. 그 기능이란 "기호학적 비결정성의 예비가 될 능력, 즉 여전히 의미들로 채워 넣어야 하는 빈 공간이 될 수 있는 능력"(245쪽)에 다름 아니다.

4) 폭발과 이원적 모델: '양가적' 가치

각각 「전망들」과 「결론을 대신하여」라는 19, 20장이 『문화와 폭발』의 결론부에 해당한다. 이 결론부에서 로트만은 이제껏 하지 않았던 이야기, 하지만 지금껏 이야기된 모든 것들의 배면에서 핵심적인 '전제'를 이루는 가장 중대한 문제를 건드리고 있다. 러시아 문화의 "이원적 모델"의 문제가 그것이다.

이원적 모델이란 무엇인가? 그것은 1977년의 발표 논문[8]에서 로트만이

∴

---

8) Ю. М. Лотман, "Роль дуальных моделей в динамике русской культуры(совместно с Б. А. Успенским)," *История и типология русскойкультуры*(СПб., 2002), 88~116쪽. [번역본] 로트만 외, 「러시아 문화의 역학에 있어 이원적 모델의 역할(18세기 말까지)」, 『러시아 기호학의 이해』, 44~96쪽.

정식화한 러시아 문화의 유형론적 특징을 말한다. 그는 이 논문에서 최초로 러시아 문화를 서구의 "삼원론적 모델"과 구별되는 "이원론적 모델"로서 규정한 바 있다. 이후 이 테제는 비상한 관심과 논쟁을 낳으며 러시아 문화를 수식하는 기본명제로 여겨져왔다. 이원론적 모델의 특징은 "가치의 중립지대"로서의 중간항을 모른다는 것이다. 서구 가톨릭에서 내세는 천국, 지옥, 연옥으로 구성되는데, 이때의 연옥이란 일정한 시험을 거친 후에 내세에서의 구원이 허용되는 '중립적' 행동의 영역을 말한다. 이 가치론적 중립지대는 미래의 시스템을 숙성시키는 구조적 비축의 영역으로서, 과거와 미래 사이의 연속성을 보장해준다.

러시아정교의 세계관은 이와 달리 명확한 이원론에 기초한다. 러시아정교는 천국과 지옥 사이에 연옥이라는 중립지대 개념을 만들지 않았다. 때문에 이 모델은 새로운 것을 (과거에서 미래를 향하는) '연속'으로서가 아니라 모든 것의 종말론적 '교체'로서 사고한다. 새로운 세계, 그것은 오직 과거의 철저한 파괴를 통해서만, 말하자면 구세계의 종말론적 폐허 위에서만 구축될 수 있다. 중립지대를 모르는 양극단의 입장, 로트만이 말하는 이원론적 구조의 '원형적' 모델은 정교 시스템에 기초한 중세 러시아에서 발견된다. 원칙상 대립되는 두 문화 영역, 즉 성(聖)과 속(俗)의 '양극적 배치'로서 실현되는 러시아 중세의 시스템에서 "문화의 기본 가치들은 명확한 경계에 의해 분리되어 가치론적 중립지대를 알지 못하는 절대적 가치계 속에 자리 잡고 있다."[9] 문제의 핵심은 이런 이원론적 사회구조하에서는 문화적 역동성의 형태가 근본적으로 다른 성격을 띠게 된다는 점에 있다. 거기서 "변화는 선행 단계로부터의 과격한 분리"를 통해 이루어진다.

••

[9] Ю. М. Лотман, *Там же*, 89쪽. [번역본] 로트만 외, 『러시아 기호학의 이해』, 46쪽.

이원론적 구조하에서의 모든 변화는 연속성을 결여한 과격한 단절로서 표상된다. 모든 새로움은 오직 과거로부터의 철저한 분리로서만 달성될 수 있는바, 이는 베르댜예프의 다음과 같은 저명한 언급이 잘 보여준다. "단절은 러시아 역사의 특징이다. (……) 러시아의 역사에는 다섯 개 시대(키예프, 타타르 지배, 모스크바 공국, 표트르, 소비에트)가 존재하는데, 각각의 시대는 서로 상이한 모습을 보여줄 뿐만 아니라 완전히 별개의, 전혀 새로운 러시아로 나타난다. 러시아의 발전은 파국적이다."[10]

로트만은 자신의 '마지막' 책의 '마지막' 부분에서 바로 이 저명한 이원론적 모델의 테제를 새로운 각도에서 다시금 거론하고 있다. 여기서 '새로운 각도'란 당대 러시아가 겪어내고 있던 또 한 번의 '결절'의 국면, 곧 소비에트 러시아의 파국적 종말의 상황을 가리킨다. 17장 「전망들」에서 로트만은 체계의 중립지대를 보존하는 서구식 삼원 모델과 러시아식 이원 모델을 가르는 결정적 차이점을, 결절이 수반하는 파괴의 성격과 범위에서 찾고 있다. "삼원적 구조는 이전 시기의 일정한 가치들을 체계의 중심부로부터 주변부로 이동시키면서 보존해낸다. 반면에 이원적 체계의 이상은 기존에 존재하던 모든 것을 올바르지 못한 과오로 간주해 모조리 파괴해버린다."(280쪽)

로트만에 따르면, 삼원적 사회구조에서는 가장 격렬하고 심오한 폭발조차도 사회 층위들의 복잡한 풍요로움 전체를 포괄하지 못한다. 물론 중심 구조는 그런 격렬하고 재앙적인 성격의 폭발을 경험할 수 있고, 그 굉음이

10) Н. А. Бердяев, "Русская идея," О России и русскойфилософскойкультуре: философы русского после октябрьского зарубежья(М.,1990), 44~46쪽. [번역본] 니콜라이 베르댜예프, 『러시아 思想史』(범조사, 1985), 14~17쪽.

문화의 전 지층에 울려 퍼질 수도 있다. 하지만 삼원적 구조의 조건하에서 기존 체계의 모든 구조가 완전히 몰락한다는 것은 (시간이 지나면 허위로 판명될 뿐인) 자기기만이나 효과적인 구호에 불과하다. 일찍이 카람진이 지적한 대로, "국가 집회나 극장에 열정이 들끓고 있을 때조차 팔레 루아얄 지역의 파리 거리에선 정치와 동떨어진 즐거운 삶이 펼쳐지고 있던 것이다." (291쪽)

요컨대 삼원적 체계하에서 폭발적 과정들이 문화의 전 지층을 장악하지 못하는 반면에 이원적 체계에서는 폭발적 변화가 일상적 삶의 전 영역을 장악할 수 있으며, 또 반드시 그래야만 한다. 이원적 모델의 특징은 그것이 전 인류 역사를 통틀어 비교 대상이 없는 독특한 것으로서 체험된다는 점이다. 그러니까 폐기되어야 하는 것은 역사적 발전의 어떤 구체적 층위가 아니라 역사 그 자체이다. 가장 이상적인 경우 그것은 '더 이상 시간이 존재하지 않는' 상태, 곧 '종말'의 시간이 된다. 절대적 폐허로서의 종말, 그것은 완전히 새롭게 시작하기 위한 불가피한 조건에 해당한다.

로트만은 러시아 문학의 심층에 깊숙하게 뿌리박힌 저 이원론적 구조의 흔적을 '법'에 대한 부정적 태도, 나아가 '중간적 입장'에 대한 항시적 거부의 태도에서 발견한다(이도 저도 아닌 '중간자'는 어떤 점에서 명백한 '적'보다 더 나쁘다). 러시아 문화의 정신구조 속에서 '법(제도)'은 언제나 '자비'에 비해 부정적인 형식적 가치일 뿐이며, 19세기 러시아의 온갖 사상적 대립들은 '타협' 대신 '투쟁'을 선택하는 원칙주의적 극단성이라는 불변의 공통분모를 갖는다(로트만은 이런 노선과 거리를 둔 예외적인 인물로 고독한 단독자 크릴로프, 오스토롭스키, 체호프를 들고 있다).

어째서 로트만은 『문화와 폭발』의 결말부에서 이미 자신이 오래전에 정식화한 이원론적 모델의 문제를 재차 거론하는 것일까? 그 이유는 명백하다. 그가 보기에 이원적 모델과 관련된 모든 사실들은 "현재 구소련의 영토에서 벌어지고 있는 사건들과 직접적인 관계가 있다." 그에 따르면, 현재 벌어지고 있는 사태는 "이원적 모델에서 삼원적 모델로의 전환"의 기회로서 파악될 수 있다. 그러니까 여기서 로트만은 묻고 있는 것이다. 바야흐로 또 한 번의 파국을 맞이하게 된 포스트소비에트 러시아는 마침내 이원론의 모델이 아닌 삼원론의 모델로, 계약과 합의, 절충과 타협에 기초한 새로운 시기로 이행할 수 있을까? 분명 『문화와 폭발』의 저 유명한 마지막 문단은 그런 기대의 표명으로 읽힌다. "현재 우리의 눈앞에서 벌어지고 있는 중부 유럽과 서부 유럽 관계의 근본적인 변화는 '구세계를 밑바닥까지' 파괴하고 그것의 폐허 위에서 새로운 세계를 건설한다는 이상을 거절하고, 마침내 보편유럽적인 삼원적 체계로 이동할 수 있는 가능성을 제공할지도 모른다. 이 가능성을 놓쳐버리게 된다면, 아마도 그것은 역사적 재앙이 될 것이다."(292쪽)

하지만 『문화와 폭발』 전체에 걸친 가장 의미심장한 '역설'은 바로 이 대목에 걸려 있다. 문제는 이 책의 핵심 개념인 폭발, 역사의 예측 불가능한 도약과 변화를 겨냥하는 이 개념이 다름 아닌 이원적 문화모델의 전형적인 특징이라는 점이다. "러시아 문화는 스스로를 폭발의 범주 속에서 인식한다."(291쪽) 러시아 문화야말로 문화의 폭발적 전개의 대표적인 사례인 것이다. 제목 자체가 보여주고 있듯이, 로트만의 이 '마지막' 책은 역사의 불연속성과 급격한 단절을 본질로 삼는 폭발적 과정의 '창조적 잠재력'에 온전히 바쳐져 있다고 해도 과언이 아니다. 러시아식 이원론, 그 폭발의 잠재력을 향한 이런 '양가적' 감정과 태도를 우리는 어떻게 받아들여야만 할까?

'폭발' 개념과 관련해, 과연 로트만이 러시아의 이원론에 대한 과거의 비판적 관점을 수정했는지의 여부는 연구자들 사이에서도 의견이 엇갈리는 논쟁적 테마이다. 러시아 문화의 근간에 뿌리박힌 이원적 정신구조의 흔적과 그 영향을 너무나도 잘 알고 있는 그는, 폭발이 지니는 모든 긍정적 잠재력에도 불구하고 그것이 수반할 수 있는 현실적 위험성을 결코 간과하지 않는다. 그렇다면 혹시 그는 폭발을 두려워하는 것일까? 아마 그럴지도 모른다. 하지만 어떤 것을 두려워한다는 것과 그걸 부정한다는 것은 같은 말이 아니다. "폭발은 복잡하고 양가적인 가치다. 이원적 문화 맥락에 그것이 가져올 수 있는 위험에 민감하지만 그럼에도 불구하고 로트만은 폭발적 국면을 사랑한다. 그런 파열의 순간들에서만 잠재성의 직접적이고 풍부한 증식이 가능해진다. 이 잠재성들은 아직 조직화되지 않았지만 그렇다고 점진적 과정들의 실용적이고 예측 가능한 산물인 것도 아니다. 로트만은 약간의 민족적 자긍심을 곁들여, 이원적 환경이 부서지기 쉽고 파국적이긴 하지만, 그에 본질적인 '심오한 위기'가 '근본적인 혁신'을 가져오기 쉽다고 인정한다."[11]

요컨대 "기호학적 지층에 뚫린 창문"(47쪽)으로서 폭발은 불가피하다. 예술이 그런 것처럼, 그것은 우리의 문화와 역사를 (죽음과도 같은) 동어반복에서 구해내는 절대적 계기이다. 만일 그 창문이 없다면, '기호계' 역시 존속할 수 없다. 창문(폭발) 없는 기호계(문화)는 더 이상 약동하는 생성의 메커니즘이 아닌 죽어버린 감옥이 될 뿐이다. 폭발에 따르는 "심오한 위기", 그것은 (연속성의 삼원 모델이 결코 도달할 수 없는) "근본적인 혁신"의 다른 이름인 것이다.[12]

∴

11) Caryl Emerson, "Pushkin's *Anzhelo*, Lotman's Insight into It, and the Proper Measure of Politics and Grace," Andreas Schönle(ed.), *Lotman and Cultural Semiotics: Encounters and Extensions*(Madison: University of Wisconsin Press), 104쪽.
12) '폭발' 개념에 대한 더욱 상세한 분석과 그것이 보여주는 로트만의 변화된 인식 문제에 관해

4. 폭발의 사유: 혁신과 단절의 시간성

지금까지 살펴본 것처럼, 『문화와 폭발』 전체를 통해 확인할 수 있는 것은 번역 불가능한 것, 소통 불가능한 것, 예측 불가능한 것들의 중요성에 대한 일관된 강조이다. 그것은 기호학적 생성과 자유를 위한 가장 귀중한 장소이자 계기로서 나타난다. '폭발'이라는 흥미로운 개념 속에 집약된 이 생각을 로트만 사상의 진화(혹은 변화)의 관점에서 따져 묻는 일은 물론 필요하지만, 그에 못지않게 중요한 것은 이론의 현 단계에서 그것이 시사하는 보편적 의미를 가늠하는 일이다. 마지막으로 이 점에 관해 몇 마디 덧붙이기로 하자.

첫째로 '와'라는 접속사로 폭발과 함께 묶여 있는 '문화(적인 것)'의 위상 문제가 있다. 이 책의 제목이 '기호와 폭발'이 아니라 '문화와 폭발'이라는 점은 주목을 요한다. 무엇보다 먼저 지적할 것은 『문화와 폭발』 이전까지 (적어도 "기호계" 개념에 이르기까지) 로트만을 지탱했던 가장 중요한 명제는 기호학과 문화의 상호 조건성(혹은 번역가능성)이었다는 사실이다. 이런 입장에 따르면, "문화 연구란 본질적으로 이미 기호학이 될 수밖에 없으며, 반대로 기호학은 근본적으로 이미 문화-중심적인 것이 될 수밖에 없다."[13]

반면 『문화와 폭발』에서 확인하게 되는 것은 바로 이 두 개념 사이의 미묘한 '어긋남'이다. 『문화와 폭발』의 프랑스어 번역본의 서문을 쓴 자크 퐁타뉴에 따르면, 이 책에서 로트만은 '기호학적인 것(le sémiotique)'을 '문화

∴

서는, 김수환 『사유하는 구조』, 12장(「로트만의 폭발」)을 참조하라.
13) 유리 로트만, 『기호계: 문화연구와 문화기호학』, 368쪽.

적인 것(le culturel)'보다 상위의 개념으로 제시한다. 이때 기호학적인 것이 동물들의 '제의적 행위'를 포함하는 의미세계의 총체를 가리킨다면, 문화적인 것은 그와 같은 제의적 패턴을 예측 불가능한 방식으로 벗어나는 혁신과 일탈을 겨냥하는 개념이다[바로 이 부분에 문화의 본질적인 '인격성'이 걸려 있는바, 즉 문화는 그 본질상 '인간(동형)적'이다]. 요컨대 여기서 '문화적인 것'이란 기호학적인 것(의 경계)을 '변형'시킬 수 있는 잠재적 역량을 보유한 특별한 장소이자 메커니즘을 뜻한다.[14] 문화적인 것이 기호학적인 것의 법칙과 경계를 파열시키는 내적 계기, 기호학적인 것의 내부에 자리하는 '잠재적 타자성'으로 재규정되는 것이다.

사실 퐁타뉴의 이런 통찰은 이론적 차원에서 더 확대 고찰될 필요가 있다. 왜냐하면 이 문제는 폭발 개념 이전 로트만 사상의 정점이라 할 "기호계" 개념에 대한 비판적인 재고를 시사하기 때문이다. 주지하다시피 러시아의 생물학자 베르나츠키의 생물계(biosphere) 개념과의 유비에서 탄생한 기호계는 모든 기호체계가 자리하는 거대한 '추상적 공간'이자 그들의 작용을 주관하는 통합된 메커니즘 자체를 뜻한다. 말할 것도 없이 그 기호세계는 "위성들의 호출, 시인들의 시, 동물들의 외침까지를 포함하는 광역적인 것(global)"[15]이다. 그리고 바로 이런 통합 이론적 성격으로부터 로트만의 기호계 개념을 일종의 '보편적 체계이론'으로 확장하려는 지향이 생겨난다. 가령 최근 들어 생명기호학과 동물기호학의 흐름을 주도하는 일련의 연구자들은 기호계 개념에 담긴 유기체적 성격에 주목하면서, 그것을 야코

••

14) J. Fontanille, preface, *De L'explosion et la culture*(Presses Universitaires de Limoges, 2005), 11쪽.

15) A. Shuckman, "Semiotics of culture and the influence of M. M. Bakhtin," *Issues In Slavic Literary And Cultural Theory*(1989), 196쪽.

프 폰 윅스퀼(Jakob von Uexküll)의 "움벨트(Umwelt)" 개념에서 출발한 '감지된 세계(sensor space)'의 구성주의적 전통의 연장선상에 위치시키려 한다. 그런가 하면 일종의 '자기조절적 체계'로서의 기호계라는 로트만의 문제의식은 이른바 '오토포이에시스(autopoiesis)' 이론과 접속되면서 니클라스 루만(N. Luhmann)의 '사회체계론'과 연결되기도 한다.[16]

우리는 이런 다채로운 접속과 관련된 복잡한 이론적 측면들을 접어두고, 이 모든 '체계 이론적 경향들'을 묶어주고 있는 한 가지 공통된 입장을 지적할 수 있다. 바로 정태성(homeostasis)을 향한 지향이다. 그 지향이 기성의 의미론이든, 생명 보존의 메커니즘이든, 혹은 자기조절 체계로서의 사회 체계든 관계 없이, 그들의 원칙적인 관심은 '변혁'이 아닌 '보존'에 맞춰져 있다. 한마디로 그들의 질문은 '생명(사회질서)은 어떻게 혁신되는가'가 아니라 '그것이 어떻게 가능해지는가'에 걸려 있다. 바로 이 측면과 관련해 로트만의 새로운 문제의식은 중대한 차이를 보여준다. 폭발은 애초부터 정태성이 아닌 역동성, 보존이 아닌 혁신, 가능한 것이 아닌 불가능한 것(의 가능성)을 향해 조준된 개념이다. 거기서 인간적인 것(즉 문화적인 것)의 본질은, 체계의 내적 항상성을 회복하는 조절의 메커니즘을 뜻하지 않는다. 문화와 폭발, 그것은 모든 허용된 예측가능성의 경계 너머로 돌파하는 예외적 사건의 행위를 가리키는 이름이다. 1980년대 초반 "기호계"라는 통합적 일반 체계의 수립을 지향했던 로트만이, 생애 말년에 이르러 도달한 이 마지막 지점은 차분하게 곱씹어볼 가치가 있다. '모든 것을 포괄하는 작동의 원리'는, 그럼에도 불구하고 그것을 뚫고 지나갈 균열의 장소, 곧 "기호학적 창문"을 요구했던바, 바로 그 창문이 '폭발'의 이름으

••

16) 이런 최근 경향의 배경과 근거에 관해서는 김수환, 『사유하는 구조』, 330~336쪽 참조.

로 대두한 것이다.

두 번째로 언급할 것은 폭발 개념과 관련된 '시간성'의 차원이다. 앞서 살펴봤듯이, 폭발은 연속성이 아닌 분절성 즉 단절과 결절의 지점을 의미한다. 더 정확하게 말해 그것은 기존의 상황을 급변시키는 급격한 단절의 사태 자체라기보다는 오히려 그런 사태를 가능케 하는 어떤 조건의 급작스러운 개시를 뜻한다. 폭발은 혁명적 사건의 발생이 아니라 예측 불가능한 사건들을 위한 어떤 가능성의 급작스러운 열림, 한마디로 '비결정성'의 개시로 이해해야 한다. 핵심은 그것이 역사적 과정의 연속성에 적합하지 않기에, 연속적 과정들의 시간성 안에서 온전히 재현될 수 없다는 점이다. 그렇다면 폭발의 시간성을 가리키는 가장 적당한 표현은 무엇일까? 그것은 바로 '탈구', 즉 '시간에서 빠져나온' 시간성이다. 로트만에 따르면, 바로 이 빠져나온 시간성 안에서 "불가능한 것이 가능해진다. 그것이 현실 속에서 매우 넓은 시간적 공간을 따라 펼쳐지는 경우에조차, 이 순간은 마치 시간에서 벗어나 있는 것처럼 경험된다."(266쪽, 강조는 인용자)

이러한 '탈구된 시간성'에 관한 문제의식이 중요한 이유는 그것이 즉각적으로 떠올리게 하는 일련의 철학적 탐색 때문이다. 이른바 '이음새를 벗어난 시간(time out of joint)'에 관한 현대적 성찰이 그것이다. 셰익스피어의 희곡 〈햄릿〉의 대사이기도 한("뒤틀린 세월. 아 저주스러운 낭패로다, 그걸 바로잡으려고 내가 태어나다니") 이처럼 탈구된 시간성의 문제는 주지하다시피 현대 철학의 주된 테마의 하나에 해당한다. 예컨대 그것은 들뢰즈의 '시간이미지'에서 데리다의 후기 '유령론(hauntology)'에 이르기까지, 시간성과 관련한 철학적 탐구들에서 공통적으로 발견된다. 그들에게서 이런 '어긋난 시간성'은 선험적 담론에 의해 지배될 수 없는 순수 사건에 대한 근원적인

개방성을 사유하기 위해 도입되는 공통의 계기인 것이다.[17]

뿐만 아니라 그것은 "메시아주의 없는 메시아(성)"라는 데리다의 표현이 보여주는 것처럼, 현대적 사유의 가장 뜨거운 지점 중 하나인 '종말론적(혹은 묵시적) 시간(성)'의 차원을 건드리고 있다. 흔히 '메시아의 귀환' 혹은 '(정치)신학적 전환'이라 불리기도 하는 이 흐름은 벤야민의 역사철학에서 출발해 아감벤과 데리다로 이어지면서 언제부턴가 동시대 이론 진영의 가장 중심적인 쟁점이 된 바 있다.[18] 벤야민의 "신적 폭력" 개념이 명시적으로 드러내는바, 이들 논의에서 메시아적 시간성이란 현재를 지배하는 질서에 의해 규정되는 시간성과는 전적으로 다른, 어떤 근본적 이질성의 도래를 향한 '급진적 단절'의 요청에 다름 아니다. 이들은 역사의 절단, 시간성의 분할, 말하자면 '역사라는 기차를 멈출' 진정한 단절의 사건을 요청하고 있다. 그런데 역사의 결정적 단절의 사태(최소한 그것의 의미심장한 틈새)를 지향하는 이런 사고는 앞서 말한 러시아 문화의 '이원론적 구조'에 담긴 위험한 종말론적 색채, 완전히 새로운 시작을 위한 절대적 폐허로서의 종말을 떠올리게 하지 않는가?

폭발의 사유와 뗄 수 없이 연결된 이원론적 모델의 사유가 제기하는 이와 같은 '양가성'의 차원은 이른바 '역사 이후'의 현재라는 시대적 명제와 관련해 복잡하고 미묘한 이론적 난제를 제시한다. "자본주의의 근본적 변화보다는 오히려 지구의 종말을 상상하는 게 더 쉬워진", 다시 말해 유토

..

17) 데리다의 후기 '유령론'과의 더 상세한 비교는 김수환, 『사유하는 구조』, 421~430쪽 참조.
18) "메시아주의적 전회"와 관련된 다양한 이론적 경향에 관한 전반적인 논의는 다음 두 글을 참고할 수 있다. 정정훈, 「시간과 메시아—메시아 담론에 대한 비판적 고찰」, 《오늘의 문예비평》(2011년 가을호), 98~120쪽; 진태원, 「시간과 정의: 벤야민, 하이데거, 데리다」, 《철학논집》 제34집(서강대학교 철학연구소, 2013), 155~195쪽.

피아적 이념의 현실화는커녕 유토피아의 가능성 자체를 믿지 않게 된 지금, 저 오래된 '파국의 상상력'은 (독이면서 약이기도 한) '파르마콘'이 되어 우리 앞에 놓여 있다. '폭발'이라는 개념과 더불어 로트만이 남겨놓은 이 난제는, 시간성과 결부된 다른 현대적 성찰들과 더불어 우리 시대를 사유하기 위한 흥미로운 좌표로 사용되기에 손색이 없다. 그 난제와 더불어 씨름하는 것, 나아가 이를 동시대의 '다른' 사유들과 생산적으로 접속시키는 일은 이 책을 읽는 독자들의 몫이 될 것이다.[19]

***

2011년에 출간한 연구서(『사유하는 구조─유리 로트만의 기호학 연구』) 이후에 또 한 권의 번역서를 내놓게 되었다. 언제나 그렇듯이, 번역의 과정은 힘겹고 지난한 좌절과 (재)도전의 연속이었다. 전공자로서 나름의 식견과 노하우를 갖추고 있다고 생각했지만, 로트만과 같은 걸출한 사상가가 도달한 마지막 사유의 궤적을 우리말로 온전히 옮겨놓는 작업은 결코 쉽지 않았다. 몇 번이나 중단을 거듭했지만, 결국 이런 모습으로 세상에 내놓게 되었다. 그런데 막상 이렇게 길고 긴 옮긴이 해제까지 써놓고 보니, 나를 여기까지 끌고 온 것은 역시 전공자의 의무감을 상회하는 그를 향한 나의 개인적인 애착(혹은 집착)이 아닌가 싶기도 하다. 부디 이런 애착이 로트만의 사유에 관심을 지닌 누군가에게 작은 디딤돌이 될 수 있기를 바랄 뿐이다.

19) 로트만이 말하는 러시아 문화의 이원적 모델을 지난 10여 년간 국내외 담론 진영이 거쳐간 변화와 관련시켜 비판적으로 고찰해본 시도로 김수환, 「책에 따라 살기: 유리 로트만의 문화유형론과 '러시아'라는 유령에 대하여」, 《창작과비평》 제163호(2014년 봄호), 358~407쪽을 참조할 수 있다.

역사의 디테일을 파고드는 문화사가 로트만의 얼굴을 드러내는 부분들에서 최대한 독자의 이해를 돕기 위해 상당수의 옮긴이주를 달았다. 영어 번역본을 비롯한 다른 외국어 번역들에서 거의 배려되지 않은 이 측면은 적어도 한국어 번역본에서 가장 풍부하게 보충되었다고 자평해본다. 로트만과 관련해 아주 오랜만에 소개되는 이 단행본이 전공자뿐 아니라 일반 독자에게도 로트만을 향한 새로운 관심을 불러일으키는 계기가 되기를 바라본다. 꼼꼼하고 사려 깊은 편집으로 책의 완성도를 높여주신 도서출판 아카넷의 박수용 과장님, 프랑스어 번역본을 참고할 수 있도록 도움을 주신 한국외대 최용호 교수님, 원고 정리를 도와준 조교 박하연, 그리고 번역을 지원해준 한국연구재단에 감사드린다.

2014년 봄
김수환

찾아보기

용어

ㄱ

개별성 58, 11, 169

거울 126~129, 133, 203, 322

거울대칭성 129

『거장과 마르가리타』 130, 133, 198, 285, 322

결투 52, 57, 63~64, 85, 210~213

경계 8~10, 25, 30, 39, 43, 45~47, 49, 59, 61, 67, 81, 83~84, 102, 122, 128, 132, 134, 137, 141~142, 148, 153, 191, 196, 234, 242, 264, 267, 289~290, 315, 317, 319, 331~332

『고백록』 247, 249

고유명사 57~69, 105, 130, 199~201, 229~230, 247~251, 309, 313~314, 317 또한 '보통명사' 항을 참조하라.

공간 7, 9, 15~16, 27~30, 39~49, 52, 60~61, 63, 66~67, 79, 84, 89, 107, 115, 120~125, 128, 135, 137, 139~140, 145, 148~149, 170~171, 195~196, 199, 200~201, 207, 209, 222, 227~230, 239, 241, 243~245, 256, 264~266, 270, 273, 289~292, 312, 317, 323~324, 331, 333

과학 26, 39, 41, 230

관례성 67, 108, 116, 180, 203

관례적인 것 → 조건적인 것

광기 56, 74~79, 84, 88~89, 142, 276, 309, 319~320

광인 56, 71, 74, 84, 142, 180, 318 또한 '바보' 항을 참조하라.

구술 233, 307

구조(構造) 9~10, 14, 24, 28~29, 40, 47~48, 65~66, 71, 89, 91, 102, 111, 115, 122, 126, 136, 148~149, 195~202, 225~

화용론 87

화자 15, 35, 199, 240, 247

인명

지은이

:: **유리 로트만** Yuri M. Lotman, 1922~1993

모스크바–타르투 학파로 불리는 소비에트–러시아 기호학파의 수장이자 문화기호학의 창
시자로 알려져 있다. 미하일 바흐친과 더불어 전 세계적으로 가장 널리 인용되는 대표적인
현대 러시아 사상가이다. 1939년 레닌그라드(현 상트페테르부르크) 대학에 입학해, 러시아
형식주의 학파 일원들에게 수학했으나, 1950년에 에스토니아 타르투로 이주하여 평생 타
르투 대학에 재직했다. 1964년부터 타르투 대학을 거점으로 '여름학교'를 개최하고 그 성과
물을 모은 《기호체계 문집》을 발행하여, 국내외의 주목을 받게 된다. 첫 단행본 『구조시학
강의』(1964)를 시작으로, 구조기호학적 예술론을 다룬 『예술 텍스트의 구조』(1970)와 『시 텍
스트 분석』(1972), 기호학적 영화이론서 『영화기호학과 영화미학의 제 문제들』(1973) 등을
출간했다. 1970년대 중반 이후부터 본격적인 문화 연구에 돌입하여, 문화 체계의 혼종성과
역동성, 그리고 창조성을 강조하는 다양한 이론적 탐색과 더불어 러시아 문화사에 대한 독
특한 기호학적 읽기를 시도한 여러 연구 성과물을 내놓아 세계적 명성을 얻게 된다. 1980
년대 초반 작가 푸시킨과 카람진에 관한 다수의 단행본을 썼으며, 1990년에 영문판 『정신
의 우주: 문화기호학 이론』을, 죽기 1년 전인 1992년에 마지막 책인 『문화와 폭발』을 출간
했다. 사후에 『스크린과의 대화』(1994), 『사유하는 세계들 속에서』(1996) 등의 단행본이 출
간되었고, 『러시아 문화에 관한 담론』(1994)을 시작으로 체계적 전집이 간행되기 시작해
2003년까지 총 9권이 출간된 상태이다.

옮긴이

:: **김수환**

서울대학교 노어노문학과 및 같은 과 대학원을 졸업하고, 러시아 과학아카데미(학술원) 문학 연
구소에서 로트만의 문화기호학 이론으로 박사학위를 받았다. 지은 책으로 『사유하는 구조』, 『속
물과 잉여』(공저) 등이, 옮긴 책으로 『기호계』가 있다. 현재 한국외국어대학교 러시아학과 교수
로 재직 중이다.

한국연구재단총서 학술명저번역 서양편 562

문화와 폭발

1판 1쇄 찍음 | 2014년 3월 20일
1판 1쇄 펴냄 | 2014년 3월 30일

지은이 | 유리 로트만
옮긴이 | 김수환
펴낸이 | 김정호
펴낸곳 | 아카넷

출판등록 2000년 1월 24일(제2-3009호)
100-802 서울시 중구 남대문로5가 526 대우재단빌딩 16층
전화 | 6366-0511(편집) · 6366-0514(주문)
팩스 | 6366-0515
책임편집 | 박수용
www.acanet.co.kr

Printed in Seoul, Korea.

ISBN 978-89-5733-351-8 94160
ISBN 978-89-5733-214-6(세트)

이 도서의 국립중앙도서관 출판시도서목록(CIP)은
서지정보유통지원시스템 홈페이지(http://seoiji.nl.go.kr)와
국가자료공동목록시스템(http://www.nl.go.kr/kolisnet)에서 이용하실 수 있습니다.
(CIP제어번호: CIP2014008498)